U0579040

权威·前沿·原创

皮书系列为
"十二五""十三五"国家重点图书出版规划项目

BLUE BOOK

智 库 成 果 出 版 与 传 播 平 台

广州市新型智库广州大学广州发展研究院、广州大学管理学院、广东省国家文化安全研究中心研究成果

广州蓝皮书
BLUE BOOK OF GUANGZHOU

丛书主持／涂成林

中国广州文化发展报告（2021）

ANNUAL REPORT ON CULTURE DEVELOPMENT OF GUANGZHOU IN CHINA
(2021)

主　编／张其学　涂成林
副主编／谭苑芳　贺　忠　丁旭光

社会科学文献出版社
SOCIAL SCIENCES ACADEMIC PRESS (CHINA)

图书在版编目（CIP）数据

中国广州文化发展报告.2021 / 张其学，涂成林主
编. -- 北京：社会科学文献出版社，2021.10
（广州蓝皮书）
ISBN 978 - 7 - 5201 - 9090 - 9

Ⅰ.①中⋯ Ⅱ.①张⋯ ②涂⋯ Ⅲ.①文化事业 - 发
展 - 研究报告 - 广州 - 2021 Ⅳ.①G127.651

中国版本图书馆 CIP 数据核字（2021）第 193853 号

广州蓝皮书
中国广州文化发展报告（2021）

主　　编 / 张其学　涂成林
副 主 编 / 谭苑芳　贺　忠　丁旭光

出 版 人 / 王利民
组稿编辑 / 任文武
责任编辑 / 杨　雪
责任印制 / 王京美

出　　版 / 社会科学文献出版社·城市和绿色发展分社（010）59367143
　　　　　地址：北京市北三环中路甲 29 号院华龙大厦　邮编：100029
　　　　　网址：www.ssap.com.cn
发　　行 / 市场营销中心（010）59367081　59367083
印　　装 / 天津千鹤文化传播有限公司

规　　格 / 开本：787mm×1092mm　1/16
　　　　　印张：16.5　字数：243 千字
版　　次 / 2021 年 10 月第 1 版　2021 年 10 月第 1 次印刷
书　　号 / ISBN 978 - 7 - 5201 - 9090 - 9
定　　价 / 128.00 元

本书如有印装质量问题，请与读者服务中心（010 - 59367028）联系

广州蓝皮书系列编辑委员会

丛书执行编委 （以姓氏笔画为序）

丁旭光	王宏伟	王桂林	王福军	邓佑满
邓建富	冯　俊	刘　梅	刘保春	刘瑜梅
孙　玥	孙延明	李文新	吴开俊	何镜清
汪茂铸	沈　奎	张　强	张其学	张跃国
陈　爽	陈浩钿	陈雄桥	屈哨兵	贺　忠
顾涧清	徐　柳	唐小平	涂成林	陶镇广
桑晓龙	彭诗升	彭高峰	蓝小环	董　可
赖天生	赖志鸿	谭苑芳	薛小龙	魏明海

主要编撰者简介

张其学　现任广州大学副校长，教授。1991 年毕业于中国人民大学哲学系，获哲学硕士学位；2004 年毕业于中国人民大学哲学系，获哲学博士学位；2004 年 9 月至 2006 年 10 月在中山大学哲学博士后流动站从事博士后研究工作。主要从事马克思主义哲学的教学与研究工作，研究方向为社会发展理论、文化哲学、后殖民主义等。在《哲学研究》《马克思主义研究》等杂志上发表论文 30 余篇，主持和参与省级以上课题 4 项，先后获得广东省"五个一"工程奖和广东省哲学社会科学优秀成果奖，并获得"南粤优秀教师"称号。

涂成林　现任广东省区域发展蓝皮书研究会会长，广州大学二级研究员，博士生导师，广州市政协委员，广州市政府第三、四届决策咨询专家。获国务院政府特殊津贴专家、国家"万人计划"领军人才、中宣部文化名家暨"四个一批"领军人才、广东省"特支计划"哲学社会科学领军人才、广州市杰出专家等称号。目前主要从事城市综合发展、文化科技政策、国家文化安全及马克思主义哲学等方面研究。在《中国社会科学》《哲学研究》《教育研究》等刊物发表论文 100 余篇；主持和承担国家社科基金重大项目、一般项目、省市社科规划项目、省市政府委托项目 60 余项。获得教育部及省、市哲学社会科学奖项和人才奖项 20 余项，获多项"皮书奖"和"皮书报告奖"，2017 年获"皮书专业化 20 年致敬人物"。2019 年获"皮书年会 20 年致敬人物"。

谭苑芳 博士，教授。现任广州大学广州发展研究院副院长，研究生导师。主要从事宗教学、文化学、社会学和城市学等方面的理论研究与应用对策研究，兼任广东省区域发展蓝皮书研究会副会长、番禺区政协常委，广州市政府重大行政决策论证专家。主持国家社科基金项目，教育部人文社科规划项目，其他省市重大、一般社科规划项目 10 余项，独立出版学术专著 1 部，在《中国社会科学内部文稿》《光明日报》等发表学术论文 30 多篇。近年来致力将学术理论成果应用于政策决策之中，撰写 10 余篇研究报告获得多位广东省、广州市主要领导的批示和部门采纳，获得广东省哲学社科优秀成果奖二等奖及"全国优秀皮书报告成果奖"一等奖等多个奖项。

贺　忠 现任中共广州市委网信办副主任。1984 年 9 月至 1991 年 7 月，在中山大学历史系学习获历史学硕士学位；1991 年 7 月起在广州市社会科学院、广州市广播电视局、广州市新闻出版和广播电视局、广州市委宣传部工作，历任主任科员、办公室副主任、市委宣传部理论处副处长、广州市委讲师团团长、市委宣传部理论处处长、市委宣传部副巡视员。长期负责理论学习、理论宣传和理论研究工作。

丁旭光 中共广州市委党校（广州行政学院）校委委员、副校长（副院长），研究员，博士。曾在广东省社会科学院、广东南澳县县委、广东省委党校、广州市委政策研究室工作。2001 年 8 月至 2002 年 8 月由广东省委组织部选派赴美国加州州立大学培训。兼任广州市社科联副主席。出版有《近代中国地方自治研究》《孙中山与近代广东社会》《变革与激荡》等著作，发表论文 60 多篇。

摘　要

《中国广州文化发展报告（2021）》由广州大学、广东省区域发展蓝皮书研究会与广州市委宣传部、广州市文化广电旅游局联合主编，为"广州蓝皮书"系列之一，面向全国公开发行。本报告由总报告、文化事业篇、文化产业篇、文化发展篇、文旅融合篇、专题调研篇六大部分组成，汇集了广州市科研机构、高等院校和政府部门诸多文化问题研究专家、学者和实际工作部门工作者的最新研究成果，是关于广州文化运行情况和相关专题分析、预测的重要参考资料。

2020 年，广州统筹推进疫情防控和城市文化发展，创新思维积极消除疫情防控给文化服务、文化消费、文化旅游、企业生产流通带来的不利影响，在文艺战"疫"、稳定产业发展、激活消费市场、促进非遗活化利用、城市文明建设等方面取得新发展成效，实现了"十三五"广州文化改革创新发展的圆满收官。

展望 2021 年，随着文化生产、服务与消费逐渐适应常态化疫情防控环境，广州文化旅游、文化消费有望得到恢复性增长，"线上＋线下"国际交流模式、会展模式将更加成熟。与数字、网络相关联的文化新业态在产业中占比不断提高，数字化技术、智能化装备在公共文化服务体系中的场景应用将更加广泛普及，数字文化产品与服务将成为加速推动广州文化走出去的新力量。但文化新业态、新模式加速涌现带来的投诉激增、安全风险等新问题也需要引起高度重视，亟待加强相关领域的建章立制与监管创新。

关键词： 文化发展　文化新业态　监管创新　广州

目 录 ⌐⬐▨▨▨▨

001

Ⅳ　文化发展篇

Ⅴ　文旅融合篇

Ⅵ　专题调研篇

皮书数据库阅读**使用指南**

总 报 告
General Report

B.1

2020年广州文化发展现状
分析与2021年展望[*]

广州大学广州发展研究院课题组[**]

摘　要：　2020年，广州在文艺战"疫"、稳定产业发展、激活消费市
　　　　　场、促进非遗活化利用、城市文明建设等方面取得新发展成
　　　　　效，实现"十三五"广州文化改革创新发展的圆满收官。
　　　　　2021年，随着文化生产、服务与消费逐渐适应常态化疫情防
　　　　　控环境，文化旅游、文化消费有望得到恢复性增长，"线

　*　本报告系广州市新型智库广州大学广州发展研究院、中宣部文化名家暨"四个一批"领军人才
　　　重点资助项目"国家文化安全视野下提升区域文化软实力研究"、广东省社科基地国家文化安
　　　全研究中心的研究成果。
　**　课题组组长：涂成林，广州大学智库建设专家指导委员会常务副主任，二级研究员、博士生
　　　导师，国家"万人计划"哲学社会科学领军人才，中宣部文化名家暨"四个一批"领军人
　　　才，广州市新型智库广州大学广州发展研究院首席专家；课题组成员：谭苑芳，博士，广州
　　　大学广州发展研究院副院长、教授；曾恒皋，广州大学广州发展研究院所长、副研究员；彭
　　　晓刚，广州大学广州发展研究院特聘研究员；周雨，博士，广州大学广州发展研究院讲师。
　　　执笔人：涂成林。

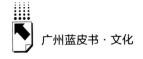

上＋线下"国际交流模式、会展模式将更加成熟。针对公共文化服务区域发展不均衡、文化影响力与创新力偏弱等老问题，以及文化新业态、新模式发展带来的投诉激增、安全风险等新问题，建议广州下一步优先支持边远城区利用当地特色文化资源规划建设高品质公共文化设施，加强对新业态新模式的建章立制与监管创新，城市文化软实力建设补短板与长优势两手抓。

关键词： 文化发展　新业态　文化软实力　广州

一　2020年广州文化发展的总体形势分析

2020年，广州统筹推进疫情防控和城市文化发展，创新发展思维积极消除疫情防控给文化服务、文化消费、文化旅游、企业生产流通带来的不利影响，在文化惠民、文艺战"疫"、文化产业稳健发展、非遗活化利用、城市文明建设等领域取得了新的发展成效，实现了"十三五"广州文化改革创新发展的圆满收官。

（一）公共文化硬件建设与服务加速优化提质，超额完成"十三五"规划目标

2020年，广州共有8家博物馆跃升为国家级博物馆，其中广州艺术博物院成为全国唯一一个同为国家一级博物馆和国家重点美术馆的"双料馆"单位。至年底，广州市拥有的各类博物馆数量已达到111家，其中三级以上国家级博物馆数量23家，位居全国前列。"图书馆之城"建设稳步推进，至年底，广州的公共图书馆服务网点数量已达到1699个，平均约5.2万广州市民就拥有一座图书馆，超额完成"十三五"全市每8万人拥有一座图书馆的规划目标。城市"10分钟文化圈"和农村"10里文化圈"公共文化服务网络

体系进一步完善，至年底，全市共建成的文化馆、街（镇）文化站数量已达到199个，较上年增加17个；社区（村）综合性文化服务中心已达2744个，较上年增加42个，且已全部实现数字广播电视全覆盖、户户通；每万人室内公共文化设施建筑面积达到1515.78平方米，同比增长18.4%，超额完成广东省基本公共文化服务设施"十三五"1200平方米/万人的建设标准。

同时，2020年广州在公共文化设施科学布局方面迈出关键性步伐，正式出台了首部公共文化设施专项规划——《广州市公共文化设施布局专项规划（2020～2035年)》。规划明确提出，要通过公共文化服务设施的优化布局来进一步推动广州公共文化服务均等化发展，对市民的文化需求保障更加充分、更加普惠、更加均衡；要求到2022年，广州的公共文化设施服务覆盖率达到95%，到2035年达到100%。

在公共文化服务质量与文化惠民方面也取得新进展。2020年，广州积极推进公共文化场馆、文化演艺场所、文化旅游市场等方面的服务质量提升计划，加快建设完善文化和旅游志愿服务网络体系。至年底，广州拥有的文化和旅游专业志愿者数量已达到9.4万人，全年开展各类志愿者专题活动5.8万余场，参与活动的文化志愿者超过27万人次。由于疫情原因，自2020年2月起广州博物馆的夜间开放活动被迫暂停，但开放文旅空间的夜间文化惠民活动却精彩纷呈。其中，以广州塔为舞台的"粤韵广州塔——名家周末大舞台"惠民演出活动自2020年7月向市民游客免费观演以来，广州粤剧院、广东音乐曲艺团等单位的艺术名家每周末晚上都来此登台演出，现已成为广州夜间文化的一张亮丽名片。

（二）文艺战"疫"行动迅捷有力，专业和群众文艺创作取得新的成效

新冠肺炎疫情突袭而至，广州文化部门迅速行动起来，发起了"同舟共济·文艺战'疫'"主题文艺创作活动，在全市文化单位和文艺创作者中共征集到各类型抗疫主题作品近千件，市文化广电旅游局于1月31日在官网上专门开辟了疫情防控主题文艺作品展示专栏，成为全国和广东省最早发

布抗疫主题文艺作品的城市之一，充分发挥了社会主义先进文艺在特殊时期强信心、扬正气、聚民心的重要作用。战"疫"也因此成为2020年广州文艺创作的重要方向和主题，截至6月底，广州共收集到的相关主题文艺作品达8432件，产生了歌曲《一路执着》、舞蹈《与爱同行·只要平凡》、图书《还是钟南山》、画作《英雄出征》、雕塑《口罩2020》、广播剧《一路逆行》、话剧《战"疫"2020》、木偶微剧《众志成城战疫情》、粤剧小戏《巍巍南山》等一大批优秀本土原创作品。其中，话剧《战"疫"2020》在2020年第14届广东省艺术节上喜获大型舞台艺术作品二等奖，雕塑《口罩2020》获艺术节美术作品金奖。

同时，广州电影作品在2020年第33届中国电影金鸡奖中也收获颇丰，《掬水月在手》获最佳纪录/科教片奖，儿童励志片《点点星光》获最佳儿童片奖，4K粤剧电影《刑场上的婚礼》获最佳戏曲片提名奖。在2020广东省群众艺术花会（音乐舞蹈）上，广州选送的《步步高》《雨过春曦》等4个作品获得金奖，《小康的模样》《英歌魂》等5个作品获得银奖，《素馨姑娘》《悠悠幸福长》等4个作品获得铜奖，金奖数量和总获奖数量均位居全省第一，充分反映了广州群众较高的文艺创作水平。

（三）文化投资与文化产业发展呈现前低后高发展态势，新文化业态和中心城区发展领先

2020年上半年受严格的疫情防控措施影响，文化会展与投资活动受限。下半年随着疫情形势的逐步好转，文化投资领域开始重新活跃，在重大文化项目签约引进与落地建设方面取得了一系列可喜成绩。在11月于广州召开的2020世界超高清视频（4K/8K）产业发展大会上，中国（广州）超高清视频创新产业示范园区项目正式获得工信部、国家广电总局的建设授权。广州获批创建全国首个超高清视频示范园区，这对巩固和提升广州在国内乃至全球的超高清视频产业领先地位具有重要意义。九龙湖生态度假区、广州北站免税综合体项目也在下半年成功落地，计划投资总额达到245亿元，成为广州疫后文旅产业项目的第一大单。另外，在11月举办的2020广州文化产

业交易会上，共有电影、文旅综合体等11项重点文化产业项目签约，合同金额达182亿元，虽然签约项目数量和合同金额都不及2019年，但在疫情冲击下能取得这样的成绩，充分说明投资者对广州文化产业发展前景依然保持强劲信心。

同时，随着《广州市关于积极应对疫情影响促进文化旅游产业健康发展的若干措施》《关于提振消费促进市场繁荣的若干措施》等一系列激励扶持政策出台，2020年下半年广州文化产业也重新步入快速增长轨道。广州市统计局公布的数据显示，2020年广州文化产业总体发展呈现逐步回稳向好态势，全年实现营业收入4026.42亿元，规模以上企业数量为2822家，与上年基本持平。但出现了两个值得关注的新态势。

一是从行业类别看，新兴文化业态发展领先。2020年，广州聚集性、接触性、流动性特征明显的文化行业，如电影放映、会议展览服务、文化贸易代理服务、景区游览服务等，受疫情防控影响较大，同比下降2.1%；但广播电视集成播控，增值电信文化服务，多媒体、游戏动漫和数字出版软件开发，互联网游戏服务，娱乐用智能无人飞行器制造等文化新业态特征明显的行业，实现可喜的逆势快速增长，全年实现营业收入1711.57亿元，同比增长16.4%，在全市规模以上文化企业营业收入中的占比达到42.5%，较2019年提高了6.8个百分点①。

二是从空间区域看，中心城区集聚效应更加凸显。据统计，2020年，越秀、荔湾、天河、海珠、黄埔、白云六个城区拥有的规模以上企业数量为2247家，占全市的比重为79.6%；实现营业收入3179.64亿元，占全市的比重为79.0%。其中天河区实现营业收入1633.89亿元，占全市的比重为40.6%，比重同比提高3.4个百分点。② 广州文化产业向中心城区尤其是天河区集聚发展的态势更加明显。

---

① 广州市统计局《2020年广州市文化产业发展状况》。
② 广州市统计局《2020年广州市文化产业发展状况》。

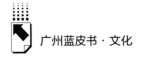

（四）文化消费市场逐步回暖，行业分化特征明显，线上文化消费支出高速增长

2020 年广州文化消费受到严峻疫情防控形势和加快推进首批国家文化消费试点城市建设的双向影响，文化消费呈现出典型的市场逐步回暖、行业分化发展的特征。

从市民文化消费支出角度看，全年市民教育文化娱乐消费支出水平有较大幅度下降。据统计，2020 年，广州城市居民家庭教育娱乐消费人均支出4716.19 元，较上年下降了 23%；占城市居民家庭人均消费支出总额的10.7%，较上年下降了 2.9 个百分点。①

从文化企业收入盈利角度看，上半年由于疫情防控形势严峻，文化消费场馆关闭或限流运营，文化、体育和娱乐业收入大损，全年规模以上企业实现营业收入仅 212.44 亿元，同比下降 32.5%，是全市十大服务行业门类中受损最严重的行业。不过随着下半年疫情形势好转，在复工复产政策推动下，文化消费市场逐渐回暖，呈现逐步加快恢复趋势，降幅比 1 季度、1~2 季度、1~3 季度分别收窄 13.5 个、13.7 个、6.9 个百分点（见表 1）。

表 1　2020 年广州规模以上服务业各行业发展情况

行业	全年营业收入（亿元）	同比增速（%）	比 1~3 季度增减（百分点）	比 1~2 季度增减（百分点）	比 1 季度增减（百分点）
交通运输、仓储和邮政业	4047.15	-9.6	3.8	8.5	16.0
信息传输、软件和信息技术服务业	4030.81	11.7	-0.3	0.1	6.9
房地产服务业	1016.43	3.8	3.7	5.8	11.4
租赁和商务服务业	2311.71	-9.3	3.3	8.4	10.2
科学研究和技术服务业	1391.07	9.4	3.1	10.2	19.9

---

① 根据 2019 年、2020 年广州市国民经济和社会发展统计公报数据计算整理。

续表

行业	全年营业收入（亿元）	同比增速（%）	比1~3季度增减（百分点）	比1~2季度增减（百分点）	比1季度增减（百分点）
水利、环境和公共设施管理业	147.92	6.3	-6	-4.7	19.0
居民服务、修理和其他服务业	108.36	-1.6	1.6	5.1	7.2
教育	139.19	-5.4	2.4	4.9	7.3
卫生和社会工作	128.63	-2.4	5.6	14.3	24.1
文化、体育和娱乐业	212.44	-32.5	6.9	13.7	13.5

资料来源：广州市统计局《2020年广州市规模以上服务业运行分析》。

从文化消费不同类别市场表现情况角度看，严格的疫情防控措施限制了文化旅游、歌舞影院等传统线下文化消费行业发展。2020年广州市的旅游接待总人数为16449.35万人次，旅游业总收入为2679.07亿元，分别较上年大幅下降32.99%、39.86%，其中境外过夜旅游者人数和境外过夜旅游者人天数下降幅度更是明显（见表2）。广州虽然是全国下半年最早恢复开放电影院的城市之一，但全年票房收入也仅为6.84亿元，远低于2019年的26.51亿元水平。但疫情同时催生网络游戏、在线音乐、网络直播等线上文化消费市场的逆势上行，网络付费消费形式逐步被民众接受，并同时带动了相关用品消费市场的发展繁荣。2020年，广州的通信电子产品、家电音像器材和体育娱乐用品类产品的市场零售额分别较上年增长13.1%、11.6%和8.1%。

表2　2020年广州文化旅游市场统计数据汇总

类别	规模	同比（%）
旅游接待总人数（万人次）	16449.35	-32.99
境外过夜旅游者人数（万人次）	209.73	-76.68
国内过夜旅游者人数（万人次）	3972.86	-32.36
境外过夜旅游者人天数（万人天）	509.52	-75.92
国内过夜旅游者人天数（万人天）	9454.36	-31.40
不过夜旅游者人数（万人次）	12266.76	-30.99
旅游业总收入（亿元）	2679.07	-39.86

资料来源：广州市文化广电旅游局旅游统计报表。

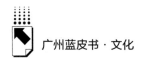

（五）加强城市文化遗产保护利用的示范引领，非遗活化传承加速向法制化、生活化方向发展

2020年6月，广州市文化广电旅游局积极发挥典型案例在城市文物保护利用工作中经验推广、模式复制和示范引领价值，率先推出了第一批15项广州文物保护利用典型案例，成为全国首个公布本地文物保护利用典型案例名单的城市。这些典型案例涵盖了近年来广州在文化遗产综合性保护、文物安全执法监管、社会力量有机参与等方面创新形成的诸多可复制推广模式与经验。如南越国宫署遗址回填保护及展示工程案例，就创新采用了遗址回填保护与概念性复原展示的综合保护利用形式，不仅提升了遗址文物保护的科学性与安全性，也提升了遗址文物展示利用的可读性与观赏性。全国重点文物保护单位万木草堂，其在保护与活化利用实践中的一个主要特色就是充分激活文物建筑的公共文化属性，专注社会服务持续开展各类教育活动，实现了文物资源有效保护和合理利用的一体化可持续发展。善世堂和兆年家塾修缮工程则是近年来广州积极引入社会力量参与文物保护利用的典型范例。其中善世堂是广东省文物保护单位，其修缮工程在政府合理引导下族人、村民、志愿者等多方社会力量参与其中，实现了政府力量与社会力量的有机融合；始建于1900年的兆年家塾是广州市白云区登记保护文物单位，该建筑保护与活化利用工程则完全由私人业主自行出资修缮，是广州城市更新中市民自发保护历史文化建筑、打造社区文化传承新亮点的优秀范例。

非遗保护传承方面也取得了新成效。2020年2月，《广州市发展振兴非物质文化遗产三年行动方案（2020~2022年）》印发出台，非遗保护机制建设、非遗保护深化、非遗传承创新力提升、非遗融合发展、非遗传播力拓展等五大行动全面展开；同年5月，《广州市非物质文化遗产保护办法》开始正式实施，明确规定市、区两级政府要将非遗保护工作纳入国民经济和社会发展规划，将非遗保护经费列入本级财政预算，并要求建立全市统一的非物质文化遗产信息系统和市级非物质文化遗产专家库，在市、区、镇（街道）

三个层面分别设置非遗综合展示场馆、非遗展示场馆和非遗传习场所。在这些强有力的政策推动下，按照"见人见物见生活"的保护传承理念，2020年广州在永庆坊推出了全市首条"非遗街区"，获得市场热捧，迅速成为全国新晋网红打卡地；"广州老城新活力文化遗产深度游"被评选为全国非遗主题旅游12条代表线路之一；"非遗进校园"已遍及全市11区的500余所学校。

（六）为文明广州建设建章立制，保驾护航，市民文明素养和城市文明水平不断提高

2020年，广州以文明新高度创建全国文明城市、打造社会主义文化强国的城市范例为指引，以新一轮深化文明城市创建工作为先导与抓手，围绕制度保障体系构建、载体平台建设、社会服务优化、市民文明素质培养、城市环境卫生治理等核心任务，大力推进社会主义精神文明建设，城市文明水平获得进一步提升。

具体表现为：《广州市文明行为促进条例》正式颁布实施，对在室内公共场所收看收听视听资料时应当佩戴耳机、患有传染性疾病时应佩戴口罩、驾驶车辆时不得以手持方式使用电话或者其他电子产品、行人正在人行横道通行时应当停车让行等文明行为基本礼仪规范进行了法律确认。正式启动《广州市精神文明创建工作13项专项行动计划（2020～2022年）》，持续深化创建文明家庭、文明单位、文明村镇、文明社区、文明校园，针对重大领域与重点人群集中开展生活垃圾分类处理、出租汽车文明服务、餐饮行业文明诚信服务、高速公路沿线环境优化等专项行动。在2020年全国文明城市测评中，广州以全国第四的优异成绩第4次荣膺全国文明城市，连续三年获得中央文明办通报表扬。在"2020中国最具幸福感城市"调查推选中，广州市再次上榜中国最具幸福感城市，广州的天河区、黄埔区双双上榜"2020中国最具幸福感城区"，广州市和黄埔区也同时被评为企业家幸福感最强市（区）。加速推进新时代文明实践阵地建设，到2020年底已建成新时代文明实践中心（所、站）2707个，较上年增加了113.3%；累计开展

各类活动 3.8 万场（次），较上年增加了 65.2%。"志愿者之城"建设结出硕果，青年志愿者在 2020 年广州新冠肺炎疫情防控中发挥出关键作用。2020 年度广州青年志愿服务大数据显示，全年广州团组织和青年志愿服务组织共发布了 1.5 万余个疫情防控志愿服务项目任务，参与青年志愿者近 67 万人次，累计上岗服务时间超 129.1 万小时。

（七）通过"线上 + 线下"畅通对外文化交流渠道，城市国际形象与文化影响力稳步提升

2020 年，广州以建设国际交往中心、国际会议会展之都、世界美食之都为重要抓手，创新思路化解常态化疫情防控条件下国际交流交往的诸多不便，采取线上线下融合模式成功举办了"读懂中国"国际会议（广州）、广州文化产业交易会、广州国际美食节、中国（广州）国际纪录片节、中国国际漫画节、广州国际艺术博览会等一系列高端国际化会议节展，对外文化交流门户功能在全球交往受限、国际节展叫停的特殊背景下得以不断强化，国际交往格局稳步扩大。

其中，2020 年"读懂中国"国际会议已是连续第二年在广州成功举办，会议在广州设线下主会场，来自全球 20 多个国家和地区的约 150 名境外嘉宾以视频连线方式参会，"线上 + 线下"共同就中国高质量发展、双循环格局下的机遇与挑战、更高水平对外开放、非传统安全威胁等主题展开深入研讨与国际对话。2020 中国（广州）国际纪录片节通过"线上 + 线下"结合模式成功凝聚全球业界力量，在多个国际电影节展停办情况下，仍成功征集到来自全球 126 个国家和地区的 3227 部作品参评参展，作品数量是 2003 年举办第一届时的 22 倍，其中境外作品 2644 部，占到参评参展作品总量的 81.90%，国际影响力稳步提升。2020 年广州国际美食节适应常态化疫情防控要求，与餐饮电商平台合作吸引 3000 多家餐饮企业参与"广州滋味榜"线上打榜，"线上引流 + 线下消费"创新模式使得"食在广州"国际品牌影响力持续上升，特殊条件下的全民美食狂欢成为广州向世界生动展现和阐述中国制度优势、文化自信的生动图景。

二 2020年广州文化发展存在的主要问题

（一）公共文化服务水平城乡间、区域间发展不均衡问题突出

虽然当前广州已基本建成城市"10分钟文化圈"、农村"10里文化圈"以及覆盖全市的四级公共文化服务网络体系，但公共文化服务资源配置规模与供给品级的城乡差距、区域差距依然很大，非中心城区和乡村地区的公共文化服务水平与品质明显偏低，距离构建形成高品质公共文化服务体系还有一定差距。

具体从广州市各区的公共文化设施资源分布情况来看，越秀、天河、海珠、荔湾四个中心城区的公共文化服务设施在数量规模、建筑面积、设施级别、类型齐全性等指标方面都要明显高于其他7个行政区。花都、增城、从化、南沙四个边远城区的公共文化服务设施配置水平与中心城区的差距更加明显，不仅数量少，而且级别低。越秀、天河、海珠、荔湾四个中心城区行政面积只占到全市的4.3%，而拥有的区级以上公共文化服务设施却占到全市的62.9%；花都、增城、从化、南沙四个边远城区占到全市总面积的72.1%，而拥有的区级以上公共文化服务设施却只占到全市的15.5%。按照市级和区级公共文化设施服务半径800~1500m、500~800m的标准，广州边远城区和乡村地区公共文化服务设施的有效覆盖水平与市民获得服务的便利性明显都需要加强（见表3）。

表3　广州市各区公共文化设施分布一览

行政区	区级及以上公共文化设施								镇（街）级综合文化站
	博物馆、纪念馆	图书馆	文化馆	美术馆	剧院、影院	科技馆	文化宫、青少年宫	档案馆、展览馆	
越秀	20	6	2	8	7	2	4	1	48
天河	6	3	3	3	9	0	3	2	21

续表

行政区	区级及以上公共文化设施								镇(街)级综合文化站
	博物馆、纪念馆	图书馆	文化馆	美术馆	剧院、影院	科技馆	文化宫、青少年宫	档案馆、展览馆	
荔湾	7	2	1	1	3	0	5	1	22
海珠	10	2	2	3	2	0	3	1	18
白云	5	1	1	1	0	0	2	1	25
花都	2	1	1	1	0	0	1	1	10
番禺	5	2	1	1	0	1	3	2	18
黄埔	6	3	2	0	1	1	2	1	13
南沙	0	2	1	0	1	1	2	1	9
增城	1	1	1	0	0	2	2	1	11
从化	2	1	2	0	0	0	1	1	8

资料来源：根据广州市文化广电旅游局《广州市公共文化设施布局专项规划（2020～2035年)》相关统计报表计算整理。

（二）城市文化软实力建设的影响力与创新力存在明显的短板

城市文化软实力是指依托当地的文化资源和城市文化自身发展而产生出来的对内社会凝聚力、感召力、创新力和对外文化影响力、辐射力，是由文化基础力、文化生产力、文化凝聚力、文化影响力、文化创新力和安全保障力等多种分力综合作用形成的一种整体文化实力。课题组根据六个分力构建城市文化软实力综合评价指标体系，采用因子分析法对珠三角九市进行比较研究后发现，广州市城市文化软实力的综合得分（2.39）低于深圳（2.67)，其中主要差距在文化影响力（分别为0.49，0.86）和文化创新力（分别为0.33，0.63）两个方面。文化影响力是衡量城市对外文化交流水平、文化产品出口规模、吸引外地游客与投资能力的一项重要指标，文化创新力强弱则直接反映一个城市在文化创意创新方面的活跃度与产出能力水平。广州文化软实力综合得分不如深圳，这与广州在粤港澳大湾区中的科技教育文化中心和对外文化交流门户枢纽的城市定位不相符，与广州作为岭南文化中心与国家历史文化名城的优越资源条件不匹配，与广州加快建设社会主义文化强市的城市范例的发展目标还有一定差距。而文化影响力与文化创新力得分偏低，则说明广州的城市文化软实力建设还存在明显短板，亟须在打造更高能级城市文化品牌集群、提升城市文化魅力、加速历史文化资源活化利用进程、扩大和提高广州文化走出去范围与层级、促进文创产业高质量发展等方面下更大功夫（见表4）。

表4 珠三角九市文化软实力评价得分

城市	文化基础力	文化生产力	文化凝聚力	文化影响力	文化创新力	安全保障力	总分
广州	0.24	0.81	0.10	0.49	0.33	0.14	2.39
深圳	0.18	0.72	0.10	0.86	0.63	0.18	2.67
珠海	0.04	0.26	0.10	1.11	0.73	0.15	2.11
佛山	0.13	0.27	0.10	0.20	0.38	0.17	1.26
惠州	0.07	0.18	0.10	0.29	0.31	0.16	1.12
东莞	0.04	0.20	0.10	0.47	0.63	0.23	1.68
中山	0.04	0.12	0.10	0.17	0.41	0.19	1.03
江门	0.11	0.14	0.10	0.30	0.26	0.14	1.07
肇庆	0.11	0.11	0.10	0.07	0.13	0.14	0.67

注：评价原始数据采用的是各市2018年的相关统计数据。

（三）新消费模式带来的文旅娱乐服务投诉激增新问题不容忽视

受疫情影响，在线文化产品和服务发展迅速，居家生活工作模式催生了广州直播电商产业的快速崛起，无论是直播 App 企业和 MCN 机构数量，还是围观人次和实际购买力，广州均在全国各大城市中排名第一，已成为当之无愧的中国直播第一城。但在线消费、直播带货等新消费模式的兴起也带来了许多新问题、新矛盾，互联网服务成为消费领域新的投诉热点。据广东省消费者协会统计，2020 年广州市的投诉量为 157525 件，占全省的 39.95%，其中互联网服务投诉量最大，占服务类投诉总量的四成。网络游戏服务消费纠纷主要集中在充值、退费、游戏体验、游戏账号等问题，其中涉及未成年人的网络游戏消费投诉占比近一半，未成年人"限玩、限充、宵禁"制度约束如何落实到位、家长与服务提供企业责任如何划分界定等问题已引发社会广泛关注。直播带货引发的消费纠纷主要集中在夸大虚假宣传、乱承诺诱购、平台卖家单方"砍单"、网购产品质量与售后服务无保障等方面，加强对直播消费的立法监管已迫在眉睫。

同时，预付式消费模式在疫情影响下也带来了投诉频发新问题。2020年，一些消费者因疫情防控措施被迫取消旅游行程，消费者与旅行社、航空公司、预订酒店、中介平台之间因机票退改签、退费高额手续费等方面的纠纷投诉异常激增。据广州市文化广电旅游局统计，2020年广州市旅行社接待旅客数量同比大幅下滑，但消费投诉数量出现同比激增的特殊现象，第三和第四季度接到的有效投诉分别为上年同期的4.7倍和2.1倍（见表5）。另外，预付式消费叠加各种隐性"消费贷"所形成的新消费模式，由于在疫情影响下一些商家出现了服务缩水、产品质量变差甚至关门跑路等情况，成为引爆2020年休闲娱乐、教育培训、养生健身、美容美发等领域消费投诉维权案件猛增的触发点。如何加快构建完善与新消费环境相适应的制度体系，在刺激消费过程中如何规范引导消费者理性消费，这是广州在加快建设国际消费中心城市时需要重点解决的问题。

表5　2019～2020年广州分季度旅游投诉情况

指标	一季度		二季度		三季度		四季度	
	旅行社接待旅客数（万人次）	有效投诉（件）	旅行社接待旅客数（万人次）	有效投诉（件）	旅行社接待旅客数（万人次）	有效投诉（件）	旅行社接待旅客数（万人次）	有效投诉（件）
2019年	700.49	30	793.48	20	847.28	29	993.82	38
2020年	92.39	5	—		345.31	137	418.17	80

资料来源：根据广州市文化广电旅游局2019～2020年旅游投诉公示信息归类整理。

（四）文化新业态超速发展带来的城市安全风险需要高度关注

广州的网络游戏、网络直播、在线服务等新型文化产业发展领先，仅持证互联网企业数量就多达4000余家。网络动漫游戏、网络直播表演、自媒体、在线阅读、在线教育、数字出版等新业态催生了广州网络文化消费市场的迅速繁荣，但也给城市文化安全带来了新的风险，务必高度重视并快速解决。具体表现在以下三个方面。

第一，在网络文化产品和服务中隐晦传播低俗色情和危害社会公德内容、教唆赌博暴力犯罪、引诱未成年人充值消费等问题依然屡禁不止，自媒体平台制作传播谣言消息、网络平台公司超范围采集公民个人信息、网络电商低俗信息引流与恶意炒作营销等问题十分突出，距离构建形成文明清朗的网络文化市场还有不短距离。2020年初新冠肺炎疫情突袭而至，广州一些自媒体为吸人眼球胡乱编造虚假信息、炮制涉疫网络"爆文"的行为非常猖獗，广州警方在专项打击清理传播涉疫情谣言"网络水军"行动中，抓获自媒体类制作传播涉疫谣言的团伙200多名，关停涉案网络平台账号达1.4万余个。同时，广州警方在"护网2020"网络攻防演习和网络安全执法检查行动中，走访检查3471家次重点单位企业和循环检测全市1785个重要信息系统，发现并通报了2458个网络安全隐患；在对全市25万个网站进行专项排查后，发现并清理各类违法信息57万多条、违法栏目892个，对123款存在侵犯公民个人信息问题的网络App进行了调查处置。

第二，与网络相关的非法出版、非法侵权盗版案件持续增多，互联网平台成为销售非法出版物的新渠道。广州市文化广电旅游局发布的2020年文化市场综合执法典型案例，不仅出现了网络公司无证擅自从事网络出版服务的案件，还出现了通过拼多多、淘宝等网络平台非法印刷销售盗版出版物的案件，非法出版犯罪从地下向线上转移拓展趋势值得警惕。

第三，以网络游戏、消费返利、爱心慈善、金融互助等名义非法从事网络传销活动的案件时有发生，新型网络传销模式已成为危害健康网络生态的新毒瘤。其中，继2018年广州警方成功摧毁"云联惠"特大网络传销犯罪团伙后，2020年6月，广州市天河警方再次查处立熏电子商务公司"E趣商城App"特大网络传销案，涉案金额高达14亿元，依法刑事拘留犯罪嫌疑人65名。另外，广东省市场监督管理局公布的2019年全省六大网络传销

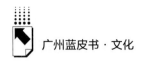
典型案例中，广州市占 2 例；在最新公布的 2020 年全省五大网络传销典型案例中，广州占 3 例。

三 2021年广州文化发展态势分析与发展建议

（一）2021年广州文化发展态势分析

2021 年，广州文化发展态势受到国内外多重环境因素的影响。一方面，2021 年是我国乘势而上开启全面建设社会主义现代化国家新征程、向第二个百年奋斗目标进军的起始年，党中央已在《中华人民共和国国民经济和社会发展第十四个五年规划和二〇三五年远景目标纲要》中，明确提出了到 2035 年建成社会主义文化强国的宏伟目标，并在"十四五"期间实施文化产业数字化战略、加强国家文化出口基地建设等方面做出了一系列规划部署，这对有基础条件和先发优势的广州来说是重大机遇。另一方面，虽然全球暴发疫情，境外文化旅游、全球人才流动、国际文化交流与会展活动受到较大制约，但国内形势比较平稳，出现严重反复的可能性不大，国内文化生产与消费已逐渐适应常态化疫情防控环境，文化事业与文化产业发展在复苏道路上已步入正常轨道，疫情因素对 2021 年广州文化发展的不利影响较上年将明显减弱。

从广州内部环境看，2021 年是广州未来五年内实现城市文化综合实力出新出彩取得决定性重大成就开好局、起好步的关键之年。《中共广州市委关于制定广州市国民经济和社会发展第十四个五年规划和二〇三五年远景目标的建议》已明确提出，"十四五"期间广州将着力实施文化强市战略，从提高城市文明程度、打响"四大文化品牌"、构建高品质公共文化服务体系、建设文化产业高质量发展新高地四个主要方向入手，加快塑造形成与经济实力相匹配的文化优势。同时将以建设文商旅体融合示范区、国家全域旅游示范区和国家邮轮旅游试验区等重大工程为主要抓手，加快建设现代服务业强市；通过实施时尚之都、美食之都、电商之都、定制之都等打造推广行动，加快培育建设国际消费中心城市。根据上述规划目标与核心任务，2021年广州文化工作重点将主要围绕以下几个方面展开。

一是全面实施《广州市促进文化旅游产业高质量发展的若干措施》，加快推动九龙湖生态度假区、广州北站免税综合体、"粤文化"综合文旅项目、广州塔文商旅融合发展示范区等重大文化产业项目建设，支持文化旅游新业态发展和区域文化旅游协调发展；二是围绕中共党史、新中国史、改革开放史、社会主义发展史等重大题材将打造一批与时代相呼应的精品力作，以迎接建党一百周年为主题系列推出十大精品展陈、十部精品剧目、一批精品画作、一组精品雕塑，同时加快建立一批艺术名家工作室，全力打造广州文艺高峰；三是加强岭南文化、革命文化、海丝文化文物资源的传承保护、活化利用与品牌化发展，以5A级景区标准大力推进红色文化传承弘扬示范区（越秀片区）建设，同时启动省级粤剧粤曲文化生态保护实验区建设，开展文物活化试点和非遗传承基地认定，在永庆坊基础上再重点打造一批广州非遗街区，推动广州优秀传统文化创新发展上水平；四是以全面实施《广州市公共文化设施布局专项规划（2020～2035）》为工作指引，进一步加强现代公共文化服务体系建设；五是以全域旅游为抓手全面推进世界级旅游目的地建设，着力打造岭南特色"文旅夜市"品牌和一批具备国际影响力的婚庆、美食旅游热点，积极创建国家级全域旅游示范城市和国家文化消费示范城市；六是加快推进粤港澳大湾区北部生态文化旅游合作区建设，大力推动岭南传统文化"走出去"，积极融入国内经济发展大循环和国内国际"双循环"；七是疫情防控与安全生产两手抓，坚持底线思维推动广州文化和旅游市场安全有序发展。

根据发展规划和既定的工作安排，以及内外部发展环境的变化影响，展望2021年，广州文化发展将出现以下值得关注的新态势。

广州首部公共文化设施专项规划正式实施后，南沙作为广州的唯一城市副中心和未来人口主要增长点成为公共文化设施重点规划布局区域，南沙古炮台近代史迹保护作为市级重点公共文化设施项目正式纳入规划建设程序，

海防遗址保护与开发利用进程有望加快。

随着广州对标世界一流旅游名城打造高品质世界级旅游目的地三年行动计划的全面展开，2021年广州在文化旅游建设发展方面将全面加速，旅游接待总人次、总收入、总产值等经济指标均有望得到恢复性增长，文化旅游产业在全市地区生产总值中的占比会进一步提高，文化旅游消费对广州培育建设国际消费中心城市的支撑作用将更加凸显。

文化事业与文化产业的数字化发展进程将进一步加速，数字动漫、网络游戏、新媒体、数字内容创意、数字文化装备等文化新业态在广州文化产业中的比重有望进一步提高，数字化技术、智能化装备在公共文化服务体系中的场景应用将更加广泛普及，数字文化产品与服务将成为加速推动广州文化走出去的新力量。

随着越秀区"一极两纵三横三片区"红色文化传承弘扬示范区基本建成，打造红色文化地标与红色旅游精品线路、打响红色文化品牌、加强红色题材文艺精品创作生产、讲好广州红色故事等行动在全市深度展开，2021年广州英雄城市的文化特色将更加鲜亮，红色文化影响力有望上升到新的发展高度。

受到常态化疫情防控政策影响，线上与线下融合模式依然是2021年广州举办或参与对外文化交流与国际化文化会展活动的主流模式。不过经过一年来的创新发展与实践摸索，预计"线上＋线下"融合交流模式、会展模式将更加成熟，活动成效、国际参与度有望实现恢复性提升。

（二）对策建议

1. 优先支持边远城区利用当地特色文化资源规划建设高品质公共文化设施，加快解决公共文化服务区域发展不均衡问题

规划布局建设公共文化服务设施，既要考虑服务均等性，也要考虑有效覆盖服务人口规模与设施投入运营后的实际利用率。要切实解决当前广州边远城区的公共文化服务设施数量少、层级低的难题，最有效办法就是将边远

城区的公共文化服务体系建设与当地特色文化资源保护利用有机结合起来，集公共服务性与文旅商业性于一体，优先规划建设一批具有典型特色和文化吸引力的高品质文化设施，确保这些文化设施建得成，用得上，能够实现可持续发展。

以广州南沙区为例。广州南沙至今没有一个区级以上公共文化服务设施，根本无法满足南沙快速增长的市民文化服务需求与新区发展需要，与南沙"三区一中心"（国家新区、自贸试验区、粤港澳全面合作示范区和承载门户枢纽功能的广州城市副中心）的功能定位完全不相符。但事实上南沙拥有国家级文物资源虎门古炮台群，以及黄阁麒麟舞、香云纱传统染整技艺等一批省市级珍贵非物质文化遗产。如果能够依托南沙区域内的古炮台群以及铁索拦江、金锁铜关等历史景观资源，联动东莞、深圳、珠海、中山、香港、澳门等大湾区其他城市，合力规划打造一个集遗址保护、文博展览、海防爱国教育、文创旅游等功能于一体的国家级文化主题公园，那么广州城市南端就会出现既有重大海防遗址保护价值与爱国教育功能，又在文化旅游市场具备较强号召力的高品质公共文化设施，南沙新区公共文化服务水平也会实现质的提升。香云纱传统染整技艺是广州市级非物质文化遗产，有很大的保护价值和市场开发空间，完全可以采取公共财政投入与吸引社会投资相结合的模式，市、区两级政府在规划、立项、资金等方面给予一定的倾斜性支持，联动企业整体打造一个集传统技艺传承保护、展示展览、文化交流、文化旅游、工艺生产、商贸交易于一体的文化遗产综合保护利用项目，不仅对广州香云纱传统染整技艺的传承保护是一个巨大推进，也可以再为南沙打造出一个标志性的特色文化服务场所。

2. 补短板与长优势两手抓，合力协调推进广州城市文化软实力快速提升

广州要塑造出与经济实力相匹配的文化优势，建成国际一流的文化强市，在城市文化软实力建设中需要充分借鉴新木桶理论和马克思主义关于发展的有机整体论、合力论等思想，不仅要加快补齐在文化影响力、文化创新力方面的短板，同时也要进一步做强在文化基础力、文化凝聚力、文化生产力等方面的长板优势，构建形成各类关键影响因素相互促进而非相互抵消的

良性发展局面。

在补齐短板方面，广州当前最紧迫的任务是通过外宣渠道拓展、内部环境提升等手段，进一步强化广州的对外文化开放门户枢纽功能，协调提升城市在国际国内的文化辐射能力与文化吸引力。建议广州以旅游与消费为突破口，将打造高品质世界级旅游目的地和具有国际影响力的文化消费中心城市有机结合起来，着重培育和提升一批具有国际影响力的文化旅游品牌、文化节展活动和消费购物平台，吸引境外文化旅游、时尚消费向广州回流与集聚。同时，要以建设全球创意设计之都为指引，构建完善与之发展需求相配套的人才环境、融资环境、产业发展环境，着重支持企业和机构充分利用广州丰富的特色文化资源进行产品创意创新和市场开发，充分释放广州的文化创新力潜能。

在做强长板方面，建议以建设社会主义文化强国的城市范例和持续创建全国文明城市为方向指引，深度挖掘广州红色文化、岭南文化、海丝文化和创新文化的精神内核，推进更高水平的"志愿之城"建设，通过优秀文化传承创新促进新旧广州人的城市精神凝聚与广泛城市文化认同，进一步强化广州的文化基础力与凝聚力优势。建议以全国婚俗改革实验区建设为契机，积极倡导新时代健康文明的婚俗风尚与和谐幸福的婚姻家庭文化，实现婚姻领域移风易俗改革与广州优势婚庆文化旅游产业良性互动发展。同时，要加快推进广州文化国企的股份制改造和混合所有制改革，广泛应用数字化、智能化技术引领文化装备制造、出版传媒、文化会展等传统优势产业升级换代发展，打造更具影响力的全球文化装备制造中心和国际会议会展之都，进一步巩固提升广州的文化生产力优势，并以发达的文化生产力协同提升广州的文化影响力。

3.统筹好文化发展与安全两件大事，加快推进对文化新业态、新模式的建章立制与监管创新工作

要真正将广州打造成为具有独特魅力、创新实力和发展动力的社会主义文化强国的城市范例，就必须在实践工作中统筹好文化发展和文化安全两件大事。对于信息化时代层出不穷的文化新业态、市场新模式，在鼓励发展过

程中要有底线思维、风险意识。不能因害怕安全风险而阻止发展，也不能不顾安全而盲目发展，关键是要前瞻性防范处理好发展中的安全风险，早预防、早化解。

一方面，要加快推进对文化新业态、市场新模式的建章立制进程，对互联网内容创作、平台信息采集、隐私保护、网络版权、网络销售新模式等建立起清晰的执法处置边界，明确平台提供者、内容创作者与应用消费者在共建健康文明网络文化生态中的责任与义务，为各类市场主体规范进行创作、消费、服务活动提供清晰的行为指引。执法处置标准要做到宽严相济，既要给文化新业态、新模式的创新发展提供容错空间，也要对制作传播低俗内容与谣言消息造成恶劣影响、采集消费者信息进行非法牟利、恶意引诱未成年人网络消费充值、假借模式创新进行网络传销等严重违法行为进行依法严厉打击。

另一方面，要加快推进应用新技术创新文化监管模式进程，切实保证对新业态与新模式的监管、执法能够跟上发展需求。建议广州文化执法部门加快建立市、区两级网络文化市场智能化在线监测预警系统，切实提升对制作传播低俗文化内容、网络盗版等非法活动的监测预警和及时处置能力。同时，鉴于文化产业、文化消费市场跨行业发展趋势越来越明显，建立综合执法机制已势在必行。建议广州在全市范围内加快复制推广南沙综合行政执法改革模式，将文化、市场、知识产权、信息服务等行政执法权进行集中统一，尽快建立起适应文化新业态、新模式发展的行政综合执法机制。

文化事业篇
Cultural Business

B.2
关于广州合力打造粤港澳大湾区
海防遗址国家文化公园的建议[*]

广州大学广州发展研究院课题组[**]

摘　要： 依托大湾区现有海防遗址资源打造全国首个以海防为主题的
　　　　　国家文化公园，与中央当前正在大力推进的打造一批具有中
　　　　　华文化重要标识作用的国家文化主题公园的战略意图具有高
　　　　　度一致性，对落实湾区战略规划、助力广州文化建设、推动
　　　　　南沙区域发展均有重要意义。本文在研究并借鉴国外成功案
　　　　　例的基础上，从现有优势、问题短板两个角度出发，深入剖

* 本报告系广州市新型智库广州大学广州发展研究院的研究成果。
** 课题组组长：谭苑芳，博士，广州大学广州发展研究院副院长、教授；课题组成员：涂成
林，广州大学智库建设专家指导委员会常务副主任，二级研究员、博士生导师，国家"万人
计划"哲学社会科学领军人才，中宣部文化名家暨"四个一批"领军人才，广州市新型智库
广州大学广州发展研究院首席专家；曾恒皋，广州大学广州发展研究院所长、副研究员；彭
晓刚，广州大学广州发展研究院特聘研究员；周雨，博士，广州大学广州发展研究院讲师；
臧传香，广州市粤港澳大湾区（南沙）改革创新研究院科研助理；喻欢，广州大学马克思主
义学院研究生。执笔人：谭苑芳。

析了当前打造粤港澳大湾区海防遗址国家文化公园的现实状况，并针对性地提出了四点对策建议，以期海防遗址国家文化公园助力大湾区各类文化遗产焕发新的生机与活力，最终实现海防承载的传统文化创造性转化、创新性发展。

关键词： 广州　粤港澳大湾区　海防遗址　国家文化公园

　　2020 年，党的十九届五中全会通过了《中共中央关于制定国民经济和社会发展第十四个五年规划和二〇三五年远景目标的建议》，提出传承弘扬中华优秀传统文化，强化重要文化和自然遗产、非物质文化遗产系统性保护，建设长城、大运河、长征、黄河等国家文化公园的目标。中国鸦片战争古战场遗址有中国的南方长城之称，依托珠江口海防遗址资源打造全国首个以海防为主题的国家文化公园，与"十四五"规划中打造一批具有中华文化重要标识作用的国家文化主题公园的战略意图具有高度的一致性。珠江口两岸的炮台群及周边海防历史遗址是珠江口两岸特有的历史标志和海防符号，见证了中国人民抗击帝国主义列强入侵的历史，是粤港澳共建人文湾区的宝贵历史文化资源，也是广州和大湾区当前唯一可能打造成为国家级文化主题公园的重大文化工程项目。大湾区城市群中，广州是中国历史最悠久的通商口岸之一，其海防工程自秦汉时期便从无到有，日趋完善，到晚清时期，广州已经是中国沿海城市中城防、江防、海防设施最完整，炮台最多的城市之一。由广州市领衔合力打造海防遗址国家文化公园合理而且必要，基于此，本文提出了关于广州合力打造粤港澳大湾区海防遗址国家文化公园的建议。

一　打造粤港澳大湾区海防遗址
国家文化公园的必要性

（一）立足国家发展战略，文化强国利在千秋

　　在第五次全国边海防工作会议上，习近平总书记强调，"边海防工作是

治国安邦的大事，关系国家安全和发展全局。大家要不忘历史，牢记使命，扎扎实实把我国边海防工作搞好"。在党和国家的高度重视下，我国边海防从小到大，由弱到强，在探索中前进，在改革中发展，结束了近代中国有边无防、疆土任人宰割的屈辱历史，同时开启了中国边海防的新篇章。学会铭记历史才能更好地谱写新篇。在保护历史文化资源完整性的前提下，对国家海防遗址进行科学管理和合理利用，打造粤港澳大湾区海防遗址国家文化公园，有利于填补我国海防遗址国家文化公园建设的空白，提炼国家海防文化符号，提升国家文化软实力；有利于加强全民海防观念教育，增强全民海防意识和海权意识，进一步促进全民族情感关联和文化认同；有利于立足全球视野，站在中国高度，探索海防文化遗产保护利用新模式，提升中国文化国际影响力，促进世界文化多样性存续。

（二）落实湾区战略规划，推动建设人文湾区

《粤港澳大湾区发展规划纲要》提出，要"共建人文湾区"。塑造湾区人文精神。坚定文化自信，共同推进中华优秀传统文化传承发展，发挥粤港澳地域相近、文脉相亲的优势，联合开展跨界重大文化遗产保护，合作举办各类文化遗产展览、展演活动，保护、宣传、利用好湾区内的文物古迹、世界文化遗产和非物质文化遗产。以"资源共享、优势互补、互利互惠、合作共赢"为原则，打造粤港澳大湾区海防遗址国家文化公园，契合大湾区发展战略和发展规划纲要需求，有利于增强大湾区文化软实力，进一步提升大湾区居民文化素养与社会文明程度，塑造和丰富大湾区人文精神内涵；有利于整合广州、深圳、中山、珠海以及香港、澳门等多个湾区城市的海防遗址资源，建立区域协同保护开发机制，促进大湾区城市群经济社会、文化建设的互联互通，进一步深化大湾区城市合作和协调发展；有利于粤港澳大湾区突破行政壁垒限制，创立创新合作机制，全面深入推进全方位、宽领域、多层次的战略合作。

（三）助力广州守正创新，全面建设文化强市

习近平总书记视察广州时提出"实现老城市新活力，在推动城市文化

综合实力等方面出新出彩"。广州肩负着建设岭南文化中心和对外文化交流门户的重任，在人文湾区建设中发挥着不可替代的引领作用。目前，广州正以人文湾区建设为导向，致力打造社会主义文化强国的城市范例。以广州为引领，打造全国首个以海防为主题的国家文化公园，有利于完善、优化广州市自然、人文资源开发利用成果，避免资源的无序开发和过度消耗，焕发老城区新活力；有利于实现在充分保护历史遗址的同时有效提升相关景区景点的知名度和影响力，带动广州旅游产业健康、繁荣、可持续发展，创造遗产资源保护与旅游经济发展双赢局面；有利于广州守正创新，发展和弘扬岭南文化，打造发展中国特色社会主义先进文化的样板和窗口。

（四）塑造南沙文化名片，展现新区人文魅力

南沙地处大湾区的地理几何中心，是珠江东西两岸城际间重要的交通枢纽节点。《粤港澳大湾区发展规划纲要》明确提出，南沙要强化与周边地区在城市规划、综合交通、公共服务设施等方面的一体化衔接，构建"半小时交通圈"。以南沙为中心，打造粤港澳大湾区海防遗址国家文化公园，有利于南沙依托区位优势和资源优势，塑造具有岭南特色的文化品牌和文化名片，为城市居民与旅游者塑造更多的环境品质优良、历史文化底蕴深厚的休闲游憩走廊，促进区域深度旅游；有利于扩大南沙传统文化及文物古迹的知名度和影响力，发挥南沙区城市副中心的辐射作用，带动周边地区文化和旅游产业发展，推动实现多区域、多产业融合联动发展，形成多元共赢局面。

二 国际案例研究与经验借鉴

（一）文化型国家公园案例

美国的国家公园体系发育较早，其管理体制、财政体制和保护机制日臻完善和成熟，且具备一定的普适意义，可为粤港澳大湾区海防遗址国家文化公园的建设及运营提供一定借鉴。本文选取了坐落于科罗拉多高原的梅萨维

德国家公园展开案例研究，这是美国开辟的第一座文化型国家公园。梅萨维德国家公园属于垂直型管理体制，在管理过程中遵循联邦政府相继颁布的《黄石公园法》《组织法》《历史纪念地保护法》《特许经营法》《公园志愿者法》，并分层设立了联邦政府管理机构、地区分局管理机构、国家公园管理中心三级垂直领导机构，国家公园管理中心对梅萨维德国家公园实行直接管控，不受州际法律限制。其财政方面主要有三大资金来源，分别是运营资金占90%的联邦政府财政拨款、国家公园营业收入和商业活动收入、私人和非政府组织的捐赠资金等。在遗产保护机制方面，梅萨维德公园的所有权和运营权均归联邦政府所属。梅萨维德公园不仅享有最高级别的保护权利，且具备高水准专业化解说和成熟的配套设施。根据公园总体管理计划，公园的环境承载力和游客行为受到严格监控，其制定了限制性政策以降低游客行为对遗址、古迹的负面影响。梅萨维德的工作人员定期为公众提供相关历史知识和保护政策的咨询和建议，例如，管理损害或可能损害文化资源的入侵植物，确保公园乃至附近的商业活动或开发项目不会影响遗址、古迹的自身价值和真实性、完整性等。

（二）景点串联式观光园区案例

金门海峡游览区位于美国旧金山，是典型的多景点串联形成的观光游览区。该景区以金门大桥为核心景点，串联北侧的金门国家级休憩区、游艇俱乐部，南部的旧金山要塞公园、戈弗雷炮台、兰开斯特炮台、海滩度假基地，东部的阿尔科特斯岛、天合岛等，分散的景点通过一系列串联组织，共同形成了金门海峡游览区。金门大桥于1937年通车，除去交通功能，它还是旧金山第一大旅游景点，全长约2.7公里，是世界上最大的单孔吊桥之一。金门大桥作为世界级桥梁观光展示区，一直被视为旧金山的标志性符号。围绕金门大桥，区内还建设有要塞公园、多个博物馆和艺术馆，突出游览区的主题展示和教育功能的同时也丰富了景区的人文内涵。景区的旅游观光线路以水路为主，区内设有多处游船码头，以水上游憩系统为脉络，形成了独具特色的"旧金山游憩观光线"。

坐落于芬兰的赫尔辛基芬兰堡同样具备本类案例的研究价值。芬兰堡前身是一个形状不规则的要塞堡垒群，先后为瑞典、俄罗斯和芬兰提供军事防御，是全人类宝贵的文化财富。目前，芬兰堡由芬兰教育和文化部管理，政府主管部门负责要塞的复原、开发、维护以及景点管理。芬兰堡主要分为三个部分，一是以历史遗址展示为主的遗址展示中心区域；二是围绕重要的历史建筑建设的历史博物馆群；三是围绕码头建设的商业综合开发区域。芬兰堡也重视水上游览线路的打造：芬兰堡岛上有两个重要码头与赫尔辛基主城区以及周边的旅游景区，开发者通过设立景区专用渡轮建立了芬兰堡与主城区的主要公共交通网络，通过"水上巴士"建立了芬兰堡与各个重要旅游节点的旅游航线。

通过以上案例研究，有如下经验值得借鉴：第一，以政府为主导，重视政府的直接领导和统筹规划作用，从国家层面对自然、人文资源进行保护性开发；第二，建立健全政策条文、法律法规对自然资源、文物古迹的保护机制，避免盲目开发和过度利用；第三，以史为线，寻史觅迹，让历史事件和历史文物古迹统领公共文化载体空间；第四，重视与周边自然生态、历史文化资源点的融合联系，通过发达的水上游线，串联分散的文化景观资源，形成一个集文化展示与传承、游轮观光与休闲、主题展示、教育功能于一体的综合观光游览区。

三　打造粤港澳大湾区海防遗址国家文化公园的优势与短板

（一）现有的优势

1. 政策环境优势

"国家文化公园"概念属国内首创，目前，在国家层面已明确提出建设长城、大运河、长征、黄河四大国家文化公园，由各省文旅厅、省委宣传部作为编制主体主持编制规划。在省层面，依托国家文化事业新的发展方向，

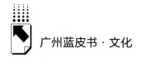

各省正主动谋划一批国家文化公园,其中,陕西省谋划建设黄帝陵国家文化公园,浙江省谋划良渚国家文化公园,北京谋划卢沟桥国家文化公园等。具体政策历程如下。

2017年5月,中共中央办公厅、国务院办公厅印发的《国家"十三五"时期文化发展改革规划纲要》中明确,要规划建设一批国家文化公园,形成中华文化的重要标识;2018年12月,为深入贯彻落实《中华人民共和国国民经济和社会发展第十三个五年规划纲要》《国家"十三五"时期文化发展改革规划纲要》中关于建设国家文化公园的规划要求,中央文化体制改革和发展工作领导小组把"开展国家文化公园建设试点"列为年度工作要点;2019年12月5日,中共中央办公厅、国务院办公厅印发《长城、大运河、长征国家文化公园建设方案》;2020年10月29日,中国共产党第十九届中央委员会第五次全体会议通过《中共中央关于制定国民经济和社会发展第十四个五年规划和二○三五年远景目标的建议》,指出:传承弘扬中华优秀传统文化,加强文物古籍保护、研究、利用,强化重要文化和自然遗产、非物质文化遗产系统性保护,加强各民族优秀传统手工艺保护和传承,建设长城、大运河、长征、黄河等国家文化公园;2020年11月,国家文化公园建设工作领导小组办公室发布《国家文化公园形象标志征集公告》,面向社会公开征集国家文化公园形象标志设计方案。

2. 资源基础优势

(1)大湾区内海防史迹文化遗产等人文旅游资源丰富

大湾区现有15处炮台(群)保存良好,主要集中分布在广州、东莞、深圳、珠海、中山、香港、澳门7个城市。其中广州市南沙区范围6处,东莞、深圳各2处,珠海、中山各1处。香港、澳门有着丰富的海防遗址古迹资源,且保护和利用情况较好。香港海防博物馆全馆面积约34200平方米,是香港历史博物馆分馆之一,由超过一百年历史的旧鲤鱼门炮台改建而成;澳门大炮台则是澳门博物馆的前身,2005年被列入《世界遗产名录》。粤港澳大湾区现存的海防遗址资源状况如表1所示。

表1　粤港澳大湾区现存海防遗址资源状况

区域	序号	名称	遗址资源
广州	1	大虎山炮台	位于大虎山岛东部,崖西南朝东北
	2	上横档炮台	现存炮台:山东台群(5个)、后山台群(3个)、横档台(1个)、永安台(1个) 其他遗址:横档月台、官厅、兵房、厢房、火药库
	3	下横档炮台	现存炮台:岛西4个、岛东5个
	4	蒲洲山炮台	现存炮台:1号炮台、2号炮台、3号炮台 其他遗址:火药局
	5	大角山炮台	现存炮台:振威台、振定台、安平台、安定台、安威台、安胜台、流星台 其他遗址:子药库、兵房等
	6	巩固炮台	—
东莞	7	威远诸炮台	现存炮台:威远炮台、镇远炮台、靖远炮台、蛇头湾炮台、定洋炮台 其他遗址:林则徐销烟池旧址、广东水师提督署寨墙旧址、义勇之冢、山顶营、暗道等
	8	沙角诸炮台	现存炮台:濒海台、临高台、捕鱼台、仑山台、旗山台 其他遗址:沙角炮台门楼、节兵义坟等
深圳	9	大鹏所城	现存遗址:粮仓、士兵所、将军府邸等
	10	赤湾炮台	现存炮台:赤湾左炮台、赤湾右炮台
珠海	11	拉塔石炮台	现存炮台:城墙残长59.5米,炮眼12个 其他遗址:瞭望塔、海关关楼、石构城墙等
中山	12	三仙娘山炮台	其他炮台:水洲山炮台、下岐山炮台、东安炮台、先锋庙炮台、扯旗山炮台、后门山炮台
香港	13	香港海防博物馆	现存炮台:旧鲤鱼门炮台 其他炮台:昂船洲炮台、赤柱炮台东涌炮台、松林炮台等 其他遗址:堡垒、士兵营房、弹药库、炮弹装配室及煤仓、皇家炮兵纪念碑、布伦南鱼雷发射站
澳门	14	澳门博物馆	现存炮台:大炮台 其他遗址:旧护城墙遗址、军官官邸、士兵营房、火药库等
	15	东望洋炮台	现存遗址:圣母雪地殿圣堂、东望洋灯塔

（2）港口资源丰富，水运交通发达

丰富的港口资源和发达的水运交通为各区遗址古迹串联贯通、打造大湾区海防遗址国家文化公园独具特色的水上游线创造了良好条件。粤港澳大湾区现具备五个亿吨大港，分别是广州港、深圳港、珠海港、东莞港和香港港，其中，深圳港、香港港开通国际班轮航线分别为226条和210条，已达到先进国际航运中心（新加坡、上海等）同等量级水平。广州港开通集装箱班轮航线197条，包括外贸班轮航线91条、内贸航线106条。湾区内已建成适应当前最大船舶进出港的航道，港口群吞吐量规模已达到世界级水平。丰富的港口资源和发达的水运交通为湾区内分散的海防遗址资源进行整合串联提供了可能，也为大湾区海防遗址国家文化公园打造独具特色的水上游览线创造了有利条件。

（3）自然生态资源点密布，非物质文化遗产资源丰富

大湾区重峦叠嶂、山海相依，尤其在海防遗址资源较为集中的几个市域附近，自然生态资源得天独厚，星罗棋布。良好的自然生态景观尚未形成完整的游览线路，具备较大的开发空间和广阔的开发前景；此外，区域周边非物质文化遗产丰富多样，既有以妈祖文化为核心的天后宫，又有国家非物质文化遗产榄核香云纱，还有咸水歌、麒麟舞等富有地域特色的省、市级文化遗产，为湾区海防遗址国家文化公园打造多元复合功能园区、推动文旅产业多元化融合发展奠定了良好基础。

（二）存在的短板

1.政府和社会重视程度不够，项目推进力度有待加强

从政府角度，目前建设海防遗址国家文化公园的项目基本还是南沙在单独推进，广州市级层面对海防遗址文化资源的历史价值和现实作用的重要性认识不足，没有充分认识到打造粤港澳大湾区海防遗址公园对广州和大湾区建设的重要价值；从社会角度，由于缺乏对海防遗址资源的宣传、开发和利用，许多民众对本地文物保护单位和爱国主义教育基地的海防遗址遗迹虽有一定了解，但对围绕这些遗址发生的历史事件、相关重要人物所知甚少，海防意识和海洋意识薄弱。

2. 各方协作力度不够，协调合作机制亟待健全

一方面，珠江口两岸的炮台群及周边海防历史遗址关涉广州、东莞、深圳、珠海、中山、香港、澳门等多个城市，但当前这些拥有丰富资源的城市之间尚未形成有效的协调合作机制，在对海防遗址资源的管理和利用过程中分市而治、各自为政，缺乏建设合力，容易导致资源的同质化开发利用和文化遗产、生态人文环境破坏等问题出现；另一方面，海防遗址国家文化公园建设涉及文物保护、土地利用、旅游业发展、基础设施建设、配套产业发展等多个领域，是涉及多个部门的综合性工程，目前尚未形成规范性、纲领性、指导性的规划，相关部门力量未能得到有效整合，集群效益不充分。

3. 项目建设投入力度不够，开发经营渠道仍需拓展

广州市委、市政府历来高度重视文化遗产的保护、利用与传承工作，7年来投入3亿多元广州市文物保护专项资金，补助文物修缮保护项目近800个，有力促进了广州文化遗产保护事业的发展。虽然近年来文物保护利用工作取得一定成效，但与经济社会发展水平相比，仍存在一些不容忽视的问题和差距，对基层不可移动文物的保护投入仍显不足，特别是对尚未进行系统化整合开发的海防遗址文物古迹保护投入较少，保护状况较差。建设粤港澳大湾区海防遗址国家文化公园需要在文物保护修缮、景区基础设施建设等方面进行大量人力、物力、财力投入，如此庞大的工程不应局限于政府财政支持，也不应仅限于南沙当地企业参与，当集思广益，拓宽开发经营思路，合理引入社会资本，多渠道融合物质、资金来源。

4. 遗址资源保护力度不够，周边配套设施有待改善

大湾区的海防遗址资源历经百年沧桑，历史风貌遭到了不同程度的破坏，文物古迹本体亟待保护修缮，周边环境和基础设施亟待整治与改善。以南沙区为例，上、下横档岛及大虎岛是江中的小孤岛，需要靠轮渡才能上岛参观，但至今未建成专用停靠码头；且现在上下横档岛上的文物设施已非常陈旧，因基础设施不足，尚未完全具备对外开放的条件；南沙大部分炮台分布于交通相对闭塞、基础设施配置较低的山区或村落，由于地理位置、交通条件、管理难度、经费投入等多方面的因素，现有文物古迹的保护工作滞

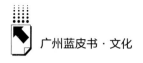

后，管理人员和保护技术人员匮乏，缺乏必要设备设施，不能及时进行维修保护，尤其是部分保护级别较低的炮台遗址，更是遭受不同程度的自然和人为破坏，不少炮池淹没在荆棘丛中，严重影响文物景观。

四　广州合力打造粤港澳大湾区海防
遗址国家文化公园的建议

为贯彻落实习近平新时代中国特色社会主义思想，积极践行国家文化建设新要求，本课题组建议：立足珠江口海洋文化深远历史的积淀，统筹湾区海防文化遗产保护利用，由广州牵头引领，联动东莞、香港、澳门、深圳、珠海、中山等湾区城市，深入挖掘中国近代史开端大事件"鸦片战争"的深刻启示，以爱国主义教育为核心主题，以海防文化遗产保护利用为主导功能，以文旅融合发展为重点方向，以区域协同建设为主要思路，建设推动粤港澳三地文化共融的大湾区海防遗址国家文化公园。具体措施如下。

（一）提升项目层级，统筹区域协调管理机制

海防历史资源的整合应该有更开放视野，建议不再局限于广州（南沙）和东莞（虎门）两地，而是将包括深圳、珠海、香港、澳门在内的珠江口两岸的古炮台、海防博物馆历史遗迹进行统一规划打造，使项目名副其实。广州市应高度重视海防遗址国家文化公园建设的价值与意义，由市文化广电旅游局牵头尽快与湾区内相关城市达成合力打造粤港澳大湾区海防遗址国家文化公园的共识，并尽快建立起科学有效的工作协调机制，共同编制建设规划和工作方案，形成建设合力。此外，申报海防遗址国家文化公园的层级高，难度大，建议由广州市文化广电旅游局联合相关城市，协调广东省共同来推动海防遗址国家文化公园项目的申报工作，提高申报成功率；同时成立海防遗址国家文化公园管理委员会，打破目前各地市在海防遗址资源的开发保护上各自为政的被动局面。

（二）逐步稳健推进，实行"两期三段"建设机制

海防遗址国家文化公园所涉地域范围广、规划节点多，各地区同步发展有一定困难。建议将整体建设过程分为"两期""三段"逐步实施，稳健推进项目落地。

两期。第一期打造粤港澳大湾区海防遗址国家文化公园核心区，重点保护修缮广州（南沙）区域内的古炮台群，再现铁索拦江、金锁铜关等历史景观，完善码头、道路、公共服务等文旅基础设施建设，以及无障碍联通与东莞（虎门）海防遗址间的水路交通、建设穗莞海防遗址主题历史文化游径等。第二期打造形成完整版的粤港澳大湾区海防遗址国家文化公园。重点是协同推进核心区与深圳、中山、珠海以及香港、澳门城市间的海防遗址资源交通联通与文旅合作，建立起区域间的协同保护与文化旅游合作开发机制。

三段。一阶段是重点建设阶段，选取一批具有影响力和示范意义的海防遗迹启动重点建设，形成分级分类的展示体系，完成海防遗址国家文化公园近期重点项目建设，全面导入标识系统，深度融合文化旅游产品，初步形成文物和文化资源保护传承利用，协调推进局面和权责明确、运营高效、监督规范的管理模式。二阶段是基本完成阶段，推进海防遗址国家文化公园功能进一步完善，海防文化遗产实现科学保护、活态传承、合理利用，现代化展示体系全面建成；深入挖掘海防文化价值和精神内涵，打造海防遗址国家文化公园文化品牌。三阶段是远景展望阶段，海防遗址国家文化公园全面融入人民生活，海防、海洋文化爱国主义精神深入人心，各类文化遗产焕发新的生机与活力，海防承载的传统文化实现创造性转化、创新性发展，大湾区海防遗址国家文化公园成为彰显中华文化的重要地标、知名旅游品牌和旅游目的地，以及服务粤港澳大湾区的教育基地、休闲游览区。

（三）落实投入保障，建立政产学合作开发机制

建议加快建立起政产学合作开发与投资建设机制，确保充足资金投入与

后期市场开发有序展开。将海防遗址国家文化公园打造成为集遗址保护、国防爱国教育、文创旅游产业发展于一体的国家级文化主题公园，就不能单靠政府或商业企业，而是要加强政产学合作。现在广州在海防遗址保护研究和活化利用方面远落后于东莞、香港等城市，建议广州市政府安排专项资金加强对市域范围内的海防遗址的保护修缮，加强对海防文物史料整理收集、历史故事挖掘和遗址规划保护研究，同时成立海防遗址保护开发专项基金，鼓励支持社会资本保护性开发广州（南沙）的海防遗址资源。

（四）加强后方支持，健全水上交通网络机制

改善海防遗址周边环境，健全配套基础设施建设，加强大湾区海防遗址国家文化公园的水上交通支持。一方面，以水上交通中心和南沙国际游轮母港为大湾区海防遗址国家文化公园的水上核心，打通湾区水上交通网络，打造湾区"两小时生活圈"水上快速公交体系。针对分散的景点资源受水域分割的特征，通过改造货运码头、渡口，建设新游船码头等措施，完善水上交通网络。可联合省航运集团，以水上交通中心为核心支点，提供水上快速巴士，将航线延伸至深圳、香港、珠海、澳门等港口城市，落实南沙海上门户的水运交通地位。另一方面，加强跨境旅游合作，围绕水上交通中心建设加快推动小车滚装客轮的运营，打造"一站多程"的大湾区黄金旅游链，同时联动东莞、珠海、澳门、深圳、香港等城市，建立健全跨境旅游合作政策，推动境外游客进入广东"144小时便利签证"，成立旅游合作联络小组，建立定期沟通机制并与港澳相关机构达成相互宣传协议，实现互利共赢。

参考文献

武冬立：《努力建设强大稳固的现代边海防》，《红旗文稿》2014年第16期。

王健、王明德、孙煜：《大运河国家文化公园建设的理论与实践》，《江南大学学报（人文社会科学版）》2019年第5期。

杨振辉、张保平：《新时代边海防建设若干问题研探》，《武警学院学报》2018年第

7 期。

郝铁川：《依法治国，建设社会主义法治国家》，上海人民出版社，1998。

秦绍德：《国家部委动态》，《小城镇建设》2019 年第 12 期。

王京传：《发展中国的十大课题》，复旦大学出版社，2005。

程惠哲：《从公共文化空间国家文化公园公共文化空间既要"好看"也要好用》，《人民论坛》2017 年第 29 期。

王京传：《美国国家历史公园建设及对中国的启示》，《北京社会科学》2018 年第 1 期。

宋子千：《从国家政策看文化和旅游的关系》，《旅游学刊》2019 年第 4 期。

许鹏：《浅析如何确保文维修工程中的原真性——以虎门炮台旧址第二期修缮工程为例》，《遗产与保护研究》2018 年第 10 期。

袁晓虎：《加强对革命遗址的保护利用——大连市革命遗址现状及保护利用情况分析》，《大连干部学刊》2011 年第 7 期。

邢春如：《军事与武器科技大参考》，辽海出版社，2011。

《军事工程》，河南大学出版社，2005。

《香港海防博物馆》，《科学中国》2007 年第 12 期。

《关于广州牵头申报"粤港澳大湾区国家海防遗址文化公园"建议的提案》，政协第十三届广州市委员会第五次会议网站，http：//dhzw. gzzx. gov. cn/cf135/tazj/202101/t20210126_ 108282. htm。

《市政协委员建议广州合力打造"粤港澳大湾区国家海防遗址文化公园"》，《信息时报》，http：//www. xxsb. com/content/2021 – 01/29/content_ 136336. html。

《中共中央关于制定国民经济和社会发展第十四个五年规划和二〇三五年远景目标的建议》，中华人民共和国中央人民政府网站，http：//www. gov. cn/zhengce/2020 – 11/03/content_ 5556991. htm。

《广东省文化和旅游厅关于广东省十三届人大三次会议第 1076 号代表建议答复的函》，广东省文化和旅游厅网站，http：//whly. gd. gov. cn/gkmlpt/content/3/3000/post_ 3000605. html。

习近平：关于《中共中央关于制定国民经济和社会发展第十四个五年规划和二〇三五年远景目标的建议》的说明，新华社新媒体，https：//baijiahao. baidu. com/s？ id = 1682337707788200370&wfr = spider&for = pc。

B.3
2020年广州体育文化发展的
现状分析与建议*

广州大学广州发展研究院课题组**

摘　要：　2020年广州体旅结合发挥新作用，群众体育取得新成效，竞
　　　　　技体育实现新突破，体育产业迈上新台阶，体育赛事开创新
　　　　　局面。但广州体育文化发展中仍存在一些不足与短板，对此
　　　　　本报告提出体教融合应多元参与协同发展，提升体育场馆规
　　　　　划布局，联合"政府－企业－学校"三大体系，发展体育产
　　　　　业服务综合体，推进粤港澳大湾区联动发展，更重要的是丰
　　　　　富体育文化内容，构建数字化相融合新模式，更好地发挥广
　　　　　州体育文化引领广州建设国际体育名城的作用，推动广州体
　　　　　育文化"走出去"和"引进来"相结合。

关键词：　广州　体育文化　体教融合　数字化

一　2020年广州体育文化发展的现状分析

2020年，面对突如其来的新冠肺炎疫情，广州市体育系统统筹推进疫

＊　本报告系广州市新型智库广州大学广州发展研究院、中宣部文化名家暨"四个一批"领军人才
重点资助项目"国家文化安全视野下提升区域文化软实力研究"的研究成果。
＊＊　课题组组长：谭苑芳，博士，广州大学广州发展研究院副院长、教授；课题组成员：喻欢，
广州大学马克思主义学院研究生；曾恒皋，广州大学广州发展研究院所长、副研究员；陈晓
慧，广州大学马克思主义学院研究生；彭晓刚，广州大学广州发展研究院特聘研究员；周
雨，博士，广州大学广州发展研究院讲师。执笔人：喻欢。

情防控和各项体育工作，同心协力、迎难而上，经受住了复杂严峻形势的考验，取得了来之不易的成绩，展现了广州体育人的精神力量和勇气担当。

（一）积极应对新冠肺炎疫情，引导市民接受健康消费新方式

体育运动是主动健康的选择，亟须树立"大健康"理念。2020年新冠肺炎疫情期间，广州市体育局等部门统筹安排，全民动员全面部署，大力倡导居家健身、科学健身。广州市群众健康意识大大提升，多方面全方位积极参与，健身习惯逐渐养成；同时，积极组织开展全民健身网络赛事活动，及时统筹调整横渡珠江、"市长杯"系列赛、户外运动节等市级群众体育品牌活动，不断增强市民的幸福感和获得感。

广州市各大体育场馆为保障广大市民体育锻炼的需求，天河体育中心等还专门成立了应对疫情的领导小组，明确责任，细化分工，做好消毒防控措施，在严格控制人流的同时为市民提供优质的锻炼环境，及时高效地为市民锻炼提供场所。"群体通"则有效地发挥自身优势，通过发放优惠券"大礼包"的方式线上线下齐助力，将线上有健身需求的用户与线下场馆资源有机结合，促进全民健身运动开展，积极应对疫情，助力场馆复工复产。此外，各大体育社团组织（如广州市太极拳协会、广州市足球协会、广州市篮球协会和广州市青少年体育发展促进会等）及时向会员单位下发《抗击新型冠状病毒感染的肺炎疫情倡议书》，号召广大会员积极为疫区献爱心助力战胜疫情，做到灾难面前显担当，众志成城筑防线。

（二）体育文旅融合发展，助推脱贫攻坚新路径

2020年新冠肺炎疫情防控常态化背景下，广州市体育局落实乡村振兴战略，积极对口帮扶，开展体育三下乡、体育赛事等文旅活动助力脱贫攻坚，让体育文化与旅游融合发展，发挥"1+1>2"的作用，为全面建成小康社会做贡献。特别是2020年广州体育文化博物馆获评国家三级博物馆，其首创"体育文化+艺术"发展模式，深入挖掘体育历史，传播体育文化，传承岭南体育文化风采和内涵，努力为广大市民群众提供更高品质的服务。

2020年广州市还顺利举行了户外运动节"全球零距离·城际穿梭城市定向挑战赛",吸引了各年龄段的人群参与(其中包括亲子齐参与),该活动设有"西关奇境"和"沙面往事"两大线路,结合实景挖掘出城市中沉淀的文化底蕴,采用"绿色出行"(自行车、徒步行走等)方式,让参与者在趣游羊城的同时,了解广州丰富的非遗文化知识,感受广州日新月异的文化风貌。

体育文化与旅游的融合发展还助力了脱贫攻坚行动。"体育三下乡"(全民健身体育器材、健身活动、科学健身指导下乡)是广州市落实国家乡村振兴战略的重要内容。2020年广州市"体育三下乡"活动创新与南沙区标志性群众体育品牌活动"扬名立万·南沙自贸区万步行"徒步活动共同举办,特地在南沙区芦湾村精心设计了徒步线路(途径芦湾村幸福中心、南沙高尔夫球会、蝴蝶洲公园),让参与者既体验了南沙优美的自然生态风光,又感受到南沙日新月异的美丽乡村建设风貌;一些基层党员志愿服务支队充分发挥自身带头作用,积极组织到南沙区芦湾村"体育三下乡"活动现场开展志愿服务。2020年12月24日,广州市还举办了广州塔登高公开赛,通过各渠道募集到22.8万元公益善款,捐赠给广州市慈善会爱蕾行动——困境儿童救助项目和中国光大银行广州分行对口扶贫村清远五爱村,用于救助患有重病以及在生活学习上需要帮助的儿童和村民,为广州市完成脱贫攻坚任务助力。

(三)加快数字化发展,"互联网+体育"拓展发展新空间

随着新冠肺炎疫情防控的常态化,广州市体育总会在推动全民健身抗击疫情的同时,还突破传统锻炼模式,加快体育数字化发展,推出基于互联网的线上运动模式,促使"云徒步"和"云骑行"应运而生。此次活动采取"线上挑战"的全新模式,"线上+线下"双轮驱动,通过"线上启动开幕—线上报名赛事—线上领取荣誉"的"全线上,零接触"活动形式,为市民搭建了一个不受时空、场地限制的运动平台,拓宽了全民健身的方式。从2020年4月开始,广州市体育总会还通过"群体通"和"朗

途赛事"两大平台，创新推出了"用脚步唤醒健康——线上徒步挑战赛"和"骑游广州——线上骑行挑战赛"两个活动项目，其中有超过17万名市民通过"云徒步"和"云骑行"的方式参加全民健身运动，"云健身"让广州这座运动之城动起来，燃起大家的运动激情，在满足市民大众运动需求、提供良好运动体验的同时，助力场馆复工复业，提振体育消费。此外，广州市体育总会还与"户外地理"公众号联合推出了十大广州户外徒步路线攻略、十大广州城区休闲徒步路线攻略，市民可以分享户外运动达人参与本次活动的心得体会。据统计，全网阅读量超过10万人次，点赞达到3000次，其中，超过2000名选手通过攻略推荐路线完成挑战，数字化发展为广州体育扩展了新空间。

（四）群众体育进社区，推动全民健身的新举措

2020年，广州市相继举办全民健身日暨广州市体育节、广州户外运动节等品牌赛事活动，掀起常态化疫情防控背景下全民健身新热潮。海珠区、番禺区、南沙区、从化区等社团体育组织不断壮大，社会力量举办群体活动蔚然成风。"回归自然，运动抗疫"已经成为大众共识，这也是广州户外运动节呈现出的最大特点和亮点，自2020年5月起，广州市以"线上+线下"结合的方式，创新推出了线上徒步骑行挑战赛等各类预热赛事活动，并在11~12月期间举办广州户外运动节，70家中央、省、市媒体和各主承办单位自媒体平台展开复合式宣传和跟踪报道2500多次，发布vlog视频近百条，吸引超过1000万次流量阅读关注，近2万人直接参与，涉及千万市民，带动全市各区举办特色活动近百场，体育赛事、活动精彩纷呈，成为城市抗疫的亮丽风景线，"全民健身"也成为羊城新热点。

值得一提的是，以"爱户外，享自然"为主题的第六届广州户外运动节系列活动，有一个新亮点就是举办体育进社区嘉年华，这是广州市体育局恢复户外体育活动、以全民健身抗击疫情的又一举措。此次体育进社区活动，为众多街坊提供了一个恢复运动的好机会，让各年龄段的人群在家门口就能够找到适合自己的运动项目，为社区体育发展提供了新途径。广州市一

连四站（番禺区桥南街番禺奥林匹克花园番奥社区、天河区汇景新城、海珠区中海名都花园、白云区时代天朗花园）为群众体育打开了新的展开模式，共吸引了超过 2500 名街坊的参与，在各个街道点燃社区居民的运动热情，获得了一致好评。广州市还将丰富的体育项目带入社区，为广大市民提供更加丰富、更接地气的全民健身活动选择，兼备趣味同挑战性的足球射门、篮球绕杆挑战、投掷沙包等项目，多元化的活动类型吸引了大批市民参与其中，为体育进社区活动提供了"1＋N"的可能，为开展全民健身计划开辟了新途径。此次活动将体育"搬"到老百姓家门口，引导群众科学健身，丰富了社区居民的精神文化生活，促进全民健身与全民健康相融合，营造了全民健身、大众参与的良好氛围，进一步丰富了辖区居民的文体生活，让居民能真切地体验社区生活的获得感和幸福感。

（五）体育赛事稳推进，助推建设广州体育国际名城

2020 年举办的广州马拉松赛，是全世界在疫情情况下举办的最大规模的全马赛事。"广马"的好口碑引起了"马迷"的轰动，也成为中国抗疫成功的又一个例证。经过 8 年的发展，广州马拉松赛已成为展示广州形象和社会经济发展成果的亮丽城市名片。为此，中共中央宣传部委托新华通讯社主办的《半月谈》杂志在 2021 年新年第一期选取了 2020 年广州马拉松赛图片作为封面，并在内页刊登了"2020 年 12 月 13 日，广州马拉松赛开跑"的图片，引出封面标题——"踏上新征程"，标志着"全面建成小康社会胜利在望，全面建设社会主义现代化国家新征程已然开启"。此外，2020 年中国网球巡回赛 CTA800 广州站也顺利举办，该项赛事是国家体育总局网球运动管理中心和中国网球协会在 2020 年创立的一项全新的、面向全民开放的、具有中国本土自主知识产权的国家级赛事，为广州建设体育名城助力。

近年来，广州市体育发展一直在推进"一区一品牌"建设。尽管 2020 年广州市各区也受到疫情影响，但"一区一品牌"建设没有停顿。2020 年中国山地马拉松系列赛——"香港赛马会"广州从化山地马拉松赛及省级体育赛事、南粤古驿道定向大赛（广州从化站）都在从化区温泉镇相继如

约举办，区域品牌体育赛事更好地宣传和推广了广州市体育发展，推动各区体育发展协调共进，共同建设广州体育国际名城。

（六）青少年竞技体育上新台阶，展现羊城新活力

广州市体育局坚持一手抓疫情防控，一手抓运动队复训。在确保安全的前提下，广州市分期分批分项恢复运动队训练，备战2020年广东省青少年锦标赛。广州市共派出1062名运动员参加广东省锦标赛，顺利完成各项比赛且总分位居全省第一。同时，广州市积极组织筹办2020年广州市青少年锦标赛，由广州市体育局主办，其中广州市青少年游泳锦标赛、棒垒球锦标赛、手球锦标赛、围棋锦标赛、羽毛球锦标赛、射击锦标赛，田径、足球、皮划艇、高尔夫球、帆船等比赛均成功举办且完美落幕。2020年12月26日在广州市南沙区举办了首届青少年帆船赛，吸引了来自北京、南京、厦门和广州等地的12支帆船队伍相聚南沙参赛；广州市青少年高尔夫球锦标赛也于2020年8月在南沙高尔夫球会举行，共有9个区118名选手参赛，参赛人数创下历年广州市锦标赛的新高。这些赛事体现了青少年的生机与活力，展现了体育的魅力，传递体育精神，为体育后备人才提供了保障。

二 2020年广州体育文化发展的不足与短板

2020年是特殊的一年。广州市作为国内特大型城市，无论是体育赛事的成功举办，还是群众体育，都进行了持续推进并得到创新发展，但也存在一些不足和短板，主要有以下几方面。

（一）体育文化要在丰富内容上有突破

2020年中国体育文化博览会、中国体育旅游博览会于12月21日至23日在网上成功举办。其中中国体育旅游精品项目推介是"两个博览会"重要配套活动之一，旨在发展壮大体育旅游产业，拓展体育旅游消费新空间，鼓励体育与文旅融合发展，充分发挥体育文化的重要作用。2020年中国体

育旅游精品项目发布的官方数据显示，在2020中国体育旅游十佳精品项目、2020中国体育旅游十佳精品景区、2020中国体育旅游十佳精品线路、2020中国体育旅游十佳精品赛事、2020中国体育旅游十佳目的地等评比项目中，广州市均没有项目、线路入选，这说明广州市在体育热的同时出现了"体育文化冷"的现象。众所周知，体育文化是体育旅游，特别是体育发展的灵魂，也是推动建设广州体育名城的关键指标之一，广州市亟须在体育文化的内涵上有更新的突破和发展（见表1）。

表1　2020中国体育旅游十佳精品景区和精品赛事

	2020中国体育旅游十佳精品景区	
序号	省(区市)	名称
1	江苏	环球动漫嬉戏谷
2	安徽	水墨汀溪风景区
3	福建	厦门红珊汽车文化公园
4	江西	庐山西海体育旅游示范基地
5	河南	陈家沟太极文化旅游区
6	湖北	恩施绿葱坡滑雪及高山运动度假小镇
7	四川	玉屏山景区
8	贵州	开阳猴耳天坑极限酷玩公园
9	西藏	巴松措景区
10	新疆	丝绸之路国际度假区
	2020中国体育旅游十佳精品赛事	
序号	省(区市)	名称
1	黑龙江	"华艺杯"中国·哈尔滨国际体育舞蹈公开赛
2	福建	中国俱乐部杯帆船挑战赛
3	江西	玉山中式台球世界锦标赛
4	山东	泰山国际马拉松
5	海南	儋州国际马拉松
6	四川	"熊猫杯"国际青年足球锦标赛暨国际青少年足球发展研讨会
7	贵州	安龙县全国攀岩锦标赛
8	云南	梅里100极限耐力赛
9	西藏	跨喜马拉雅国际自行车极限赛(西藏)
10	甘肃	嘉峪关铁人三项亚洲杯赛暨"一带一路"铁人三项赛

资料来源：中国奥委会官网。

（二）体育和教育融合仍存在条块分割的体制性障碍

新冠肺炎疫情，使人民意识到身体强健的重要性。随着全国疫情防控进入新的阶段，各地学校陆续复课，校园体育、体教融合成了热词，《人民日报》也连续推出大篇幅报道。但从广州市来看，目前体育和教育仍然存在条块分割体制性障碍，由政府、学校、社会合力推动青少年体育发展的体制机制仍不完善，协调、协同、共育、共建、共享和共治的运行机制尚未形成。《羊城晚报》记者在 2020 年所做的调查发现，广州市校外中考体育培训班火爆，一些班级有一半学生参加了校外体育培训，这种培训既加重了家长的额外负担，也无法持久。广州体育学院青少年体育研究中心课题组调查发现，唯有上海市在体教融合方面的实现程度和满意度最高，其长期积累的经验有复制和推广的价值。这说明广州市体教融合情况不尽如人意，有待解决。①

（三）体育场馆在规划布局上还不尽合理

场馆是体育发展的主要载体，为各类体育项目培训提供便利，促进全民健身运动的开展。比如，广州游泳培训在夏季很受欢迎，但也表现出极强的季节局限性。民进广州市委课题组的调研数据显示，广州市游泳场馆约 78% 为室外露天游泳池，而室内恒温游泳场馆约占 22%，春、秋、冬季气温较冷的时候根本无法满足游泳运动的需求。此外，游泳场馆分布数据显示，广州市中心城区人口基数大，但相对应配备的游泳场馆却很少，越秀区平均 2.88 万人才配备 1 个面向社会开放的游泳场馆；南沙区、从化区的游泳场馆数量更为稀缺，平均 4 万多人才配有 1 个游泳场馆，无法满足市民对于游泳运动的需求，反映出体育场馆在规划布局上不尽合理（见表 2）。

---

① 栗燕梅、裴立新、周结友等：《新时代我国体教融合的现状、问题与建议——来自六省区市评估调研的分析与思考》，《河北体育学院学报》2020 年第 6 期。

表2　广州市各区人均拥有社会开放游泳场馆量

行政区	常住人口(万人)	社会开放的游泳场馆数量(个)
越秀区	117.89	41
海珠区	169.36	89
荔湾区	97	29
天河区	174.66	111
白云区	271.43	77
黄浦区	111.41	51
花都区	109.26	53
番禺区	177.7	131
南沙区	75.17	18
从化区	64.71	13
增城区	121.85	49
广州市	1490.44	662

资料来源：民进广州市委课题组调研数据。

（四）体育产业发展亟待创新思维

以广州体育产业中的体育健身休闲业为例。一方面，全民健身科学化发展在新时代表现出需要交叉复合型人才培养体系，"互联网＋体育"跨界人才紧缺；另一方面，在突发的疫情下传统的营销定位模式不能应对突发情况。2021年3月上海体育学院经济管理学院公布的《中国主流城市健身产业景气指数榜单》的相关数据显示，通过对19个一线及新一线城市的健身行业宏观环境、行业供给、行业需求以及经营效益四个方面的因素进行调查与分析，上海以76.32分居首位，北京、深圳、广州分列第二至四位，说明广州市健身行业需要更多的创新突破，以满足市场的庞大需求（见图1）。

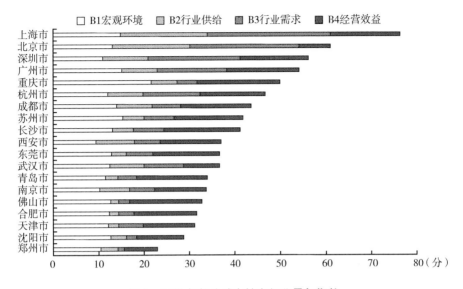

图1　2020年部分城市健身行业景气指数

资料来源：《2020中国健身行业数据报告》。

三　2021年促进广州体育文化发展的建议

2021年是广州市"十四五"规划的开局之年，也是推动广州世界体育名城建设的重要阶段。广州市体育系统要立足新发展阶段，贯彻新发展理念，构建新发展格局，努力实现体育文化全面发展"新突破"，促进广州市体育文化全面发展，推动世界体育名城建设，引领各项体育工作全面出新出彩。

（一）丰富体育文化内容，构建数字化相融合新模式

2021年广州市需要继续培养体育产业特色品牌，促进体文旅商产业深度融合，不断强化体育文化建设。一是不断拓展特色体育赛事，结合广州城市旅游、城市文化、传统节日等文旅元素，更贴切"体育推动文旅"发展的创新形式，不断地将"体育+文化+旅游+游戏"综合相融，打造更

适合全龄段参与的文旅轻运动模式，为"体育＋文旅"创造新形式。二是规范和引导体育旅游示范区建设。广州市要发挥全民健身对生态文明促进作用，打造一批有影响力的体育旅游精品线路、精品赛事和示范基地，将登山、徒步、定向越野等体育运动项目作为发展城市外围旅游探索的重要方向。三是利用疫情倒逼机制，发挥数字化的优势，结合"互联网＋体育"的新发展模式。如推进各平台的赛事直播，鼓励广大市民拍摄短视频，让更多的人感受到广州城市文化的魅力。四是利用当下的虚拟现实技术、人工智能等推动智慧博物馆建设，让文物更好"活起来"，推动体育文化走向大众视野，让大众更加近距离感受体育历史、文化、科技等方面的内在价值。

（二）多元参与协同发展，体教融合有保障

目前，"体教融合"已成为加强学校体育、推动素质教育、促进青少年训练，为国家培养优秀体育后备人才的一项新的重要举措。2021年广州市要重点推进让体育回归教育的举措，把青少年竞技体育人才培养（体）融合到国民教育体系（教）之中，让青少年在体育活动中"享受乐趣、增强体质、健全人格、锤炼意志"，获得身心健康发展。一是建立和完善学校体育教育体系，实现学习、训练、竞赛三方面的协调统一，充分融合体育与教育资源的优势。二是构建政府主导、部门协同、家校结合多元参与的青少年体育发展格局，完善青少年体育公共服务体系，激发社会与市场活力，引导社会力量在青少年体育场地、体育赛事活动、社会体育指导人员培养等方面发挥积极作用。三是鼓励学校和家庭贯彻德智体美劳全面发展的意识，与时俱进革新青少年体育的宣传引导方式，充分利用报刊、广播、电视及网络等手段，注意使用青少年喜闻乐见的方式开展体育健康宣传，确立"体育对青少年具有无可替代的教育价值"的基本共识。

（三）提升体育场馆规划布局，创造常态化运动的基础条件

2021年，广州市在体育场馆的规划布局上，要有新的举措和新的发

展。首先，相关政府部门要完善场馆"免低开放"政策和补助奖励政策，使补助资金更加倾向于公共体育服务效益和综合管理效益，可给予场馆一定的补助来支撑其正常运营，以发放优惠券等形式来鼓励市民积极参与体育锻炼。其次，要完善落实公共服务设施标准，对新建住宅小区建议配套增加室内游泳场馆，作为必需的公共服务配套设施。最后，发动多方面力量，引入社会资本助力体育场馆建设，特别是要将现有小区或社区配套的露天游泳池升级改造为室内恒温游泳场馆，创造常态化运动的基础条件使社区居民能够一年四季都可参与体育锻炼，减少因季节性限制而暂停的体育活动。

（四）联合"政府－企业－学校"三大体系，发展体育产业服务综合体

2021年，广州市应着力构建政府、企业、学校三大主体协同合作的体育发展体系，助力广州市尽快建设成为体育国际名城。其一，广州市委市政府应提供一定的政策保障及经济支持，提供政策性的指导和实行租金减免政策，设置专项基金助力体育产业发展。其二，广州市体育产业相关企业应着眼构建体育产业链，按照"以体为主，多元发展"的指导思想，发展全民健身、体育竞赛表演、健身休闲、体育培训、体育展会、康体医疗、体育产业孵化等多元体育产业，同时提供展览、会议、广告、餐饮、酒店、休闲娱乐、旅游等多方面服务。其三，可依托广州体育学院这类专业院校及其他各高等院校的体育学院，培养出体育经济、体育管理、体育传媒、体育旅游、运动健康等更多高水平的复合型创新专业人才，更好地助推体育产业优质发展。

（五）推进粤港澳大湾区联动发展，加速体育优质资源聚集

2021年，广州市应推进粤港澳大湾区体育事业和体育产业的交流与互动，发挥体育在促进区域协调方面的独特作用。一是出台广州体育文化宣传推广特别行动计划，联合港澳打造一批国际性、区域性体育品牌赛事，加速

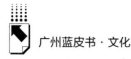

体育优质资源聚集。二是支持南沙等地区利用其优势、特色，落实粤港澳大湾区海岸线资源发展帆船、冲浪、潜水等滨海体育休闲项目。三是广州市可联合香港、澳门特区政府体育部门共同举办粤港澳大湾区体育博览会，为粤港澳大湾区体育文化提供融合交流的平台，推动广州与港澳两地在体育文化与旅游领域的规则衔接、机制对接，推动大湾区各城市优势互补，共建共享，互促发展，统筹推进粤港澳大湾区体育文化和旅游协调发展。

B.4
关于加强广州青少年粤语传承
助力粤港澳大湾区文化认同的建议

杜　红*

摘　要： 本报告从粤港澳各地语言流通及近期发展状况出发，分别就
少儿教育、主流宣传、市场引导、理论研究等四方面提出推
广普通话之余，还提出要加强粤语文化传承、助力粤港澳大
湾区文化认同的建议，从而辅助"一国两制"顺利执行。

关键词： 粤港澳大湾区　文化认同　粤语传承　"一国两制"

粤港澳三地同言同食，流行于三地的粤语、粤菜、粤剧随全球贸易往
来，在国际上有较强的辐射力。然而随着经济的发展，作为粤语文化发源地
的广州，学生不讲粤语已成普遍现象，年轻一辈粤语语境正逐步减弱。再过
十年左右，引领广州发展的精英们，有可能不善粤语，粤港澳大湾区各城市
之间易以语言的隔阂对望，将难以实现《粤港澳大湾区发展规划纲要》中
"共建人文湾区"的期许。广州市作为国家中心城市，要在粤港澳大湾区内
起到综合门户、交通枢纽的作用，就应该包融湾区各地同属中华传统的地方
文化，培养掌握中国方言粤语及其他语言的人才，既能面向国际、服务国
家，也要引领珠三角其他实力城市，令兼容并蓄的方言粤语文化在粤港澳大
湾区内引起全体湾民的文化认同，继而延续方言粤语文化的国际化发展。

---

* 杜红，高级工程师，广州市儿童公园副主任。

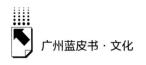

一　广州及粤港澳大湾区粤语环境的现状

广州是粤语文化的发源地，香港、澳门一直是粤语文化国际化的展示窗口，大湾区内珠三角地区包括珠海、佛山、惠州、东莞、中山、江门、肇庆，均是粤语文化的守护地。我们要实现粤港澳协同发展，有共通的语言文化很重要。广州、深圳、香港、澳门是粤港澳大湾区的四个中心城市，也是区域发展的核心引擎。4个城市的青少年，将是引领未来城市群的新生力量。我们就以4个城市年轻一代的语言环境现状进行对比分析。

（一）广州市粤语环境现状

《中华人民共和国国家通用语言文字法》从2001年开始施行，广州学校同期全面以普通话进行教学。20年来在一年一度的全国推广普通话宣传周内，各学校都会举办推普专题活动，中小学内已全面普及普通话。随着经济发展，越来越多外地人才参与广州发展，广州人有其开放的格局和胸襟，语言交汇之下老广州人努力与人为善，交流偏向"广式"普通话。

但近期发现，粤语交流在广州已逐渐减弱。①学龄前以讲粤语为主的孩子，入学后很快能说一口流利的普通话，且开始对粤语羞于启齿。目前广州社区常会遇到一家子，老一辈讲粤语，孙辈用普通话回应，反映了孩子粤语语感严重下降。②随着干部公招制度的实施，越来越多外地人才成为广州发展的精英，市内各机关事业单位通用普通话。然而工作时，如遇上只会讲粤语的文化传人或传统工匠，会让干部们因语言不通而却步，转而回避岭南传统文化的运用。③随着粤语的式微，国内影视作品常用低俗粤语来演绎广东人，严重影响粤语的文化魅力及广州人形象。

（二）香港粤语环境现状

据不完全统计，香港的中小学内，除了中文专业开设国家通用语言课以外，几乎所有的科目都是粤语授课，大学一律用英文教学。

据 2016 年中期人口统计，香港约 96.7% 的市民在工作之余以粤语交谈，香港官方文件，仍将"粤语"称为"广州话"。粤语在香港依然处于不可撼动的地位（见图 1）。

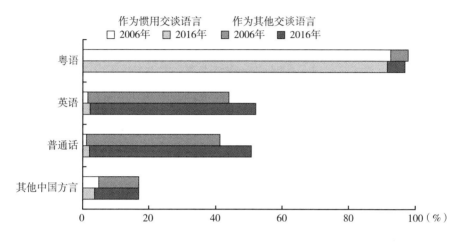

图1　香港市民日常交流用语比例

资料来源：香港特区政府统计处《2016 年中期人口统计》。

（三）澳门大部分市民业余习惯用语依然是粤语

1999 年回归后，澳门有 80.1% 的市民日常用粤语交流[①]。

澳门每所中小学校都自定授课语言，学校各自为政，没有统一会考。家长可视孩子发展方向选择普通话、粤语以及葡语或英语教学学校。澳门正致力为打造以中华文化为主流、多元文化共存的旅游休闲地而培养多语人才。

（四）深圳年轻人全部用普通话交流

1980 年深圳设立特区后，来自五湖四海的人才迅速涌入，深圳成了中国最大的"移民城市"，南腔北调不利于经济发展。20 世纪 80 年代中期特

---

① 澳门统计暨普查局 2016 年中期人口统计详细结果。

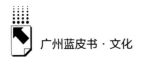

区政府果断从幼儿园抓起，以普通话统一了特区的教学语言，公交车也不设粤语报站，年轻人全部用普通话交流。

二 广州市粤语环境面临的问题

粤港澳大湾区四大中心城市中，香港、澳门都难以短期内全面普及普通话，深圳与港澳间依然会因语言习惯不同而存在隔阂。广州市与港澳地区有着相同的语言、相似的习性，因此广州人应在推广普通话的同时，加强粤语传承活动，增强广州青少年团结港澳学生的使命感，支持香港特区政府为香港青少年树立一个多元文化交融的榜样，辅助"一国两制"执行。但目前广州市的粤语环境存在的问题并不利于粤语的传承。

广州本土为青少年提供的公共服务所倡导的文娱活动基本不用粤语。尽管广州电视台、电台有大量粤语节目，但面向少年儿童的节目全部用普通话播出；儿童活动中心、少年宫、博物馆、图书馆、公园开展游客互动活动大部分以普通话为交流语言。参与公共文化活动的亲子间难以用粤语交流，粤语文化及粤语系传统家风越来越难在广州孩子们心内扎根。

深深吸引青少年的动漫、电竞等新兴网络娱乐文化难觅粤语踪影。流行歌曲已多年未见粤语佳作，粤语电影也都是香港制造。代表年轻与活力的动漫、电竞产业对少年儿童的吸引力越来越大，且成了业余娱乐的主角。然而所有动漫、电竞发行的都是普通话版，或宁愿高薪为进口产品聘英、日配音，能全程用粤语配音的屈指可数，本土的网络直播也少用粤语。目前在自媒体时代的社交平台上，粤语的传播力度相当弱，潮流文化中粤语的式微加速削弱了青少年传承粤语的意识与责任感。

新广州人难觅规范的粤语教学服务。近年广州市加大了人才的引进力度，越来越多外地人才进入广州生活与工作。新广州人想学粤语，难觅规范的教学服务，粤语老师基本没有专门机构开展资格审查，也未见标准粤语教材。市民自学粤语只能通过市井传授，往往从低俗粤语入门。

三　加强广州市青少年粤语传承活动的建议

普通话全面化是全国统一的基本要求，粤语是中华传统文化的一部分，也是粤港澳大湾区文化认同的根源。当普通话和粤语发生碰撞时带来的不仅仅是矛盾，更是广州在文化上融合和发展的机会。

（一）广州学校推普之余，要为粤语的传承预留空间

上学以后，学校和老师在孩子心中有绝对的权威，来自学校对孩子的影响基本已超越了家庭的影响。

1. 建议政策导向推普之余，放松对师生课余时间方言交流的监管

广州人历来有着兼收并蓄、善于包容的特点，以广州为发源地的粤语，其实也是珠三角各地方言与外来语融合而成的流行语。建议学校在推广普通话之余，有政策导向不再强调学生"校内不准讲方言"的意识，尽可能放松师生课余时间方言交流的监管，为粤语的传承发展留点空间，让新一代广州人在传承普通话所代表的中华文化同时，肩负起引领粤语文化传承的责任。

2. 评估学校校本课程水平时，大比例倾向以岭南文化为载体开展的德、美、体等课程

校本课程本意就是以学校为本位，与国家课程、地方课程相对应的，由学校自己确定教材的课程。建议广州学校校本课程大比例倾向岭南文化的传承教育，让广州传统的家教、家风配合学校的美育德育培养，达到家校同心、同步，让学生进一步提升粤语文化、让成为新广州人的学生尽快熟悉居住地百姓生活。

3. 建议将越秀区学校推普不忘传承岭南文化的有效措施，推广到其他行政区的学校

近年，越秀区中小学在创建粤语文化活动品牌方面成绩斐然。从

2014 年 3 月起，区内连续每年举办校际"粤语讲古"大赛、"粤语童谣"大赛、"粤语填词"比赛。2019 年，区教育局又开设"港澳子弟班"实行义务教学，顺应香港的教学现状，主科目用普通话教学，部分科目和活动使用粤语教学。2020 年，百年名校执信中学在建校 99 周年之际，推出了"实用粤语与古诗词鉴赏选修班"，既引导了新广州人融入粤语语境，又进一步传播了粤韵的优美。一系列的活动对传承粤语起了很好的带头作用（见表 1）。

表 1 越秀区粤语文化活动品牌及举措（以 2020 年为例）

时间	品牌	具体内容
2020 年 7 月	金钥匙 万人读书活动	"学先锋精神,讲先锋故事" 第六届粤语讲古总决赛
2020 年 9 月	港澳子弟班	朝天路小学、培正中学继续开设,并已带动多区开设"港澳子弟班"
2020 年 9 月	粤语选修班	执信中学开设了初中阶段的实用粤语与古诗词鉴赏选修班
2020 年 12 月	粤语童谣 粤唱粤流行	"爱国爱家乡做文化越秀人"少先队粤语童谣小队擂台总决赛暨中学粤语填词大赛

2018 年 2 月 24 日，广州市公示的《广州市城市总体规划（2017～2035年)》草案，提出强化南沙区粤港澳大湾区核心功能，越秀、荔湾及海珠区列入历史城区保护范围。如果该规划最终实施，粤港澳大湾区"核心门户"以及历史城区的学生们，就需要有传承岭南文化、加强粤港澳深度融合的能力。粤语，将会是文化认同的桥梁。但目前这几个行政区的中小学除了粤剧，其他粤语文化教学活动并不多。建议越秀区创建的粤语文化活动品牌，可以推广至南沙区、荔湾区和海珠区。

4. 不断提升粤语文化活动品牌的认知度及影响力，加强粤港澳大湾区学校之间粤语文化交流活动

依照《粤港澳大湾区发展规划纲要》关于"加强基础教育交流合作，

鼓励粤港澳三地中小学校结为'姊妹学校'"的指引，市内各区各学校可依托成熟的粤语文化活动品牌，定期邀约港澳学校共同开展粤剧、粤语歌咏及其他粤语文化比赛，不断提升活动品牌认知度及影响力，以歌为媒、以艺结友，加强粤港澳大湾区校际粤语文化交流活动，增强粤港澳大湾区文化认同，辅助"一国两制"执行。

（二）主流媒体、公益文化单位在少儿活动项目内按一定比例增加粤语主持和粤语配音

粤语并非简单的方言，较多保留了古汉语的特征，拥有完善的文字系列，可以使用汉字表达，用粤语诵读古诗词，其韵律更能贴近诗词的章节；粤剧、粤语童谣与粤语说唱一起构成了丰富的岭南音乐文化；岭南地区的家风家训为粤语传承积累了许多阐述务实、孝顺、节俭、勤劳的民谣，因而粤语也是一门艺术。这一系列文化艺术，建议由主流媒体及公益文化单位广泛传播。

建议本土的电视台、电台在少年儿童节目中开设粤语综艺节目，推广粤语童谣，还原粤语诵读古诗词韵味。广州电视少儿频道（2005 年开播），是首个除港澳以外以粤语为主打的少儿专业频道。随后又慢慢转变成普通话节目，有名的《我是小小朗读者》等语言类节目均用普通话举办，播放的动画片基本是原片普通话配音。2020 年广州电视台的少儿频道、购物频道及生活频道正式合并成南国都市频道。广州市主流媒体少儿频道的式微，让少年儿童逐渐流转至 B 站等市场网站，并沉迷于偶像文化，不太利于少年儿童意识形态的正面培养。

建议主流媒体重视少儿节目的本土特色化设计，增强少儿节目的岭南文化传播力度，开设粤语类综艺节目，推广粤语童谣、粤语诵读古诗词赏识等，引进动画片时尝试配置普粤配音，肩负起向青少年传播岭南文化的使命。

建议少年宫、儿童活动中心、公园、博物馆等公益部门在开展游客互动活动时，创建粤语文化品牌。尤其是广东民间艺术博物馆、南粤先贤馆、十

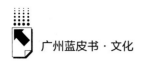

香园等传播传统文化的机构，更应牵头组织用粤语主持、解说等各类公益服务，传播岭南文化、传承岭南传统家风。

以广州广播电视电台影音制作为驱动，联合珠江电影制片厂及各大影音制作机构，建立岭南文化影音基金，借助资本力量，以广州为场景拍摄、录制本土电影、创作粤语说唱歌曲、排演本土戏剧以及开发其他岭南文化产品，助力广州建设成岭南文化中心，扩大岭南文化的影响力和辐射力。

（三）鼓励市场新兴的动漫、电竞等网络娱乐产品及云直播中增加粤语版本

2020 年一场来势汹汹的新冠肺炎疫情让许多行业遭到了重创，然而网络娱乐产业却逆势而上，电竞产业更是脱颖而出。随着电脑及手机的普及，网络文化，尤其是动漫游戏及电竞已经成为青少年生活中一种重要文化娱乐方式。在代表年轻与活力的网络文化中融入传统岭南文化，则最能响应习近平总书记对广州提出的"老城市新活力"的要求。

1. 建议借网信安全监督的手段，引导将广州本土动漫游戏及电竞的设计融入岭南文化

动漫及电竞故事都充满奇思妙想，融入创新思维，也是对未来文化的设计，极易让青少年产生代入感。但目前流行的动漫游戏及电竞活动中，本土作品只有普通话配音及说明，另一部分国外进口动漫及游戏，配音多数为英语、日语，孩子从游戏中学到的英日台词片段很快朗朗上口，动漫游戏的台词对白对孩子的影响不容忽视。

建议借网信安全监督的手段，促进广州本土动漫游戏及电竞的设计要以弘扬爱国主义精神为主，不断创新蕴含岭南文化的动漫游戏，为所有动漫及电竞故事增加粤语配音版本，持续让岭南文化融入动漫游戏及电竞的故事设计领域，促进粤港澳大湾区动漫游戏及电竞产业的交流，共同传承粤语文化。

2. 依托网络直播骨干企业，培育头部直播和 MCN 机构

疫情来袭，市场被逼按下"暂停键"。然而号称"千年商都"的广州继续演绎"千年不衰"的传奇，在我国抗击新冠肺炎疫情取得阶段性胜利之

际，2020 年 6 月 6 日至 6 月 8 日，广州市商务局及时主办了以"广货带天下，广带天下货"为主题的首届广州直播节，多个直播平台推出专项政策，全方位推广"广州品牌""广州品质""广州制造"，同时为毕节市、黔南布依族苗族自治州等贫困地区带货，助力脱贫攻坚，三天内主办了 20 万场直播，成功地帮助广州品牌、广州商家打通直播带货链条，涌现了一大批成熟的网络直播企业，向世界展现了包容开放的岭南商业文化。只可惜直播节内少见粤语直播，没法全面满足广东老一辈人对直播新业态的求知欲。

建议将广州市商务局主办广州市首届直播节的经验，推广到文化系统、教育系统、园林系统，依托网络直播骨干企业，培育一批普通话、粤语头部直播和 MCN 机构，催生用粤语传播的、面向广州青少年的"云直播""云剧场""云博馆""云旅游""云课程"，大力发展岭南网络文艺，推动岭南文化产品的网络传播，让岭南文化借现代科技的强烈吸引力在少年儿童心内植根。

（四）以高校开展岭南文化研究为引领，逐步将粤语教学内容规范化、标准化

近日，广东省五部门联合印发了《"粤菜师傅"工程标准体系规划与路线图（2020～2024 年)》。针对粤菜标准化建设面临缺乏顶层设计与统筹规划、通用基础标准严重缺失等问题，着力完善粤菜全链条标准体系，拟提升粤菜产业综合竞争力，全面推动粤菜行业走向规模化、品牌化、国际化。然而纵观省内外不见有对粤语教学市场规范化的研究，粤语容易传播低俗用词，严重影响粤语的文化魅力。而暨南大学、广州大学、香港中文大学都有岭南文化的研究团队，各团队都有相关文献及学术研究方向。

一是鼓励广州高校开展粤语传承研究，委托高校专题开展粤语规范化发音、词汇及文字体系研究，积累文献和地方标准，为广州建设岭南文化中心和对外文化交流门户搭建理论体系，并适时与香港中文大学等高校内的粤语文化研究团队共同切磋研究，齐心扩大岭南文化的影响力和辐射力。

二是建立粤语语音规范及测试标准，再由教育部门、文化部门正确引

导、监管社会力量开展粤语教学、粤语文化艺术赏识课程。凡粤语文化授课老师须通过相应粤语水平测试，避免社会上部分教学机构擅自杜撰民俗和误传低俗文化。

三是依托院校的粤语研究团队及中小学粤语选修班的师资开设粤语网课，进一步用标准化、方便快捷的粤语教学吸引愿意学习粤语的新广州人学习标准粤语。

B.5
粤港澳大湾区海防遗址对广东的历史启示

顾涧清[*]

摘　要： 1840年鸦片战争在广东海面爆发，这一年既是中国近代史的开始年，也是古代中国走向现代中国的关键节点，本报告建议策划创作相关大型纪录片和纪录片电影，谋划研究申报海防国家遗址公园和国家文化公园，进一步申报建设具有全球视野、中国高度的海防和海上丝路国家文化公园，以帮助我们更好地了解世界百年未有之大变局和中华民族走向伟大复兴的奋斗历程。

关键词： 粤港澳大湾区　海防遗址　广东

2020年注定在历史上是非同寻常的一年，在全球大规模暴发新冠疫情这一年，还是鸦片战争爆发180周年。1840年第一次鸦片战争在广东的珠江入海口爆发，中国历史由古代史进入近现代史，中国社会由封建社会进入半殖民地半封建社会。前事不忘，后事之师，以大湾区海防遗址为镜鉴是我们理解中华民族伟大复兴的历史逻辑起点。在建党百年之际，建议策划拍摄大型纪录片和纪录片电影，谋划研究申报海防国家遗址公园和国家文化公园，具体建议如下。

---

[*] 顾涧清，广东省政府文史研究馆馆员、省社科联顾问、省记协副主席。

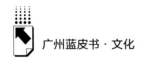

一 大湾区海防遗址具有不可替代的国家历史记忆

广东省政府文史研究馆馆员，从 2020 年 4 月起多次前往广州南沙海防遗址调研考察，并参与促成了"鸦片战争的历史启示与中华民族的伟大复兴"学术座谈会于 10 月底在南沙举行。在发生了"当惊世界殊"变化的粤港澳大湾区几何中心，虎门大桥横跨在狮子洋之上，广州南沙和东莞虎门遥相对望，在这片接续奋斗、日新月异的创新热土上，还伫立着一座座弹痕累累的古炮台。当年有"金锁铜关"之称的虎门古炮台群是曾经抵御西方列强坚船利炮的要塞，见证了一段悲壮的国家历史。

历经百多年沧桑，昔日虎门要塞现存的 30 多座古炮台群，仍然是我国目前海防遗址中规模最大、保存最完整的军事防御设施，具有不可替代的国家历史记忆。但虎门炮台，多数人只知道东莞的虎门炮台，其实虎门炮台有一半以上是在广州的南沙。但是，在 2020 年国家文物局官网发布的 2019 年度全国博物馆名录及相关数据中，位于东莞虎门的鸦片战争博物馆，其参观人数在全国备案的 5535 家博物馆中排名第七，全省排名第一，年参观人数 584.5 万人次，而仅隔江对望的南沙虎门炮台，虽然有着大角山（含蒲洲山）和上、下横档岛三处遗址，炮台数量远超东莞虎门，却因知名度不高，前年接待仅有 3 万余人次，且以小学生为主，同是全国重点文物保护单位，出现了如此巨大的反差。南沙虎门炮台鲜为人知，北京市文史研究馆馆员、林则徐六世嫡孙女林岷在考察南沙炮台遗址后说，"这些年来，我参加鸦片战争相关研讨，来广州不下 20 次，到虎门超过 15 次，但这是第一次知道，南沙有规模这么大、保存这么好的古炮台遗址。我们应该对此好好修复、保护和开发，让它在弘扬爱国主义教育上发挥更大的作用。"

比虎门古炮台群范围更大的粤港澳大湾区海防遗址，在广州主要是指上下横档岛炮台、大角山（含蒲洲山）炮台、大虎岛炮台等古炮台群及周边海防历史遗址；在东莞主要是指威远炮台和镇远炮台等古炮台群、林则徐销烟池遗址、鸦片战争博物馆等；在深圳主要是指赤湾左古炮台、大鹏所城和南头古城等海防要塞；在珠海主要是指唐家湾镇淇澳岛的古炮台；在江门主要是指新会的崖门古炮台；在惠州主要是指惠东的大星山古炮台；在香港主要是指鲤鱼门古炮台、海防博物馆、九龙寨城等海防遗址；在澳门主要是指大炮台、东望洋炮台、望厦炮台、加思栏炮台等。

二 策划创作拍摄相关大型纪录片和纪录片电影

纪录片作为"历史影像志"，具有独特的思想价值和传播价值，是广东文化大发展大繁荣中的一支重要力量，拍摄纪录片可以从"小切口"进入"大历史"。第一次鸦片战争从1840年6月到1842年8月，即从英军舰船47艘、陆军4000多人封锁珠江入海口开始，到中英双方签订了中国历史上第一个不平等条约《南京条约》，为了全面、客观、真实地反映这段不能忘却的历史，建议策划拍摄大型九集历史文献纪录片和纪录片电影，具体建议如下。

1. 策划拍摄的创作背景和基本思路

古人云："欲灭其国者，必先灭其史。"一个国家、一个民族如果没有历史的集体记忆，就很难有现实的广泛认同。中华民族在复兴之路上坚实而厚重的脚印，离不开历史椽笔的镌刻。广东是中国近现代革命的策源地，在广东策划创作拍摄相关题材的大型纪录片和纪录片电影，有着独特的优势和条件。

2. 创作拍摄的谋篇布局和初步构想

上篇：概述1840年以前的国际国内大势。在国际形势上，先分述英国、法国、德国、美国、俄国等世界列强概况及其觊觎中国的野心。在国内形势上，主要分析当时中国社会的基本情况和主要问题，以及山雨欲来风满楼的紧迫战争形势。从18世纪下半叶开始，清王朝已经走上衰败的道路，加上沉闷的思想文化和闭关自守的对外关系，到了19世纪以后，嘉庆、道光王朝更呈江河日下之势。1839 年 6 月林则徐在广东销毁收缴的鸦片，就是近代史上著名的"虎门销烟"，今天屹立在天安门广场的人民英雄纪念碑基座上，第一块浮雕就是"虎门销烟"。

中篇：多角度描述 1840 年鸦片战争全景。运用多种表现形式回顾和再现 1840 年鸦片战争的全景及三个阶段：一是 1839 年 9 月至 1841 年 1 月（九龙冲突，定海、大沽、广东战事，所谓的《穿鼻草约》、英军强占香港岛等）；二是 1841 年 1 月至 1841 年 5 月（《广州和约》、三元里抗英等）；三是 1841 年 8 月至 1842 年 8 月（厦门、台湾、浙东、长江战事，《南京条约》的签订等）。

下篇：史论结合分析鸦片战争对中国的深远影响。主要是通过组织专家访谈的形式，全面、深入、系统分析鸦片战争后的中外经济社会形势及战争对中国发展的深远影响，力求"通古今之变"，以鉴往知今，洞悉未来。历史是战略研究的可靠资料，是正确决策的重要依据，发挥好"存史、资治、教化"的功能，更重要的是能转化为我们国家和民族向现代化隆隆迈进的强大动力。

按照上、中、下三篇进行谋划创作，可先拍摄九集历史文献纪录片《1840～1842》，每篇三集，每集 50 分钟。在这个基础上再拍摄一部 2 小时左右的纪录片电影，与电影《鸦片战争》、电视剧《鸦片战争演义》不同的是，纪录片电影是以真实的、客观的历史文献为基础，没有虚构的描述，只是运用高科技手段，对历史场景进行情景再现。为了增强观众身临其境的感受，还可运用 5G、云技术和各种新媒体传播方式，突破物理空间的限制，使历史典籍和文物更加鲜活起来。

拍摄纪录片和纪录片电影《1840～1842》的组织架构，建议由中央广播电视总台、省委省政府的领导同志任出品人、总顾问，省政府文史研究馆领导同志、广东文史学会会长任总策划、学术顾问，由省文史馆、省社科联等单位组织国内外文史专家学者撰稿。初步考虑由中央电视台、广东广播电视台、珠影集团联合拍摄，同时邀请中央新闻纪录电影制片厂、广州广播电视总台和广州地区的有关机构参加。

三 研究申报海防国家遗址公园和国家文化公园

国家遗址公园即国家考古遗址公园，是指以重要考古遗址及其背景环境为主体，具有科研、教育、游憩等功能，在考古遗址保护和展示方面具有全国性示范意义的特定公共空间，国家文物局负责国家遗址公园的评定和管理工作。

国家文化公园是中央统筹、国家推进实施的重大文化工程。2019年12月5日，中共中央办公厅、国务院办公厅印发《长城、大运河、长征国家文化公园建设方案》。国家文化公园建设目标是整合具有突出意义、重要影响、重大主题的文物和文化资源，实施公园化管理运营，实现保护传承利用、文化教育、公共服务、旅游观光、休闲娱乐、科学研究功能，形成具有特定开放空间的公共文化载体，集中打造中华文化重要标志。建设内容是重点建设管控保护、主题展示、文旅融合、传统利用4类主体功能区；协调推进文物和文化资源保护传承利用，系统推进保护传承、研究发掘、环境配套、文旅融合、数字再现5个重点基础工程建设。

国家遗址公园要先经国家文物局批准立项，考古遗址公园符合若干条件且已初具规模后再开展评定工作，在评定和管理过程中还会遇到很多问题，不可轻易申报。建议粤港澳大湾区的海防遗址要同时研究申报国家遗址公园和国家文化公园的可行性，并力争做到相辅相成，工作的重心放在申报国家文化公园上，待各方条件成熟时，再联系各有关省份申报建设具有全球视野、中国高度的海防国家文化公园，我国沿海有海防遗址的省份往往是当下海上丝路申报世界文化遗产的省份，海防、海上丝路共同建设国家文化公园，其意义在于以下几点。

一是有利于增强广大人民群众海防意识特别是青少年的爱国主义情怀。珠江口两岸古炮台群及林则徐销烟池是中国近代史序幕的重要见证，是弥足珍贵且不可多得的优质历史文化遗产。在保护历史文化资源完整性的前提下，对珠江口古炮台遗址进行科学管理和合理利用，有利于增强广大人民群众的海防意识，强化青少年的爱国主义情怀，并将粤港澳大湾区海防遗址国家公园打造成为我国规模最大的国防教育基地，对教育粤港澳三地广大人民群众尤其是青少年铭记这段历史，增强海防观念，培养爱国情怀，唤起国防意识、海权意识、海洋意识等都具有重要的深远意义。

二是有利于依托海防、海上丝路重大历史遗产形成中华文化重要标识。《中共中央关于制定国民经济和社会发展第十四个五年规划和二〇三五年远景目标的建议》中提出建设长城、大运河、长征、黄河等国家文化公园。《粤港澳大湾区发展规划纲要》提出塑造湾区人文精神，就要坚定文化自信，共同推进中华优秀传统文化传承发展，联合开展跨界重大文化遗产保护，宣传、利用好湾区内的文物古迹、世界文化遗产，支持弘扬岭南文化，彰显独特文化魅力。珠江口古炮台群及周边海防历史遗址，是珠江口东西两岸特有的历史标志和海防符号，将此申报、建设成为世界最大的海防遗址公园具有可行性，还可与正在申报世界文化遗产的海上丝路遗址结合起来，条件成熟的话，全国沿海各地的海防与海上丝路遗址都可争取纳入国家文化公园的范围，并以此打造极具中华文化和海上丝路文化特色的旅游线路，进而将我国沿海一带建成世界级的国际旅游目的地。

三是有利于整合现有资源和深入推进粤港澳大湾区高质量全面新发展。20世纪80年代，虎门渡口的建设和通航，为促进珠江口两岸城市经济社会发展做出了历史性贡献，但由于虎门大桥与新开通的南沙大桥共同承担起联通珠江东西两岸主要干线职能，目前虎门渡口完成阶段性的历史使命，停止了客货滚装渡运作业。如穗莞两地未来共建粤港澳大湾区海防国家遗址公园，开通水上文化旅游交通航线，并纳入两岸现代化综合交通体系，继续利用和整合现有虎门渡口两岸码头的资源，并配套用地升级改造，对推动粤港澳大湾区发展文化创意经济，引入高端制造业、现代服务业以及新型产业，共同推动大湾区高质量发展，进而建成充满活力的世界级城市群和宜居宜业宜游的优质生活圈。

为此，建议尽快成立粤港澳大湾区海防国家公园建设工作领导小组。在中央统筹和国家有关部门的指导下，由粤港澳三地政府成立建设工作领导小组，以加强对这项工作的组织领导、统筹协调和工作推进。领导小组要及时研究解决建设过程中遇到的突出问题，统筹重大政策、重大工程、重大项目和重大措施，加强与相关市县（市、区）的经常性研究协调，对资源普查、编制规划、重点建设等方面要加强指导。申报、建设国家考古遗址公园和国家文化公园，需要相关的政府部门结合各自职能，密切配合，形成合力。更重要的是要积极争取"一把手"的重视和支持，使这项工作成为"一把手"亲自抓的重点工作，并纳入当地经济社会发展大局之中。

总之，环珠江口是我国古代海上丝路发祥地、近现代革命策源地、当代改革开放前沿地和一直以来岭南文化中心地，这"四地文化"资源也是大湾区文化艺术创作的富矿，建议以拍摄相关大型纪录片、纪录片电影外景地和虎门渡口两岸码头升级改造建设水上交通中心为契机，充分利用码头配套用地，结合海防国家公园配套建设大湾区文化创意园。同时，充分利用海防历史建筑和古炮台遗迹等载体，建设南沙海防博物院，讲好中国故事、湾区故事，以新时代风采加快打造独特的国家历史记忆、极具岭南特色的民族性世界性兼容的历史文化品牌。

文化产业篇
Cultural Industry

B.6
人文湾区建设背景下广州文化产业
高质量发展的路径研究[*]

周建珊^{**}

摘　要：　"人文湾区"是具有中国特色和"一国两制"特征的湾区文
化新形态，其本质要求就是以人为本，以文化人。在中国特
色社会主义进入新时代的历史阶段，推动广州文化产业高质
量发展能引领人文湾区的建设。本报告提出高质量发展广州
文化产业的六点实现路径：打造特色文化品牌，夯实文化产
业公共基础，培育新型文化业态，扩大文化消费，构建文化
产业生态，优化文化产业发展环境。

关键词：　文化产业　高质量发展　人文湾区　广州

* 本文是广州市哲学社会科学发展"十三五"规划2020年度课题"人文湾区背景下广州文化产业
高质量发展的路径研究"（项目编号:2020GZGJ214）的研究成果。
** 周建珊，广东工程职业技术学院教授，研究方向为金融学、文化产业经济。

自2000年党的十五届五中全会提出"推动有关文化产业发展"以来，文化产业快速发展，逐渐成为国家和地方经济增长的重要动力源，逐渐由规模速度型增长转向质量效益型增长。为了推动文化产业高质量发展，以高质量文化产品和服务来满足人们日益增长的文化获得感、幸福感，各地纷纷出台文化领域供给侧结构性改革措施。作为国家中心城市，广州被《粤港澳大湾区规划发展纲要》赋予"建设岭南文化中心和对外文化交流门户"的重大使命，面对新时代文化产业大转型和人文湾区建设的新形势，要适应数字产业化和产业数字化发展趋势，改造传统文化业态，加速发展新型文化企业、文化业态、文化消费模式，健全现代文化产业体系，不断提高文化产业的质量效益和核心竞争力，推动文化产业高质量发展，引领和促进粤港澳大湾区文化融合发展，为"共建人文湾区、构筑休闲湾区、建设宜居宜业宜游的优质生活圈"贡献广州力量。

一　广州文化产业发展的优势条件

（一）区位优势明显

广州素有中国"南大门"之称，位于中国大陆南方，广东省的中南部，濒临南海，毗邻港澳，处于粤港澳大湾区"A"字形结构的顶端和中部。广州作为广东省省会所在地，广东省的政治、经济、科技、教育和文化中心，同时也是国际综合交通枢纽，拥有世界级空港、海港和四通八达的铁路、公路交通网系，枢纽功能强大，广深港高铁和55公里的港珠澳大桥，直接把粤港澳大湾区连在一起、串联成环。粤港澳大湾区地理位置连成一体，文脉相连，民风相通，拥有共同的岭南文化传统，因此，广州可以充分利用优越的区位优势，发挥中心城市集聚效应，发挥岭南文化中心地的作用，在"一国两制"前提下加强与港澳的文化交流合作，破除体制机制障碍，消除地域壁垒，放大文化辐射效应，提高大湾区文化资源配置和共享能力，助力香港、澳门更好融入国家发展大局。

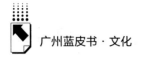

（二）历史文化资源禀赋优良

作为国家历史文化名城，广州有 2230 多年建城史，广州既是海上丝绸之路发祥地，又是岭南文化中心地；既是近现代革命策源地，又是改革开放前沿地。

广州历史文化旅游资源富集，陈家祠、宝墨园、镇海楼、南海神庙、余荫山房、沙湾古镇、黄埔古港、白云山、越秀山、中山纪念堂、西汉南越王博物馆、广州十三行、北京路商业步行街等历史文化景区，承载着广州两千余年历史的发展进程；光孝寺、海幢寺、华林寺、怀圣寺、大佛寺、都城隍庙、五仙观、圣心大教堂、南沙天后宫等宗教旅游场所，见证了千年羊城中外宗教文化交融的历程；黄埔军校、农民运动讲习所、中共三大旧址、黄花岗公园、广州起义纪念馆、中华全国总工会旧址纪念馆等红色旅游景区则给广州留下了丰富的革命文化。

此外，广州非物质文化遗产资源丰富多彩，拥有古琴艺术（岭南派）和粤剧等 2 项人类非物质文化遗产代表作名录项目，广东音乐、粤绣、象牙雕刻、玉雕、灰塑等 17 项国家级名录项目，68 项省级名录项目和 116 项市级名录项目。

毫无疑问，上述辉煌灿烂的历史文化瑰宝为文化产业发展输送取之不尽、用之不竭的素材，奠定了广州文化产业高质量发展的基础。

（三）文化领域市场需求动力强劲

就反映居民文化领域市场需求的指标——居民人均教育文化娱乐消费支出来看，近几年的统计公报显示，广州居民人均教育文化娱乐消费支出逐年增长，2018 年为 5640 元，2019 年为 6149 元，2020 年为 4716.19 元（受新冠肺炎疫情影响，比 2019 年下降 23.3%），高于同期的上海、北京等城市，列全国首位。研究表明，人均教育文化娱乐消费支出规模能直接反映一个地区文化产业发展的市场需求程度，广州在该项指标上占优，表明广州文化产业创新发展具有良好的市场需求基础。

（四）文化产业门类齐备，保持快速发展势头

广州文化产业门类齐备，文化科技交相融合，文化装备业和数字创意产业发达，新业态[①]不断涌现，市场主体活跃，创新能力不断提升，文化消费水平保持前列，文化产业蓬勃发展，保持快速发展势头。2019 年广州规模以上文化企业[②]法人单位 2819 个，同比增长 17.7%，文化产业实现营业收入 4111 亿元，文化及相关产业增加值超过 1600 亿元（测算值），占 GDP 的比重约 6.77%。2020 年，全市共有规模以上文化及相关产业法人单位 2822 家，与上年基本持平；实现营业收入 4026.42 亿元，在电影放映、会议展览服务、文化贸易代理服务、景区游览服务等聚集性、接触性、流动性行业受疫情影响较大的情况下同比仅略降 2.1%，产业总体发展态势进一步回稳向好。据广州市社会科学院课题组预测，2020 年，全市文化产业增加值预计达到 1700 亿元左右，文化产业增加值占 GDP 的比重提升到 7.08%[③]（见图 1）。

市属媒体融合发展，新闻出版业不断增强，新媒体传播力不断提升。广州国际媒体港、花果山园区获批中国（广州）超高清视频创新产业示范园区，园区产值超过 500 亿元，成为"4K/8K + 5G"超高清视频产业集群。

文化科技驱动创新发展。国家级广州高新区文化和科技融合示范区推动文化科技融合发展。涌现出网易、微信、UC（优视）等一批优秀互联网企业和 YY 语音、荔枝 FM、酷狗音乐等一批数字音乐龙头企业，网络音乐总

---

① 新业态特征明显的 16 个行业小类是：广播电视集成播控，互联网搜索服务，互联网其他信息服务，数字出版，其他文化艺术业，动漫、游戏数字内容服务，互联网游戏服务，多媒体、游戏动漫和数字出版软件开发，增值电信文化服务，其他文化数字内容服务，互联网广告服务，互联网文化娱乐平台，版权和文化软件服务，娱乐用智能无人飞行器制造，可穿戴智能文化设备制造，其他智能文化消费设备制造。

② 规模以上文化及相关产业的统计范围为：①在《文化及相关产业分类（2018）》所规定行业范围内，年主营业务收入在 2000 万元及以上的工业企业；②年主营业务收入在 2000 万元及以上的批发企业或主营业务收入在 500 万元及以上的零售企业；③从业人数在 50 人及以上或年营业收入在 1000 万元及以上的服务业企业，但文化和娱乐服务业年营业收入在 500 万元及以上。

③ 《广州日报》A2 要闻 2020 年 9 月 3 日。

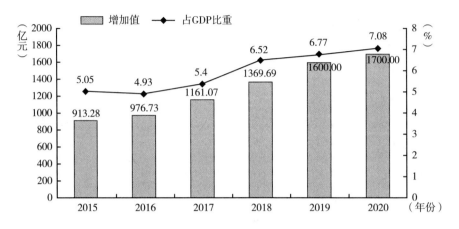

图1　广州市文化产业增加值概况（2015～2020年）

资料来源：2015～2018年数据来源于广州统计年鉴，2019年、2020年数据来自广州市社科院预测。

产值约占全国的25%。文化制造业实力强，舞台灯光音响制造处于领先地位，全球最大的钢琴制造商珠江钢琴集团全球市场占有率达26%，国内市场占有率达34%。

广州地区文化上市公司达32家。积极创建全国文化金融合作示范区，文化金融相互融合。文化产业高端集群发展，目前文化创意产业园区（基地）约有22个，其中国家级园区（基地）16个，省级园区（基地）10个。2020年9月，北京路文化核心区通过首批国家级文化产业示范园区验收。

广州动漫业在全国也颇具影响力，总产值过百亿元，约占全国产值的20%，已成功举办十三届中国（广州）国际漫画节。原创漫画发行占全国漫画市场30%以上的份额，拥有《喜羊羊与灰太狼》《猪猪侠》等知名动漫品牌和奥飞动漫、漫友文化等一批国家重点动漫企业。广州游戏电竞产业发展迅速，2019年，广州拥有游戏企业2768家，其中游戏上市公司14家。游戏产业营业收入达到801.41亿元，增长率达31.0%。网络直播实力雄厚，有欢聚时代、虎牙直播、网易CC等企业。电竞产业发展迅速，2020年广州趣丸网络公司组建"广州TTG"战队，跻身王者荣耀2020春季赛四强、王者荣耀世界冠军杯八强，成绩斐然。

文化旅游市场繁荣，2019 年春节黄金周期间来穗旅客超 1696.27 万人次。2019 年广州城市居民家庭人均文化娱乐消费支出达到 37734 元，排名全国前列。2019 年广州市电影票房达到 23.82 亿元，居全国前四位。

文艺精品力作涌现。加强文学、美术和舞台演艺精品创作生产，扎实开展惠民活动。2020 年 11 月 7 日《掬水月在手》《刑场上的婚礼》《点点星光》三部广州出品的影视作品获得第 33 届中国电影金鸡奖提名。杂技《升降软钢丝》获第 41 届"明日"世界马戏节最高奖——法兰西共和国总统奖，入选"中国杂技艺术创新工程"重点扶持作品名单。

二 广州文化产业发展存在的问题

综上所述，近年来广州文化产业发展成效明显，具有充足的市场成长空间和广阔的发展前景。但当前文化产业的发展仍面临不少困难和挑战，值得高度重视。

（一）创新环境和公共基础处于相对劣势

在对广州、北京、上海、深圳、杭州五大城市文化产业创新发展情况进行测评和对比分析后发现，近年来广州文化产业创新发展综合实力有明显的进步，整体表现不俗，但在创新环境和公共基础上表现相对较弱，成为制约文化产业创新发展的主要瓶颈，也是未来广州提升文化产业创新发展整体综合水平的主攻方向。

据广州市社会科学院课题组预测，2020 年，全市文化产业增加值预计达到 1700 亿元左右，文化产业增加值占 GDP 的比重为 7.08%。查杭州、深圳两市公布的国民经济和社会发展统计公报，2020 年杭州文化产业增加值达到 2285 亿元，文化产业增加值占 GDP 的比重为 14.19%；深圳文化及相关产业增加值达 1775.98 亿元，文化产业增加值占 GDP 的比重达 7.83%。

因此，2020年广州文化产业增加值及其占GDP的比重仍低于杭州和深圳，反映出广州文化产业市场规模相对偏小，与广州的经济总量及其在全国城市中的领先地位极不相称，文化产业对广州经济发展的贡献有待提高，广州文化产业发展的基础还相对薄弱。

据2020年各市国民经济和社会发展统计公报披露，2020年广州博物馆数量为65个，少于北京（197个）、上海（149个）和杭州（78个），仅多过深圳（55个），北京、上海、杭州三市分别是它的3.03倍、2.29倍、1.2倍，五大城市博物馆平均拥有量（108.8个）是它的1.67倍。2020年广州市有297间公共图书馆，少于深圳（710座）。广州在博物馆等公共设施的保有量方面并不占据优势，文化产业创新发展的公共基础仍有待夯实。

（二）发展结构失衡

1. 集约化程度不高

从广州统计局第四次经济普查数据得知，2018年广州市文化产业法人单位数达到74414个，其中小微企业有73770个，占比达99.1%。从业人员期末人数达到67.31万人，营业收入达到4820.05亿元，总资产达到6491.64亿元，其中，年营业收入超过50亿元的法人单位仅有15家，超过10亿元的仅有60家。平均每单位从业人员为9人，平均每单位营业收入647.73万元，平均每单位占用资产为872.37万元，行业总资产收入率为74.25%。据观察，2019年、2020年广州文化产业的集约化程度仍未得到明显提升。广州文化产业经营单位虽然众多，但小规模单位占比较大，龙头文化企业凤毛麟角，行业资产营运能力和营运效率不强，经济效益和产业组织集约化程度不高，资源分散，难以形成合力，严重阻碍资源利用率和国际竞争力的提高。

2. 产业结构不尽合理

从广州市统计局2021年2月10日在其官网公布的《2020年广州市文化产业发展状况》中，我们可以大致了解广州文化及相关产业的结构。从三大文化产业类型看，规模以上文化服务业法人单位1874家，实现营业收入2635.78亿元，企业数量和营收规模占比均近三分之二，是文化产业三大分类中唯一实现正增长的类型，单位数量和营业收入同比分别增长0.5%和2.6%。规模以上文化制造业和限额以上文化批零业全年实现营业收入分别为759.46亿元和631.18亿元，同比分别下降5.0%和15.0%。在新冠肺炎疫情冲击下，文化服务业逆势增长，但文化制造业和文化批零业则相对萎缩。在广州市文化产业结构中，出版服务、广告服务、设计服务、会展服务等传统文化产业形式仍然占据主导地位，文化产业数字化改造任重道远；文化制造业和文化批零业复苏任务繁重。

3. 区域发展不平衡

2021年2月10日广州市统计局在其官网公布的《2020年广州市文化产业发展状况》显示，中心六区（越秀区、荔湾区、天河区、海珠区、黄埔区以及白云区）共有规模以上文化产业法人单位2247家，实现营业收入3179.64亿元，企业数量和营收规模占全市的比重均近八成。其中，天河区作为广州市文化产业发展的"领头羊"，规模以上文化产业法人单位747家，实现营业收入1633.89亿元，分别占全市的26.5%和40.6%，营业收入占全市的比重同比提高3.4个百分点。这一方面反映广州文化产业向中心六区集聚化发展，另一方面也表明其他6区发展偏弱。

4. 供给质量亟待提高

与全国文化产业发展历程大体一致，广州文化产业发展的历史不长，文化企业的发展起步较晚，经营方式大多较为粗放，供需对接难以平衡，不少行业依然存在文化产品同质化、文化创意不足、文化精品匮乏等问题，中高端个性化产品相对匮乏，现代文化产业链、文化品牌打造一直是短板所在。低俗供给仍未能杜绝，如2020年就出现了"虎牙直播""CC直播"等网络直播平台传播低俗庸俗内容等问题被约谈的事件，引发全社会的高度关注。广州文化企业应履行主体责任和社会责任，努力提供健康的文化产品和服务，从而促进文化产业良性有序发展。

（三）文化产业要素市场不完善

文化产业发展的基础性要素供给，包括传统的土地、资本和劳动力，以

及数据、技术、信息、知识、制度、管理和人才这些创新要素。经历改革开放40多年来的高速发展，广州积累了丰富的技术、资本、人才、信息等要素资源，有力地支撑着文化产业的快速发展。但是，广州文化产业市场体系仍有待完善，还存在资本供给不足、土地资源供给与产品产出关联性不强、文化资源挖掘与利用不足、人才资源匮乏、技术创新乏力、知识积累不足等问题。

三 促进广州文化产业高质量发展的主要路径

（一）打造特色文化品牌

中国特色社会主义发展进入新时代以来，以高质量文化供给增强人们的文化获得感、幸福感，来满足人民群众对更高层次的文化生活和精神消费的新期待，已经成为中国文化产业发展的根本目的。要推动广州文化产业的高质量发展，就必须恪守文化产业的本质属性——意识形态属性，牢牢把握文化产业发展的正确导向，坚持守正创新，践行社会主义核心价值观，正确处理好文化产业的意识形态属性和市场属性的关系，正确处理好社会效益和经济效益的关系，始终将社会效益放在第一位，实现社会效益和经济效益相统一，充分利用岭南文化、红色文化、海丝文化、创新文化等文化资源，从中汲取营养、精选素材，做好创造性转化和创新性发展工作，以此来提高文化产业品质内涵，打造一批具有鲜明岭南文化内涵与特色的精品力作，培育一批具有国际影响力的广州文化品牌，讲好广州故事，展示广州形象，弘扬广州精神。同时，要坚持以人民为中心，从人民群众的实际文化需求出发，以市场为导向推动供给侧结构性改革，推动文化内容、技术和形式创新，促进消费方式、传播方式迭代升级，释放文化产业的生机与活力，生产满足人们更高层次文化生活和更高水平文化消费需求的文化产品和服务。

（二）增强文化产业发展的公共基础

公共基础是支撑一个城市文化产业和科技融合发展的重要基础，丰富的公共基础设施能够为城市文化高质量发展成果提供强大的商业化平台，实现发展成果的商业化价值。

一是继续加大财政扶持力度，完善图书馆之城、博物馆之城、文化馆（站）服务体系建设，加快省"三馆合一"项目和广州文化馆、美术馆、粤剧院等一批公共文化设施建设，推进红色文化设施、革命遗址保护建设，加大海丝文化场馆建设，为文化和旅游产业发展提供有效供给。

二是加快建设文化和旅游数据中心、广州文化云平台，完善文化和旅游产业"云、网、端"基础设施建设。鼓励数字文化企业完善文化产业领域人工智能应用所需的基础数据、计算能力和模型算法，推动传统文化基础设施转型升级。加强 App、小程序等移动互联网基础设施建设，促进产业互联互通。主动对接广州数字新基建，用好相关平台、技术，扶持景区景点、文化文物单位、园区街区、主题公园等运用文化资源开发沉浸式体验项目，在商业网点建设一批虚拟景区、数字展馆等数字文化和旅游体验设施，升级一批智慧景区。充分利用5G等技术建设智慧旅游平台，提供"智能化、预约制、非接触"服务新体验。

三是扶持开发重点文旅项目。推进长隆"粤文化"等综合文旅项目、文商旅融合发展项目、数字文化创意小镇、旅游文化特色村镇、免税综合体、影视基地、数字出版基地、版权贸易基地等重大项目建设。综合开发国家森林公园、国家水利风景区等优质资源，丰富文旅产品供给。支持 A 级景区、星级饭店等引入博物馆、影院剧场、文创商店等文化设施，与艺术团体合作，建设文旅剧场。

四是培育文化龙头企业。鼓励骨干文旅企业运用兼并、收购、重组等方式，盘活存量优质资源，组建若干个综合性文化产业发展集团。一方面，要继续深化市属国有文化企业改革，扶持综合实力强的企业组建企业集团，成立广州文化发展集团，培育一批具有核心竞争力的头部企业；另一方面，加大力度引进世界 500 强、全国 30 强文旅企业总部落户广州。同时鼓励中小文旅企业向"专、精、特、新"方向发展，支持其在创业板、中小板、新三板上市。

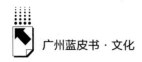
五是推进文化产业园规模化发展。支持国家文化出口基地、国家级文化产业示范园区、国家文化与金融合作示范区等国家级平台建设。强化文化产业园区的规范管理，评定文化产业示范园区，遴选一批优秀示范园区创建省级以上文化产业示范园区。支持利用历史建筑和旧民居、旧村落、旧厂房、旧仓库等发展文化产业园区，鼓励园区开发公共文化空间、旅游休闲空间、A级旅游景区。

（三）培育新型文化业态

优化产业结构，培育新型文化业态，直接关系到文化产业的可持续发展。广州可以从如下几个方面发力。

一是促进文化与科技的融合发展。鼓励优秀的文化与科技融合示范企业，争创国家文化和科技融合示范基地，大力推进文化资源数字化，促进文化产业与物流、金融、电子商务、教育、体育等现代服务业融合发展，与先进制造业、消费品工业、智慧农业融合发展，从而使文化产业拥有更为广阔的发展空间，为文化的传播与交流提供平台，催生新的业态。

二是加快虚拟现实/增强现实（VR/AR）、游戏交互引擎、全息成像、裸眼3D等数字技术在文旅领域应用，推动文化和旅游产业"上云用数赋智"，培育一批数字文化重点企业。支持电竞场馆建设、俱乐部落户、重大赛事举办，优化电竞产业发展生态圈。充分发挥越秀、天河、海珠、黄埔等区在数字创意产业方面的发展优势，创建国家级数字创意产业发展示范区。

三是大力发展数字音乐产业。培育一批音乐行业头部企业，引领网络音乐发展。建设数字音乐孵化器、原创音乐孵化平台等项目，吸引国内外知名音乐创作制作、演艺传播、数字音乐企业来穗发展，设立中国总部或华南总部，建设世界级数字音乐产业平台。

四是建设超高清内容创作高地。以花果山超高清视频产业特色小镇、广州国际媒体港等为依托，培育超高清视频内容制作产业，突破一批关键技术，全力打造"中国（广州）超高清视频创新产业示范园区"和千亿级超高清视频内容制作产业基地。支持5G+4K/8K超高清视频内容创作、集成分发、版权保护等公共服务和交易平台建设。

五是发展文化和旅游"网红经济"。培育一批具有示范带动作用的头部网络直播和网红经济运作（MCN）机构。发展网络文艺，丰富网络文化内涵，推动优秀文化产品网络传播，培育"云演艺""云展览"等文旅"云产品"。提高网络视听、网络文学等网络文化产品的原创能力和文化品位，促进网络文化产业链融合发展。

（四）扩大文化消费

释放文化消费需求的潜能和活力，能够有效引导市场消费热点，是推动广州文化产业高质量发展的主要发力点。

一是引导文化企业提供高品质的文艺作品。支持以粤剧、粤曲、广东音乐、岭南画派和岭南工艺等为载体的创作，鼓励文艺院团加强与国内外高端剧院合作，推动文艺名家走出去、请进来，建设一批文化艺术名家工作室，推出一批文艺精品，活跃消费市场。扶持新闻出版和影视产业发展，完善产业链，推出一批优秀影视出版作品。

二是组织文化和旅游消费试点示范。创建国家文化和旅游消费示范城市，认真组织文化和旅游消费试点，推动消费国际化、特色化发展，推进广州国际消费中心城市建设。开展"广州欢迎您""百家媒体进广州""广州文化旅游品牌国际传播""百趟列车进广州"等系列活动，推出一批优质文旅体验点。开展"文化有约"、"文化下乡"和"文化进万家"等活动，促进惠民文化消费。

三是推动文化文物单位开发文创产品。鼓励企业、院校等机构参与文创产品开发、经营，支持在特色街区、旅游集散中心、景区景点设立文创产品销售网点。支持建设文创产品研发、投融资服务和营销推广平台，培育一批文创赛事、展览品牌。加大"三雕一彩一绣"等非物质文化遗产和传统工艺美术的保护传承和创意开发力度，利用数字化等科技手段，打造广州特色美食、工艺、服饰、中医药等非遗产品系列。建设一批非遗工作站、非遗大师工作室、非遗街区，推动非遗进景区、进商场、进社区，引导非遗消费。

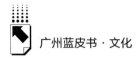

四是创新文化和旅游惠民消费模式。每年发布促进文旅消费系列举措，组织广州文旅惠民消费活动，拉动文旅消费，构建政府补贴、平台让利、企业优惠、市民游客广泛参与的惠民消费市场格局。支持文旅企业和知名网络营销企业合作，广泛开展"云上旅游""云上非遗""云上文创"等网络营销活动，拓展线上消费。

五是促进文旅夜间消费。丰富珠江夜游产品，鼓励旅游景区开发夜间游览项目，开展国际灯光节等夜游主题活动，培育广州文旅经济新的增长点。推进博物馆夜间开放，鼓励开办 24 小时书店，扩大夜间演出市场，优化文旅场所夜间餐饮、购物、演艺服务，建设一批文旅夜间消费集聚区。

六是推动多业态"大众旅游"消费。鼓励挖掘岭南文化资源，开发乡村游、民宿游、康养游等短线旅游产品，举办一批具有本地特色的节庆活动。发展健康养生旅游，推进中医药文化养生旅游示范基地建设，鼓励开发温泉、山地越野、户外露营等康养产品。推动民宿有序发展，完善休闲度假、乡村体验等功能，建设一批精品民宿。

（五）构建文化产业生态

所谓文化产业生态，是指文化产品交易主体及其生存发展的内外环境（即文化产业生态环境）之间相互作用、竞合共生而形成的一种动态平衡系统，即文化产业生态就是以文化为内核、以价值链为依托的有机耦合，使其具备了协调性、自适应性等诸多生态学的特征。构建广州文化产业生态，可以从如下几方面着手。

一是推动产业链创新与应用。加快文化产业链建设，打好"建链、强链、延链、补链"组合拳，提高产业链稳定性和竞争力。推动文化产业链与互联网、物联网深度融合，打造大数据支撑、网络化共享、智能化协作的智慧产业链体系。发展产业链金融，鼓励金融机构、产业链核心企业、文化金融服务中心等建立产业链金融服务平台，为上下游中小微企业提供高效便捷低成本的融资服务。鼓励各地因地制宜建立数字文化产业链链长工作制，提升产业集成和协同水平。

二是完善创新创业服务。强化创新驱动，建设一批以企业为主体、产学研用联合的数字文化产业创新中心，探索开放协同创新模式。培育新就业形态、增加新就业岗位，开展众创、众包、众扶、众筹，支持小微企业和个体经营者线上创业就业，发展微创新、微应用、微产品，实现灵活就业、分时就业。建设创新与创业结合、孵化与投资结合、线上与线下结合的数字文化双创服务平台，支持各类企业孵化器、众创空间等载体打造数字文化"双创"服务体系。发挥资本对文化产业新技术、新业态、新模式的促进作用，用好风险投资和天使投资，加强对创业企业的融资扶持。

三是融入粤港澳大湾区发展战略。建立常态化穗港澳文旅部门高层互访机制，有效发挥粤港澳大湾区城市旅游、演艺、公共图书馆、动漫游戏产业、文旅融媒体传播等联盟作用，深化穗港澳、广深珠、广佛肇等区域文旅交流合作，简化港澳企业及个人来穗文旅活动审批程序，引入港澳优质文旅企业参与文旅项目建设。推进粤港澳大湾区北部生态文化旅游合作区建设，建设大湾区影视后期制作中心，推进粤港澳大湾区文化遗产游径建设，办好"穗港澳青少年文化交流季"，参与粤港澳大湾区文化艺术节。与香港互办文化周，与澳门开展研学交流，推进资源共享、品牌共创、人才共育，构建粤港澳大湾区文旅一体化发展新格局。

四是优化市场环境。对文化产业新产品新业态新模式，坚持包容审慎、鼓励创新，在严守安全底线的前提下留足发展空间。完善严重失信名单管理制度，构建以信用监管为基础的新型监管机制。加强文化新产品新业态新模式知识产权保护，完善评价、权益分配和维护机制，促进知识产权运用和价值实现。支持产业联盟、行业协会等行业组织创新发展。

五是深化国际合作。发挥广州文旅境外推广中心作用，运用线上带货、虚拟会展等传播新业态，策划开展文旅专题营销。提高文化和旅游会展国际化水平。充分发挥广交会推动文旅产业发展的引擎作用，支持广州国际旅游展览会、中国（广州）国际纪录片节、广州国际演艺交易会、广州国际漫画节、广州国际艺术博览会不断提高专业化、市场化、国际化水平，把广州文化产业交易会打造成国家级文化产业交易平台。推动广州文化和旅游产品

"走出去"。鼓励文旅企业参加国际展览展销活动，推进文化产品规模化输出，支持企业申报国家文化出口重点企业、重点项目，发挥天河区国家文化出口基地作用，推动动漫游戏、文旅装备等参与国际分工，提高国际市场占有率。

（六）营造文化产业发展环境

一是加强组织领导。要推动有为政府和有效市场结合，市区各级政府高度重视文化产业高质量发展工作，突出制度设计，系统谋划广州文化产业高质量发展的战略、规划、计划、方案等顶层设计，制定和完善相关政策措施。促进形成市直部门、各区政府和文化企业多方参与、高效联动、信息共享的治理体系，提升治理能力，充分调动产业链上下游和消费者支持文化产业发展的积极性和创造力，营造有利于创新创业创造的良好发展环境。

二是强化要素支撑。首先，要完善人才培养、评价激励、流动配置机制，培养一批兼具文化内涵、技术水准和创新能力的文化产业复合型人才。其次，要设立广州市文化产业发展专项资金，重点支持文旅新业态、重大文旅产业项目、文旅产业集聚区、文旅消费、重大文旅平台、文艺精品创作、电影产业等方面的补助、奖励。再次，要支持发展文旅特色金融机构、开发文旅贷特色产品。支持广州文旅产业投融资创新发展，吸引社会资本投入文旅产业。推动建立和完善风险分担及补偿机制。创建国家文化与金融合作示范区。支持粤港澳大湾区文化产业投资基金在广州做大做强。最后，要优化文化用地政策。重点文化产业用地的出让起始价格，按照相应地段实际用途和市场评估地价综合拟定。支持将旧厂房、仓库改造成文化创意场所，落实按原用途和土地权利类型使用土地的过渡期政策。对原属划拨用地用于建设非营利性文化创意场所的，继续保留划拨用地用途，不征收相关土地收益。对历史建筑合理利用为文化创意场所的，按照广州市关于促进历史建筑合理利用实施办法，享受相应政策支持。支持广州市城市更新改造和新建住宅小区，按照相关标准配套公共文化设施。社会投资建设非营利博物馆、图书馆等公共文化设施，由属地政府出具非营利公共文化设施建设意见书，对其建设用地可采取划拨方式，并由所在区主管部门监督保证其非营利性质。

三是优化营商环境。进一步推进商事制度改革，优化文旅行业行政审批流程，提高服务管理水平。充分发挥各类文化和旅游行业协（商、学）会、产业联盟作用。推动数据共享，创新监管方式，完善信用体系，优化司法环境，提升文化市场综合执法水平，促进文化市场繁荣发展。

B.7
广州市游戏产业发展情况调查研究报告

广州市统计局 广州市委宣传部课题组*

摘　要：　2020年初，新冠肺炎疫情突袭而至，给广州市餐饮、零售、
旅游、影院等线下消费行业带来了巨大的影响，游戏行业等
"宅经济"在疫情期间却迎来了"小阳春"，成为广州市经
济发展的新引擎。在做好常态化疫情防控基础上，广州市积
极顺应新娱乐理念、新娱乐方式、新娱乐习惯，加快推动线
上游戏产业取得新发展。

关键词：　广州市　游戏产业　电子竞技　宅经济

一　游戏产业发展背景

（一）全球游戏消费市场保持旺盛态势

随着海外疫情的蔓延，世界各地的人们居家隔离，使用手机时间增加，
对游戏的需求量也明显增长。全球综合性数字游戏社交平台Steam官方数据
显示，2020年3月15日，平台同时在线人数达2024.6万人，3月21日，
平台同时在线人数更突破了2200万人，连创历史纪录。

---

* 执笔人：吴迪军，博士，广州市统计局一级主任科员，研究方向为宏观经济和计量经济；李
明充，广州市社会科学院广州文化产业研究中心执行主任、广州文化上市公司产业联盟秘书
长，研究方向为文化产业、人工智能产业。

中国游戏产业在全球范围的影响力、竞争力不断增强。随着海外各个地区的市场被打开，优质的国产移动游戏将拥有更大的市场用于投放与推广。将优质的移动游戏产品带到海外，不仅有望为游戏企业带来更大规模的营收，游戏产品的传播还能带动其他各类文化产品的推广和发展。尤其是一些在国内已获得过成功的产品，更是有望在海外市场迎来"第二春"，游戏出海将有望延长国产优质移动游戏产品的生命周期。近日发布的《2020 年 1 ~ 6 月中国游戏产业报告》数据显示，2020 年 1 ~ 6 月，中国自主研发游戏在海外表现良好，市场营销收入达 75.89 亿美元（约合 533.62 亿元人民币），同比增长 36.32%，继续保持快速增长势头。

（二）政策支持保障游戏产业有序发展

2020 年 2 月 3 日习近平总书记《在中央政治局常委会会议研究应对新型冠状病毒肺炎疫情工作时的讲话》中强调"要加快释放新兴消费潜力，积极丰富 5G 技术应用场景，带动 5G 手机等终端消费，推动增加电子商务、电子政务、网络教育、网络娱乐等方面的消费"。

《"十三五"国家战略性新兴产业发展规划》指出要提高动漫游戏、数字音乐、网络文学、网络视频、在线演出等文化品位和市场价值。2019 年，国家统计局发布《战略性新兴产业分类（2018）》，游戏产业正式纳入"战略新兴产业分类"。近年来，北京、上海、广州、深圳、重庆、杭州、成都、宁波及西安等全国主要城市纷纷制定政策支持游戏产业的发展。2019年 12 月，北京市委宣传部发布《关于推动北京游戏产业健康发展的若干意见》，提出 13 条举措计划，从组织、政策和人才三方面，确保全面落地"国际网络游戏之都"的总目标。

2016 年 11 月，广州市人民政府办公厅出台了《关于加快动漫游戏产业发展的意见》，目标是通过资金扶持、政策推动、产业聚合，推进动漫游戏"产、学、研"一体化，形成比较成熟的动漫游戏产业链，打造一批实力雄厚、具有较强竞争力的大型动漫游戏龙头企业，力争用 5 ~ 10 年的时间，跻身国际动漫游戏产业强市行列。另外，根据 2019 年发布的《粤港澳大湾区

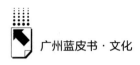

发展规划纲要》和《国家数字经济创新发展试验区实施方案》对广州的定位要求，加快游戏等数字创意产业发展已成为广州经济发展的重要路径。

（三）广州游戏产业在国内外市场形成竞争优势

国内市场方面，《2020年1~6月中国游戏产业报告》数据显示，2020年1~6月，中国游戏市场实际销售收入达到1394.93亿元，同比增长22.3%；自主研发游戏国内市场营销收入1201.4亿元，同比增长30.4%。2020年第一季度，腾讯、网易、三七互娱等典型上市游戏企业网络游戏收入均实现增长，平均增长率达到30%。其中，位于广州的三七互娱的营收为43.43亿元，同比增长33.8%；网易在线游戏业务净收入135.2亿元，同比增长14.1%。

在国际市场方面，近年来，广州的游戏产业出口发展迅猛，网易、三七互娱等游戏企业积极布局海外。网易、三七互娱、易幻网络、4399入选App Annie 2019年度中国厂商出海收入30强榜单，分别排在第2位、第17位、第22位、第29位。根据Sensor Tower 2020年6月全球App Store和Google Play的收入，5家广州游戏企业入选2020年6月中国手游发行商收入TOP30榜单，分别是网易（第2位）、灵犀互娱（第5位）、4399游戏（第9位）、三七互娱（第12位）、多益网络（第27位）。星辉天拓、三七互娱、百田信息、趣炫网络、奥飞娱乐、华立科技6家广州游戏企业入选2019~2020年度国家文化出口重点企业，占广东省入选企业总数（22家）的27%。广州市天河区凭借游戏企业、数字出版等文化企业的出口优势，于2018年入选国家文化出口基地。

二 广州市游戏产业的发展现状

近期，我们对广州市260家规模以上（以下简称"规上"）法人单位①进行了调查研究，初步统计，广州市2019年游戏产业增加值为270.19亿

---

① 文中规模以上企业包括规模以上工业企业、限额以上批零住餐企业、规模以上服务业企业等。

元，占广州地区生产总值的 1.1%，其中规上企业增加值为 261.28 亿元，占全市游戏产业的比重为 96.7%。

（一）产业发展迅猛，总体规模不断扩大

广州游戏产业实现快速发展，2016～2019 年，广州市规上游戏产业增加值的年均名义增长率达到 38.0%，远高于同期全市 GDP 的年均名义增长率（8.0%）。2019 年广州市规上游戏产业增加值为 261.28 亿元，名义增长30.2%。2019 年，广州游戏产业营业收入和利润总额分别为 801.41 亿元和136.92 亿元，分别增长 31.0% 和 73.3%，营业收入利润率达 17%，明显高于全市文化体育娱乐业的盈利能力。广州游戏产业营业收入、利润总额均保持高速增长的态势，主要原因在于：一是网易、三七互娱、多益网络等龙头骨干游戏企业的营业收入、利润总额实现快速增长；二是游戏新兴业态快速发展，其中，以虎牙直播、网易 CC 直播为代表的游戏直播行业发展迅猛，为广州游戏产业提供了新的增长动能；三是新设立新入库企业拉动明显，广州极尚、乐虎、极晟等游戏开发网络技术企业入库，发挥了较大作用。

2019 年，广州市游戏产业上市公司达到 14 家，占广州市文化产业上市公司的比重约为 1/3。由此可见，游戏产业已成为广州文化产业的重要组成部分，其在文化产业中的战略性地位日益凸显。目前，广州市游戏产业规模排名全省第二，仅低于深圳，位居全国前列。

（二）以核心层为主，开发、发行行业表现突出

从游戏产业行业结构来看，广州游戏产业增加值、营业收入、规上法人单位主要集中在核心层，遥遥领先于游戏产业外围层和相关层①。在各行业中，2019 年广州游戏开发、发行行业的增加值最大，达到 236.30 亿元，名义增长 31.4%，占规上游戏产业的比重为 90.4%。游戏信息服务行业达到

---

① 根据游戏产业特点，按照行业重要性，将广州游戏产业分为核心层、外围层、相关层。游戏产业核心层是指游戏开发、发行，外围层包括游戏出版服务、游戏创意活动、游戏信息服务、游戏娱乐活动，相关层包括游戏相关设备的制造、游戏相关设备的零售与批发。

21.71 亿元，名义增长 29%，占规上游戏产业的比重为 8.3%。其他外围层和相关层占比较小（见图 1）。

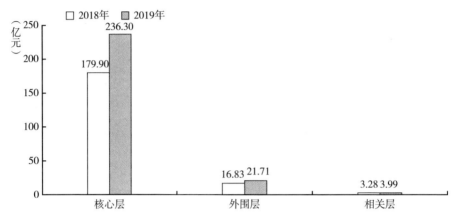

图 1　广州游戏产业各行业增加值情况

从营业收入来看，2019 年，游戏开发、发行行业和游戏信息服务行业营业收入为 643.05 亿元和 141.77 亿元，合计占比达 97.9%，同比分别增长 57.8% 和 27.1%。

从规上法人单位数来看，广州的游戏开发、发行行业遥遥领先于其他行业，达到 208 家，占广州市游戏产业规上法人单位数的比重达到 80%。而游戏信息服务、游戏相关设备的制造企业分别有 29 家和 14 家，占比分别为 11.2% 和 5.4%（见表 1）。

表 1　广州市游戏产业各行业规上法人单位数

单位：家，%

类别	数量	占比
游戏开发、发行	208	80.0
游戏出版服务	1	0.4
游戏创意活动	3	1.2
游戏信息服务	29	11.2
游戏娱乐活动	2	0.8
游戏相关设备的制造	14	5.4
游戏相关设备的零售与批发	3	1.2
合　计	260	100.0

（三）头部效应明显，营收呈现梯次分布

从营收规模来看，广州市游戏企业呈现多梯次分布，已形成具有区域特色的梯次规模结构。2019 年，在广州市游戏企业中，年营业收入超过 1 亿元的企业有 71 家。其中，年营业收入超过 100 亿元的有 1 家，为广州网易计算机系统有限公司，营收在 50 亿～100 亿元的有 3 家，分别为广州博冠信息科技有限公司、广州虎牙信息科技有限公司、广州腾讯科技有限公司。趣丸、多益、4399 等 7 家游戏企业年营收则处于 10 亿～50 亿元的范围内，另有 12 家企业年营收处于 5 亿～10 亿元的范围内。由此可知，广州市游戏产业的头部效应相当明显（见图 2）。

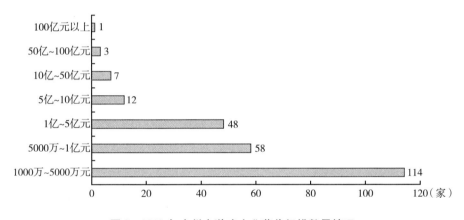

图 2　2019 年广州市游戏企业营收规模数量情况

（四）产品体系日趋完善，知名品牌众多

广州游戏企业不断推出各类游戏产品，已形成了比较完善的产品体系，涵盖角色扮演类、策略类和卡牌类等众多游戏品类，涌现出《三国志·战略版》《梦幻西游》《神武》《阴阳师》《永恒纪元》等多个细分品类的知名品牌。在策略类游戏方面，根据国外研究机构 Sensor Tower 发布的 2020 年 5 月全球移动游戏收入排行，仅依靠 iOS（iOS 是由苹果公司开发的移动操作

系统）收入贡献，灵犀互娱的《三国志·战略版》已位居全球手游排名第6，成为全球第一的策略手游。此外，网易的《率土之滨》自上线起就一直保持着稳步增长，2019年4月跻身全球iOS畅销榜前十。在角色扮演类游戏方面，多益网络先后推出了《梦想世界》《神武》系列等回合制精品游戏，其中《神武4》入选七麦数据发布的2020上半年中国手游iOS收入TOP10。

（五）就业带动效益显著，税收较快增长

2019年，广州游戏产业从业人数为3.59万人，同比增长41.9%。广州游戏产业从业人数稳步增长，其主要原因在于：一是广州拥有网易、三七互娱等众多优秀游戏企业，吸纳了大量的游戏人才；二是广州高校众多，培养了众多游戏专业人才，这些人才有相当一部分毕业后留穗就业。

2019年，广州游戏产业增值税为15.34亿元，同比增长24.0%。其主要原因在于：广州市游戏产业近年来的营业收入、利润总额不断提升，因此税收贡献也越来越大。

（六）研发强度不断加大，创新能力提升

2019年，广州市游戏产业研发投入为94.60亿元，同比增长1.3倍，研发强度①为11.8%。在广州市游戏产业各行业中，游戏开发、发行行业的研发投入最多，达到80.26亿元，同比增长1.1倍，占广州市游戏产业研发投入的比重为84.8%，其研发强度为12.5%。

广州游戏企业近年来十分注重游戏研发，根据《2019～2020中国游戏市场企业研发竞争力报告》，网易游戏、三七互娱、多益网络、西山居4家游戏企业入选中国游戏市场企业研发竞争力15强。三年多来三七互娱总计投入研发资金超过20亿元，先后成功研发了《大天使之剑》《斗罗大陆》《精灵盛典：黎明》等游戏精品。2020年3月，三七互娱发布了公司首款云

---

① 研发强度为研发投入占营业收入的比重。

游戏产品《永恒纪元》。与此同时，广州游戏直播企业积极探索技术创新。2019 年 10 月，虎牙直播宣布推出 4K＋60 帧＋20M 超高清直播"三件套"，成为 S9 全球独家 4K＋60 帧超分超高清直播平台。这也是游戏直播行业内，首次实现 4K＋60 帧超分超高清的电竞赛事直播，可为用户提供"大片级"的 4K 观看体验。

三　广州游戏产业发展中存在的问题

（一）游戏版号获批数量较少

版号是游戏产业的核心资源，而近年来广州市的版号获批数量远低于北京、上海。主要原因是广州对企业的游戏版号申请支持力度不够，缺乏与国家版号审批部门沟通的通道和机制。经统计，2019 年，广州共获得 64 个游戏版号，而北京是 341 个、上海 293 个、杭州 173 个、南京 157 个、成都 125 个、天津 109 个、深圳 88 个，广州仅排在第 8 位，与广州游戏产业的规模和在全国的地位不相称。2020 年 1～7 月，广州共获批 50 个游戏版号，仅为上海（199 个）的四分之一。随着游戏版号政策的逐步收紧，广州企业获取游戏版号将会越来越难，一方面，版号获取不足大大增加了游戏公司的运营成本，可能引起游戏公司倒闭；另一方面，将大大限制广州的游戏新品上市，不利于广州游戏产业的可持续发展，逐渐丧失与北京、上海等城市竞争的优势（见图 3、图 4）。

（二）政策扶持力度有待加强

目前广州缺乏专门的游戏产业扶持政策和资金。2019 年 1 月出台的《关于加快文化产业创新发展的实施意见》提及"将广州打造为动漫游戏产业之都"，但缺少配套措施。2019 年 8 月，广州发布《广州市促进电竞产业发展三年行动方案（2019～2021 年）》，提出打造"全国电竞产业中心"，亦缺乏相关配套政策。广州市时尚创意（含动漫）产业发展专项资金对游

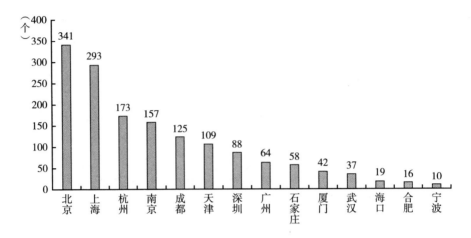

图3 2019年全国主要城市游戏版号获批情况

资料来源：国家新闻出版署。

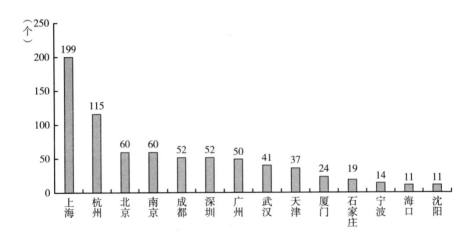

图4 2020年1~7月全国主要城市游戏版号获批情况

资料来源：国家新闻出版署。

戏企业的扶持力度不大。而上海、北京、海南、成都、西安等省市纷纷出台政策、设立扶持资金推动游戏产业的发展。2019年6月，上海市出台了《促进电子竞技产业健康发展20条意见》，力争3~5年全面建成"全球电竞之都"。北京市委宣传部2019年12月发布了《关于推动北京游戏产业健康发展的若干意见》，提及要将北京建成"国际网络游戏之都"，并力争到 2025 年，全市游戏产业年产值突破 1500 亿元。海南则凭借着税收优惠政策、出口优势等，吸引了众多游戏企业在海南投资设立了新公司。为充分发挥广州的游戏产业优势，广州亟须出台有吸引力的、有实质性推动能力的游戏产业扶持政策。

（三）电子竞技产业短板明显

游戏产业的产业链条很长，游戏产业的发展需要各个环节共同发力，而电子竞技是其中非常重要的一部分，是游戏产业发展的新型增长点。然而，目前广州的电子竞技起步较晚，与上海、西安等地相比，广州市的电竞赛事活动较少，国内超三成电子竞技赛事在上海举办，且广州的赛事规模较小，无法链接到更多的电竞用户来广州观赛。目前，在场馆方面，广州还缺乏国家 A 级电竞比赛场馆，难以满足一些顶级电竞赛事的场地要求。在企业方面，具有较强电竞活动举办能力的企业较少，以网易和趣丸为主。在电竞战队方面，广州的电竞战队尤其是顶级电竞战队较少，而国内有超过半数的电竞战队选择落户上海。此前有多支电竞战队考察广州，但因为缺乏相应的政策扶持，最终未选择在广州落户。

（四）资质证件申请难度较大

游戏企业合法经营必须按规定申请相关资质证件，而广州游戏企业相关资质证件的申请难度远高于海南、杭州、上海等地。以增值电信业务经营许可证（即 ICP 证）为例。根据《互联网信息服务管理办法》的规定，从事经营性互联网信息服务，应当向相关主管部门申请办理互联网信息服务增值电信业务经营许可证。按照相关规定指引的要求，ICP 的办证时长为申请日起 60 日内。然而，根据企业反馈，通常需要 4~6 个月才能拿到证件，而且在 2019 年 5 月，文化和旅游部将网络游戏从调整后的《网络文化经营许可证》资质审批范围中去除后，广州游戏企业申请游戏行业类别的 ICP 证仍要求具备《网络文化经营许可证》，导致许多不具备文网文资质的企业，或原先具备游戏类别文网文但因政策变动被取消该项资质的企业,无法申请ICP证,也无法合法开展相关业务。广州地区办理ICP许可证的审核部门是广东省通信管理局,广州市没有审批权,亟须建立与省审批部门沟通的通道和机制。

(五)高端游戏人才供给不足

广州游戏产业迅猛发展,对人才的需求越来越大,尤其是高端岗位人才比较缺乏。随着5G、AR、VR等高新技术在游戏产业中的应用,以及游戏设备的不断更新,新时代、新技术游戏人才的需求越来越大。另外,广州游戏产业的出海业务规模大,专业出海人才需求急速上升,且对人才的要求越来越高,需要语言能力强,且能将语言、当地文化很好地融入游戏中的融合性人才。目前,广州开设专门游戏相关专业的院校比较少,游戏产业人才主要依赖企业和行业培养,需要耗费较长的时间和较多的资金,市场上依然供不应求,所以广州游戏产业未来仍面临着较大的高端人才短缺的问题。

四 进一步提升广州市游戏产业战略位势的建议

(一)鼓励原创作品,擦亮广州文化品牌

突出游戏社会应用价值,强化游戏教育引导功能,鼓励研发军事模拟、教育培训、医疗健康、市场营销、政府管理等功能性游戏。把游戏作为传统岭南文化的传播载体,坚持每年扶持一批以粤剧、广绣、南拳等非物质文化遗产为主题的游戏创作。充分挖掘广州丰富的历史文化资源与岭南文化元素,在游戏剧情背景设定、人物形象设计中融入广州文化特色,结合现代观念、审美和趣味,创作更多"叫好又叫座"的游戏精品。在政策导向、企业孵化、产业配套、人才培养方面支持游戏精品创作,实施"广州原创精品游戏研发工程",给予入选作品政策、资金和宣传推广扶持,鼓励原创游戏精品创作生产。建设广州市精品游戏研发基地,吸引国内外优秀游戏企

业、原创团队和创意人才扎根广州，打造一批引领游戏产业发展方向的"广州品牌"企业。

（二）加强技术创新，提升产业核心竞争力

大力鼓励游戏技术创新、业态创新、商业模式创新，建设游戏产业研发、创新、创作中心，为培养优秀游戏人才、整合游戏资源、研发相关技术和产品提供技术支撑，提升广州市游戏企业的原创能力。强化科技对游戏发展的支撑作用，支持大数据、云计算、人工智能、区块链等在游戏研发、发行和消费等关键环节和领域的研发和应用，重点支持与游戏产业相关的智能科学、体验科学、底层算法等基础技术研究。推动5G条件下，人机交互、互动化传播、沉浸化体验等智能技术在游戏领域的创新应用。实施标准化战略，支持游戏产业标准体系建设，引领行业发展。鼓励游戏引擎等核心技术的自主研发，增强核心竞争力。

（三）引进培养人才，加快人才队伍建设

鼓励中山大学、华南理工大学等部属院校，省属、市属高校开设游戏专业，开展游戏专业学历教育，鼓励职业院校开设游戏电竞专业。对接院校资源，为企业与高校开展共建电竞人才培训基地，为电竞专业、电竞公开课程和电竞人员继续教育等活动搭建交流平台。大力引进高层次、具有较高原创水平的游戏人才，既懂创作又懂管理经营的高级复合型产业人才。畅通游戏产业人才引进绿色通道，充分利用好中国留学人员广州科技交流会等平台，千方百计地吸引有良好技术、管理和市场工作经验的海外留学人员来广州工作或者创业。建立健全游戏人才评估体系和激励机制，通过有力的措施营造良好的用人环境，客观评价每一个人才，给予适当的待遇和舞台，人尽其才，努力做到"引得来、留得住、用得好、有成就"。

（四）加强正面宣传，强化知识产权保护

充分发挥社会主义核心价值观的引领作用，在游戏研发、出版、发行等

环节始终坚持正确的政治方向、舆论导向和价值取向。坚定文化自信，大力传承和弘扬中华优秀传统文化，提升游戏文化内涵。培育游戏健康生态，加强正面宣传，使社会对游戏行业的认识更加客观全面。着力构建亲清新型游戏产业政商关系，打通公共服务"最后一公里"，为游戏产业发展营造健康的环境。进一步加大对游戏原创作品的知识产权保护力度，建立版权侵权举报制度，打击各种违法经营行为，维护公平竞争。严厉打击仿制、盗版、私服、外挂等侵权违法行为，保障正版游戏创作的合法权益。

（五）完善产业链条，提升产业发展能级

对标国际最高标准、最好水平，发挥广州特色，保持全国领先水平，优化游戏产业发展营商环境，打通游戏产业上下游，拓展游戏产业链，提升发展能级。依托广州国家网络游戏动漫产业发展基地，发挥龙头企业的带动作用，引导游戏产业链上的相关企业、科研院所在广州集聚发展。赋予原创游戏制作企业在产业链中的关键地位，完善产业链条的配套部门，建立游戏产品灵活高效的创作和生产体系与统一规范的市场体系，促进游戏产品实施多层次的开发和多层次增值。支持游戏发行模式革新，鼓励推出跨媒介、跨平台、跨领域的游戏发行解决方案，吸引用户聚集，增强用户黏性，促进游戏发行渠道多样化。加强游戏产业价值链整合和扩张，引导游戏产品创意、研发、制作、运营、销售等价值链整合，采取多种方法与编剧、导演、文学创作、动作设计等资源整合，加强与诸如服装、玩具、食品、图书等传统行业合作，逐步在广州形成以龙头骨干企业为支点，大中小企业紧密配合，专业分工与协作完善，具有国际竞争力的游戏产业集群和优势产业链。

（六）建设公共平台，提升行业服务水平

建立"产学研一体化"开发体制，联合建立广州市游戏开发引擎平台、广州市游戏设计技术支持中心、粤港澳大湾区游戏软件应用技术研究中心等研究创作平台。促进专业网吧、电竞馆等消费场所连锁化、规模化，使之建设成为集娱乐、竞技、商贸、展览、体验、培训、评测、远程数字教育、俱

乐部等于一体的综合性游戏体验平台。健全与完善游戏产业服务支撑体系，发挥行业协会特有的居于政府与企业、企业与企业之间的沟通、协调与互律作用，加强市、区联动，以及政府与行业的互动，切实解决游戏行业发展中的市场调查、信息交流、行业自律等方面的问题。建立全市重大游戏产业项目数据库，加强重大游戏产业项目的跟踪研究、服务保障和业务指导。制定重大游戏产业项目招商引资政策，有计划地推进和储备一批大项目，为全市游戏产业提供有力支撑和发展空间。

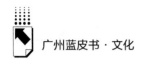
附件1

广州市游戏产业创多个行业领先、行业第一①

虎牙——中国游戏直播第一股

2018年5月，虎牙在美国纽交所上市，成为中国第一家上市的游戏直播公司。

网易——全球第二大领先移动游戏公司

根据App Annie的数据，按2019年iOS及Google Play综合用户支出计算，网易是全球第二大移动游戏公司。

三七互娱市值突破千亿，成为A股两大游戏龙头企业之一

2020年第一季度，三七互娱的营收为43.43亿元，同比增长33.76%。该业绩金额在A股游戏公司中位居榜首。2020年7月9日，三七互娱市值突破一千亿元，创历史新高，在国内A股游戏企业中名列前茅。

虎牙直播全球首推4K+60帧超分超高清电竞直播

2019年10月，虎牙直播宣布推出4K+60帧+20M超高清直播"三件套"，成为S9全球独家4K+60帧超分超高清直播平台。为用户提供"大片级"的4K观看体验。这也是游戏直播行业内，首次实现4K+60帧超分超高清的电竞赛事直播。

网易云游戏——最受用户欢迎的云游戏平台

网易旗下的网易云游戏是国内最早一批面向全网推出免费云游戏平台的游戏厂商。根据2020年伽马数据用户调查，现阶段正式上线的云游戏平台（含云电脑）中，网易云游戏最受用户欢迎。

TT语音——国内领先的游戏社交平台

TT语音，是国内领先的手游社交平台，是广州趣丸网络科技有限公司

---

① 以下企业数据按企业总部统计，与法人在地统计不同。

的拳头产品，从 2014 年成立至今，用户数量累计 6000 多万。

手游那点事——国内领先的游戏产业媒体

手游那点事，广州市淘游者网络科技有限公司旗下产品，已成为市场上影响力及口碑最好的游戏产业媒体之一。

汇量科技——国内领先的移动游戏营销平台

2019 年汇量科技移动广告收入中，游戏营收为 14.58 亿元，同比增长 75.6%，占比为 41.2%。此前，在有"游戏业界奥斯卡"之称的 2017 天府奖盛典上，亚洲最大的移动营销平台汇量科技（Mobvista）获得"2017 年度最佳移动游戏营销平台"奖项。

网易、灵犀互娱、4399 游戏、三七互娱、多益网络入选 TOP30 手游发行商

根据 Sensor Tower 2020 年 6 月全球 App Store 和 Google Play 的收入，5 家广州游戏企业入选 2020 年 6 月中国手游发行商收入 TOP30 榜单，分别是网易（第 2）、灵犀互娱（第 5）、4399 游戏（第 9）、三七互娱（第 12）、多益网络（第 27）。

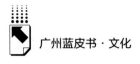

附件 2

广州市游戏上市公司

序号	企业名称	股票名称	上市情况	上市时间	2019 年企业营收情况
1	广州网易计算机系统有限公司	网易	美国纳斯达克	2000 年 6 月 30 日	2019 年,网易公司净收入为 592.4 亿元,同比增长 15.8%;基于非美国通用会计准则,归属于网易公司股东的持续经营净利润为 156.6 亿元,同比增长 60%;2019 年全年,网易在线游戏净收入为 464.2 亿元,同比增长 16%。2020 年 6 月 11 日,网易正式在港交所二次上市
			香港联合交易所	2020 年 6 月 11 日	
2	广州华多网络科技有限公司	欢聚集团	美国纳斯达克	2012 年 11 月 21 日	2019 年全年总营收 255.762 亿元,同比增长 62.2%。在非美国通用会计准则下,公司 2019 年净利润达 22.526 亿元
3	广州虎牙信息科技有限公司	虎牙	美国纽交所	2018 年 5 月 11 日	2019 年全年,虎牙净收入 83.74 亿元,同比增长 79.6%;非公会计准则下归属于公司的净利润达 7.5 亿元,同比增长 62.7%
4	三七文娱(广州)网络科技有限公司	三七互娱	深圳证券交易所	2011 年 3 月 2 日	三七互娱营收 132.27 亿元,同比增长 73.30%;净利润为 21.15 亿元,同比增长 109.69%;这是三七互娱历史上年营收首次突破 100 亿元,净利润首次突破 20 亿元
5	奥飞娱乐股份有限公司	奥飞娱乐	深圳证券交易所	2009 年 9 月 10 日	2019 年公司营业收入 27.3 亿元,同比下降 3.97%;归属于上市公司股东的净利润为 1.20 亿元,同比增长 107.37%

续表

序号	企业名称	股票名称	上市情况	上市时间	2019 年企业营收情况
6	广东省广告集团股份有限公司	省广集团	深圳证券交易所	2010 年 5 月 6 日	公司营业收入 115 亿元,同比下降 4.78%;归属于上市公司股东的净利润为 1.49 亿元,同比下降 19.6%。旗下控股公司晋拓文化(主营业务为游戏营销)2019 年营收达到 19.3 亿元
7	星辉互动娱乐股份有限公司	星辉娱乐	深圳证券交易所	2010 年 1 月 20 日	公司实现营业收入 25.94 亿元,同比减少 8.01%;实现归属于上市公司股东的净利润 2.59 亿元,同比增加 8.41%;公司游戏业务实现主营业务收入 8.07 亿元,同比减少 37.79%
8	广东奥飞数据科技股份有限公司	奥飞数据	深圳证券交易所	2018 年 1 月 19 日	公司营业收入 8.83 亿元,同比增长 114.79%;归属于上市公司股东的净利润为 1.04 亿元,同比增长 79.17%
9	广州百田信息科技有限公司	百奥家庭互动	香港联合交易所	2014 年 4 月 10 日	2019 年实现营收 6.81 亿元,同比增长 139.2%;实现经营利润 1.60 亿元
10	云游控股有限公司	云游控股	香港联合交易所	2013 年 10 月 3 日	公司营收 1.24 亿元,同比下降 4.2%;毛利录得 3012 万元,同比下降 63.1%
11	游莱互动集团有限公司	游莱互动	香港联合交易所	2017 年 12 月 15 日	实现收入 1790 万美元,同比减少 26.0%;毛利 840 万美元,同比下降 36.8%
12	指尖悦动控股有限公司	指尖悦动	香港联合交易所	2018 年 7 月 12 日	公司实现收入 10.51 亿元,同比下降 3.2%;毛利 6.64 亿元,同比增长 3.4%
13	广州汇量网络科技股份有限公司	汇量科技	香港联合交易所	2018 年 12 月 12 日	2019 年公司营收达 34.9 亿元,同比增长 15.1%,经调整后利润达 3.6 亿元,同比增长 19.5%;其中游戏营收为 14.58 亿元,同比增长 75.6%,占 41.2%

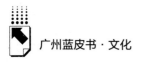

续表

序号	企业名称	股票名称	上市情况	上市时间	2019 年企业营收情况
14	九尊数字互娱集团控股有限公司	九尊数字互娱	香港联合交易所	2020 年 3 月 18 日	2019 年,九尊数字互娱实现收入 2.19 亿元,同比增长 53.3%;经调整利润为 4955.2 万元,同比增长 27.2%

B.8
关于广州弘扬南药文化
打造南药产业枢纽的建议*

广州大学广州发展研究院课题组**

摘　要：　传承和弘扬中医药文化，既能不断提升中医药服务能力，也能推动中医药业的发展，还可逐步构建起竞争力强的中医药文化产业体系。广州应充分利用具有广州历史悠久的中医药文化传承、完备的中医药服务体系、较为庞大的中医药产业、较强的传播辐射力和资源配置能力优势，建立岭南中医药文化传播健康高地，打造粤港澳大湾南药产业枢纽，推动广州中医药事业、中医药产业高质量发展。

关键词：　岭南中医药文化传播　南药产业枢纽　广州

传统的中医药文化已经拥有数千年的历史，是中国传统文化的瑰宝，是中华文明的重要组成部分和重要标志之一。中医药文化的未病先防、既病防

＊　本报告系广州市新型智库广州大学广州发展研究院、中宣部文化名家暨"四个一批"领军人才重点资助项目"国家文化安全视野下提升区域文化软实力研究"的研究成果。

＊＊　课题组组长：涂成林，广州大学智库建设专家指导委员会常务副主任，二级研究员、博士生导师，国家"万人计划"哲学社会科学领军人才，中宣部文化名家暨"四个一批"领军人才，广州市新型智库广州大学广州发展研究院首席专家；课题组成员：谭苑芳，广州大学广州发展研究院副院长、教授，博士；粟华英，广州市粤港澳大湾区（南沙）改革创新研究院社会调查总监、经济师；曾恒皋，广州大学广州发展研究院所长、副研究员；彭晓刚，广州大学广州发展研究院特聘研究员；周雨，广州大学广州发展研究院讲师，博士；臧传香，广州市粤港澳大湾区（南沙）改革创新研究院科研助理。执笔人：谭苑芳、粟华英。

变、病后防复等科学养生理念，满足了目前人们因工作、生活压力不断增大导致亚健康人群逐年增多，需要改善亚健康状态的需求。随着《中医药法》《中医药发展战略规划纲要（2016～2030年）》《中医药健康服务发展规划（2015～2020）》《促进健康产业高质量发展行动纲要（2019～2022年）》等相继出台，中医药发展已经上升为国家战略。

2019年10月，中共中央、国务院印发了《关于促进中医药传承创新发展的意见》，明确提出"打造粤港澳大湾区中医药高地"。2020年10月，粤港澳大湾区建设领导小组办公室和广东省人民政府联合发布《粤港澳大湾区中医药高地建设方案（2020～2025年）》，提出构建粤港澳中医药共商共建共享体制机制，加快形成中医药高地建设新格局。后疫情时代，如何弘扬中医药文化、传承岭南中医药文化，在打造粤港澳大湾区中医药高地中，如何促进广州中医药产业高质量发展？建议在广州建设岭南中医药文化传播健康高地，主打岭南中医药文化品牌，建立粤港澳大湾区南药产业枢纽，促进广州中医药事业和产业高质量发展。

一 广州打造南药产业枢纽的优势条件分析

（一）拥有深厚的传统中医文化底蕴

岭南中医药文化源远流长，是中医药文化的重要组成部分。岭南独特的人文地理环境，形成别具特色的岭南中医药文化，如具有岭南气质的南药、发达的中医药流通贸易、悠久的中药保汤、膳食和习俗。

1. 广州拥有历史悠久的中医药老字号文化传承

广州作为千年商都，是岭南中医药的主要发源地和聚集地，其中医药文化基础深厚，制药工业源远流长，最早的可追溯至东晋时代的海辐禅院成药社（现王老吉药业的前身）；中药字号自明清达到鼎盛，传承百年的有陈李济传统中药文化、王老吉凉茶、星群夏桑菊、白云山大神口炎清、敬修堂传统中药文化、采芝林传统中药文化、光华小柴胡制作工艺、中一"保滋堂保婴丹制作技艺"、潘高寿传统中药文化等,其中老字号"陈李济"已传承了420年。

2. 广州的中医药文化有着深厚的群众基础

凉茶文化、药膳文化成为广州人的日常生活方式,俗话说"一个老广,半个中医",在老广们的餐桌上、茶水里,随处可见运用中医药阴阳、正邪理论烹煮的汤、茶,以此防病、治病、养身、养容,街头巷尾到处可见到凉茶店。根据相关资料整理分析,2016~2019 年广州中医类医疗机构向社会提供总诊疗人次均在 3500 万人次以上;2020 年受疫情影响有所下降,为 3023.33 万人次,占全市医疗机构总诊人次的 24%。而中医类医疗机构住院服务人次近五年来均超过 40 万人次,2020 年受疫情影响其服务人次也达 45.54 万人次。看中医、吃中药,已成广州人的习惯(见图1)。

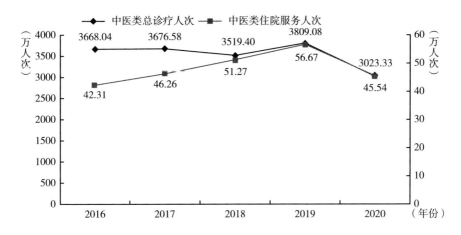

图 1　2016~2020 年广州中医类诊疗和住院服务情况

资料来源:根据广州市政府官网发布的《广州市卫生资源和医疗服务简报》整理。

3. 广州具有较好的弘扬中医药文化基础

2020 年 10 月 31 日,广州市中医药文化进校园活动正式启动,广州市教育局在全市遴选 100 所中小学和高职院作为试点,开展"一花园、一课堂、一读物"中医药文化进校园系列活动,2021 年对广州市 160 所中小学的老师代表进行中医药文化知识科普培训,积极推进中医药文化普及工作。

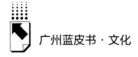

4. 广州具有实力雄厚的中医药文化传承、创新发展基地

广州中医药大学既是中医药学科建设高校，也是粤港澳大湾区屈指可数的中医药人才培养、科研和医疗服务的高地和重地，拥有一批以国医大师禤国维、周岱翰为代表的著名专家教授，设有二级学院 15 个及 29 个本科专业。建立的广东省中医药博物馆成为传播中医药文化的重要窗口。

5. 广州具有对外传播中医药文化的历史传承

广州自古以来一直作为商业大城市和对外交流的重要枢纽，成为中医药文化向外输出的重要窗口。20 世纪初，广州中成药品畅销全国各地，甚至风靡海外，潘高寿、迁善堂、王老吉、李众胜等老字号药店纷纷在海外设分支机构；例如马伯良药房在中国香港、澳门，以及泰国、新加坡、印度尼西亚等地区和国家设分店，保兹堂的产品也远销美国、加拿大、澳大利亚等国。

（二）建立了较完备的中医药服务体系

中医类医疗机构是传统中医药文化传承最好的展示平台，广州建立了较完备的中医药服务体系，具有较强的中医服务能力，中医药文化的未病先防、既病防变、病后防复理念和价值在广州可得到充分发挥和体现。

1. 拥有一批信誉好、实力强的中医药文化展示平台

截至 2020 年末，广州市中医类医疗机构 1245 家①，较上年增长 13.5%，已连续四年增长；中医类医院 40 家，较上年增长 14%；其中 8 家为三甲医院，三级、二甲、二级达 20 家，全市各区至少有一间二甲以上中医院。中医类医疗机构床位数 14234 张，广州常住人口平均拥有中医床位约 0.77 张/千人，高于全省水平（0.6 张/千人）。

2. 拥有众多的著名国医馆

如百草堂国医馆、岭南国医馆、岐黄国医馆、十三行国医馆、精诚西关

① 根据广州市政府官方网站《2020 年广州市卫生资源和医疗服务简报》整理。

国医馆、荔港国医馆、固生堂中医、沙面国医馆等，以及分布在大街小巷的中医诊所400家（间）、中医门诊部146家。

3. 拥有强大的中医医师、药师队伍

截至2020年末，广州市共有中医执业（助理）医师1.07万人，即广州人拥有中医执业（助理）医师约0.57名/千人。广州平均每千名常住人口拥有中医执业（助理）医师数高于全国、全省平均水平（见表1）。

表1 2020年广东、广州市中医医疗资源配置情况

区域	常住人口数量（万人）	中医类医疗机构医院床位数（万张）	中医执业（助理）医师（万人）	每千人口中医类医床位（张）	每千人口中医执业（助理）医师（名）
全国	140005	132.8752	62.5	0.95	0.45
广东	12601.25	7.6	5	0.6	0.4
广州	1867	1.43	1.07	0.77	0.57

注：全国的数据为2019年的，广东和广州的数据为2020年。

资料来源：根据国家卫健委《2019年我国卫生健康事业发展统计公报》、广东省中医药局《2020年广东省医疗卫生资源和医疗服务情况简报》、广州市政府《2020年广州市卫生资源和医疗服务简报》数据整理。

4. 在广州预防治疗康复保健养生可以全靠中医药

65岁以上老年人和0~36个月儿童中医药健康管理率全部达标的周时，广州全部二级以上中医院都有"治未病科"，全市人民群众可享受到预防、治疗、康复、保健、养生全覆盖的中医"治未病"全链条、全网络。

（三）具有成熟且庞大的中医药产业链

中医药产业可持续发展是传播、弘扬中医药文化的有效路径。

1. 拥有华南地区最大的中药材交易枢纽——广州市清平中药格交易市场

早在晚清时期广州西关清平路一带就中药摊铺云集，目前已发展为华南地区最大的中药材交易市场，也是全球最大的贵细药及参茸滋补集散地，同

时也是海外南药交易的重要集散地。据相关资料显示①，2020 年 1 ~ 4 月由广州海关监管出口的中药材达 6.8 亿元，较上年同比增长 78.3%，居全国首位，产品销往美国、加拿大、英国、印度、泰国、越南、马来西亚、新加坡、印度尼西亚和菲律宾等多个国家和地区。

2. 拥有一批优质中药生产企业

如广药集团、香雪制药、白云山制药、中一药业、星群药业、奇星药业、中药饮片厂、和翔药业等，其中广药集团连续九年名列中国中药企业排行榜第一名，2019 年销售收入达 1330 亿元；在"2021 中国品牌价值评价信息发布"在医药健康品牌板块中，广药集团品牌价值位列第一名，广药集团旗下老字号品牌王老吉、光华、陈李济、中一、奇星均榜上有名。

3. 广州国际医药港将投入运营

医药港是粤港澳大湾区医药健康综合试验区的重点载体，是国家中医药复兴战略重要承载区。据了解，医药港项目整体规划"健康方舟、国际港湾总部集聚区、医药创新谷、智慧健康生活区"四大板块，其"医药创新硅谷"板块，将构建中医药现代化关键技术研究、国际科技合作和创新产品研发的超级平台。

（四）具有较强的中医药文化传播辐射力和产业资源配置能力

一是广州是广东省省会，国家历史文化名城，国家中心城市和综合性门户城市，同时也是粤港澳大湾区区域发展核心引擎，是汇集高端要素，集聚人流、物流、资金流、信息流，是具有强大集聚和辐射带动作用的枢纽城市，具有较强的国内外影响力和竞争力。

二是广州是国际商贸中心，形成了丰富的国际商务服务体系。有一句话这样形容广州，"遍数全球所有的城市，只有广州是繁荣了千年而未衰退的

---

① 《信息时报》2020 年 5 月 21 日，http：//www.xxsb.com/content/2020 - 05/21/content_101302.html。

商都"。2018 年世界城市排名，广州位列世界一线城市第 27；同时还连续五次被福布斯评为中国大陆最佳商业城市。

三是广州是国际综合交通枢纽，内通外达，互联互通。建成亚太地区航空门户枢纽，广州白云国际机场航线通达国内外 230 多个通航点，其中国际及地区航点超过 90 个，航线网络覆盖全球五大洲。建成国际航运中心，广州港是全国沿海主枢纽港和集装箱干线港，与世界 100 多个国家和地区的 400 多个港口有海运贸易往来。建成以广州为核心的粤港澳大湾区城际铁路网和城际铁路枢纽体系，并完善珠江口高速公路网，强化了对粤港澳大湾区城市群的辐射力。

四是广州是一座流量大城，具有较强的资源集聚性和传播辐射性。人流量：2017 年以来广州接待过夜旅游人数均在 6000 万人次以上，2019 年高达 6773.15 万人次，其中接待入境旅游者每年均在 900 万人次；疫情稳定后，广州接待过夜旅游人数高速恢复，2021 年 1～5 月共接待过夜旅游人数 1822.9 万人次，比上年同期增长 92.80%。轨道交通客运流量：2019 年广州轨道交通客运量约 33.1 亿人次，位居全国第三；因受疫情影响，2020 年客运流量约下降到 24 亿人次，但 2021 年迅速恢复，1～5 月的客运量已达到 2019 年度的 61%。货币流量：2019 年底广州地区本外币存贷款余额 10.62 万亿元，同比增长 11.2%，增速居北上广深津五大城市第二位；本外币各项贷款余额 4.71 万亿元，同比增长 15.6%，增速居北上广深津五大城市第一位。港口流量：2020 年广州全年港口货物吞吐量 63643.22 万吨，较上年增长 1.8%；而 2021 年截止到 5 月，广州港口货物吞吐量为 26849.84，较上年同期增长 7.3%。机场流量：2019 年广州白云国际机场旅客吞吐量 7338.61 万人次，机场货邮行吞吐量 254.85 万吨，分别增长 5.2% 和 2.2%，广州白云国际机场已经超越香港机场，成为大湾区第一机场。快递包裹流量：国家邮政局数据显示，2020 年全国快递服务企业业务量 833.6 亿件，广州快递业务量约 76.16 亿件，较上年增长 19.99%，除义乌外在全国排第二（见表 2、图 2）。

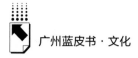
表2 2017～2021年广州市城市传播辐射力情况

项目	2017 年	2018 年	2019 年	2020 年	2021 年 1～5 月
过夜旅游者人数（万人次）	6275. 62	6532. 55	6773. 15	4182. 59	1822. 9
入境旅游者（万人次）	900. 48	900. 63	899. 43	209. 73	62. 3
轨道交通（万人次）	280561	302950	330994	241559	202610. 36
铁路客运量（万人次）	15641. 4	13355. 11	14530. 32	8696. 23	4434. 48
机场旅客吞吐量（万人次）	6583. 69	6974. 32	7338. 61	4376. 81	2059. 63
机场货邮行吞吐量（万吨）	233. 85	249. 33	254. 85	200. 2	91. 63
港口货物吞吐量（万吨）	58923. 46	61177. 72	62504. 98	63643. 22	26849. 84
港口集装箱货物吞吐量（万 TEU）	2323. 62	2192. 21	2037. 2	1885. 77	980. 67
快递业务量（亿件）	39. 33	50. 64	63. 47	76. 16	—

注：根据广州市统计局、广州邮政管理局发布数据进行整理。

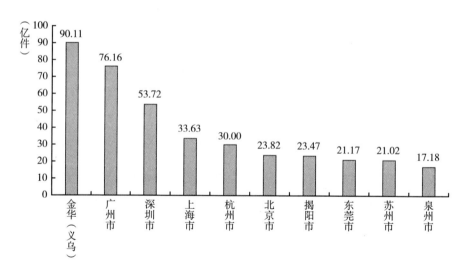

图2 2020年快递业务量前10位城市情况

数据来源：根据国家邮政局官网发布的数据整理。

二 广州打造南药产业枢纽面临的问题与挑战

（一）中医药管理体制机制不完善

一是政府管理力量薄弱，缺乏中医药事业、产业发展统筹机制。目前广州市中医药管理是由市卫健委中医药管理处统筹管理，主要侧重于中医药事业发展；而各区除荔湾区卫生局设有专门的中医科外，其他均为医政科挂中医医科牌子。二是中药材质量监管体系不完善，中药材与中药食材缺乏鉴别标识。目前市场监管部门对药品有专业的质量监管要求和标准，但对中药材没有，均按照农副产品进行质量监管。三是行业管理力量较弱，目前广州市没有成立专门的中医药行业协会，只有广州医药行业协会中药材分会。

（二）中医药发展规划欠缺，政策供给有待加强

一是广州市中医药发展欠缺中医药事业、产业融合发展的总体规划、具体实施方案。近期，市委在部署中医药发展工作时，提出成立市中医药强市建设领导小组，制定实施促进中医药事业和产业发展的意见和三年行动计划。二是目前促进中医药发展的政策供给主要集中于中医服务体系，对中医药服务的供给方较少，甚至还出现了熔断性的政策，比如疫情期间，政府相关部门要求各地学校食堂不得使用五指毛桃等中草药煮汤。

（三）中医药发展欠缺本土化、融合性、创新力

一是南药品牌本土化不强。广州市内各大药房，鲜少有突出南药或本土老字号药品，在药材市场也没有突显主打的南药品牌。二是药材市场周边鲜少有中医馆坐镇。根据卫星地图观察，在国内外有影响力的清平药材市场及周边，除了广州市中医院和清平医疗门诊部外，其他都是药材行没有中医馆。而南阳市的一条中药材街，不到1000米就坐落着五六家中医馆。广州也曾有两条"中医街"，其中一条位于龙津路，另一条位于洗基，它们靠近

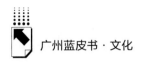

十三行商业中心,两条街上各有数十家中医馆。三是中医药老字号创新发展不足。以前大街小巷随处可见"黄振龙"凉茶,现大街鲜见身影,偶尔在小巷还能找到,它们已被各种奶茶替代。

(四)弘扬岭南中医药传统文化宣传推广力度不强

一是对外服务窗口鲜少有弘扬岭南中医药和宣传广州中医药老字号的广告,如在广州白云机场、广州南站、火车站、客运站、出租车、公交车站等几乎都没有关于岭南中医药的宣传广告。二是社区鲜少有关于岭南中医药文化和岭南药膳文化的宣传,其实广州居民生活里的凉茶、应对四时节令的"老火汤",尽显岭南饮食之文化、中医药膳之精华。

三 广州打造南药产业枢纽的对策建议

(一)完善中医药管理体制,加强管理力量

一是加强政府对中医药发展的组织管理职能,建议成立市中医药发展局,全面规划、统筹、指导广州市中医药事业、产业发展,承上对接省中医药管理局,启下布局全市中医药高质量发展,联盟粤港澳大湾区各城市中医药管理部门;二是加强行业管理力量,成立广州市中医药行业协会,充分发挥组织协调作用,制定相关标准,规范中医药市场,及时反映行业问题和企业诉求。

(二)加强政策供给,政府引导破除创新发展障碍

一是加强对岭南中医药文化传播推广的重视度,将中医药文化传播事业纳入城市精神文明建设工作。二是尽快落实市委对中医药发展的工作部署,制定广州市中医药事业、产业发展规划和具体实施方案,明确提出中医药发展目标、工作任务、配套措施和工作责任。三是扶持企业进行中医药产品国际注册和ISO标准建设,通过"一带一路"走向国际市场。四是完善中医药文化信息公布和监管机制,利用传统媒体和新媒体,通过公益广告、城市

精神文明建设宣传进行中医药文化知识普及和传播，加大对虚假中医药文化信息散布的违法打击力度。

（三）建立中药材诚信体系，打造"广州出品"品牌标识

一是建立中药材溯源体系，构建中药产品有效性、安全性证据体系。凡是在广州交易的所有中药材都需药材产地溯源识别码，通过手机扫码可随时在溯源体系中查询，同时还将该识别码作为药材产品进入市场（包括专业市材、农贸市场、超市、药店）准入标准；二是建立中药材标准检测中心，构建可被广泛认可的国际中药材检验标准。

（四）建设岭南特色中医药全产业链体验区，叙说南药起源与发展

一是开拓清平中药材交易中心产业链，恢复洗基"中医街"，形成集中老名医馆、南药老字号门店、岭南道地药材专卖店、南药药膳馆的岭南中医药义化体验区，叙说岭南中医药起源的故事，营造网红打卡点。二是依托广州国际医药港中医谷，打造时尚中药、生物制药的现代中医药名街体验区，叙说新时代岭南中医药的发展。

（五）加强南药宣传推广力度，形成南药集群，打造新时代南药金字招牌

一是推动建设南药战略发展联盟，引导粤港澳大湾区城市群及粤东、粤西、粤北地区的知名南药来广州宣传推广，跳出广州说南药。二是宣传部门定期组织系列南药品牌在广州对外服务窗口进行宣传推广，让6000万国内外到穗客流，通过广州知悉南药、了解南药，甚至成为到穗必购商品清单之一。三是加大弘扬岭南中医药传统文化力度，提高社会对南药、药膳文化的认知度和参与度，推动南药药膳文化成为重要的社区文化之一，为"食在广州"增添一道必点菜单。四定期承办或组织开展岭南中医药交流活动，推动岭南中医药在港澳台、东南亚的发展，引领南药从广州走向世界。

文化发展篇
Cultural Development

B.9
2020年广州建设文化强市的
现状分析与建议[*]

广州大学广州发展研究院课题组**

摘　要：　本文总结和分析了2020年广州市建设文化强市发展状况和存在的问题，并从打造粤港澳人文湾区、建设文化强市、老城市文化出新出彩等角度，对2021年广州建设文化强市进行展望，提出了若干发展建议。

关键词：　广州文化　文化强市　文化发展

* 本报告系广州市新型智库广州大学广州发展研究院、中宣部文化名家暨"四个一批"领军人才重点资助项目"国家文化安全视野下提升区域文化软实力研究"的研究成果。
** 课题组组长：谭苑芳，博士，广州大学广州发展研究院副院长、教授；课题组成员：陈晓慧，广州大学马克思主义学院研究生；曾恒皋，广州大学广州发展研究院所长、副研究员；喻欢，广州大学马克思主义学院研究生；彭晓刚，广州大学广州发展研究院特聘研究员；周雨，博士，广州大学广州发展研究院讲师。执笔人：陈晓慧。

文化是一个国家和民族不竭的动力源泉，也是一座城市的精神内核与价值依托。党的十九届五中全会明确提出要在2035年建成社会主义文化强国，强调要率先打造中国特色社会主义文化强国的城市范例。近年来，广州市委市政府切实贯彻中央指示精神，立足广州市发展实际与特色优势，明确提出把文化建设摆在全局发展的突出位置，尽快建成社会主义文化强国的城市范例。2020年广州市正式明确将建设文化强市纳入城市高质量发展的工作重点，并在《广州市推动文化综合实力出新出彩行动方案》中提出"一个中心，四大文化品牌，建设八大工程"的重点建设方案，即以中国特色社会主义先进文化为中心，坚持中国特色社会主义先进文化的前进方向，全面推进文化事业繁荣，提升文化产业竞争力，加强对外交流辐射力，增强城市文化对建设国家中心城市、国际大都市的深层发展动能。

一 2020年广州市建设文化强市的现状分析

（一）2020年广州市建设文化强市的工作进展

2020年是广州市"十三五"规划的收官之年。广州在加强防控新冠疫情的前提下，坚持物质文明和精神文明"两手抓，两手硬"的理念，在文化创新和文化发展改革上取得显著成效，为广州实现建设社会主义文化强国的城市范例的目标奠定了坚实基础。

1. 加强顶层设计，切实部署文化强市发展战略

2020年，广州市对照中央、广东省关于制定"十四五"规划的指导意见和具体要求，不断推进城市文化综合实力出新出彩"八项工程"，对建设文化强市作出了具体部署。一是依据广州市发展优势，以建设国家中心城市和综合性门户城市为发展要求，不断深化对外开放，提升城市科技教育文化功能。虽然在2020年暴发了全球性新冠疫情，但广州市始终以经济建设为中心，GDP总额在粤港澳大湾区中位居第二（见图1），确保产业体系完整，营商环境不断优化。二是在文化发展上，不断提高公共文化服务的效率，着

力打造公共文化品牌。特别是紧紧抓住粤港澳大湾区建设"人文湾区"的契机，全面提升与港澳、国际的文化合作交流，增强城市文化辐射力。三是不断推进城市文化创新，在文化政策上，广州市区两级不断完善文化创新政策，搭建高素质文化人才梯队，在构建文化投资政策和资金扶持政策方面不断出新。四是服务国家发展战略，加强粤港澳大湾区文化合作。2020年广州市根据"9+2"各城市地缘相近、文化同根、风俗易融、人缘相亲的特色，不断发挥广府文化的引领作用，推出系列文化合作项目与活动，取得了较好的成效。

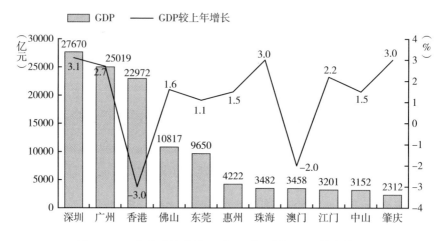

图1　2020年粤港澳大湾区"9+2"城市GDP排名情况

资料来源：佛山统计局。

2.注重城市精神文明建设，做到举旗铸魂文化育人

2020年，广州市委市政府始终注意学习宣传习近平新时代中国特色社会主义思想，用以武装思想、教育人民。一是除继续深入推进建设新时代文明实践中心外，广州市还推广了"乡村大喇叭""大榕树下""马院结对共建"等一批基层学习宣讲品牌，形成了领导干部讲政策、专家学者讲理论、学校教师讲思政、基层百姓讲故事、青年学子讲体会的大宣讲格局。二是广州市全力打造"上接天线、下接地气"的融媒建设的"广州样本"。2020年，广州市全力推动市属媒体和区级融媒体中心建设，不断推动媒体融合向

纵深发展，使市区各类融媒体成为城市文化建设的主要路径。据《2020全国党报融合传播指数报告》统计显示，广州日报融合传播指数位居全国党报第3名，地方党报第1名，全市已经基本形成市区联动、点面结合的媒体融合宣传发布格局。三是不断强化各级干部的理论学习，使之成为城市精神文明建设的主要内容。2020年广州市加强党员和各级干部的理论和业务学习，全市各基层党支部和各单位学习小组共举办主题学习活动6300余场，同时广州市也注意加强学习强国平台的推广使用，各个高校、宣传单位有学习强国帐号率达100%，实现在职党员注册全覆盖注册用户全省第一。四是做到学以致用，取得抗击新冠疫情的全面胜利。广州市的"志愿者服务"在全国享有盛誉，广州市志愿服务发展中心共有实名注册志愿者人数380.2万人，累计提供志愿服务时长超1.2亿小时。2020年初新冠疫情发生后，广州市发布疫情防控志愿服务项目1.86万个，上岗近68万人次，服务时长超132万小时，表明广州作为"志愿之城"其志愿者服务一直走在全国前列。

3. 以"文旅+"模式为发展点，以文促业推动经济增长

2020年，广州市加快探索文化与旅游产业融合新模式，形成以文促旅、以旅推文的格局。一是广州市坚持对文旅融合发展的体制机制和政策配套进行完善，进一步打造文化旅游品牌，开发非物质文化遗产的旅游功能，形成文旅+数字科技、红色+文化、文旅+生态康养、乡村文旅产业等文旅融合模式。二是加强非遗文化与旅游的结合，规划出三条非遗主题旅游线路，集纳了广州顶级文物古迹和文旅资源点，既有岭南文化的自然韵味、古代海上丝绸之路的发祥历史，也有中国近现代革命的红色延续、改革开放前沿的奋斗精神，其中"广州老城新活力文化遗产深度游"就位列其中。三是持续推进乡村文旅融合建设。2020年是全面建成小康社会的关键时期，广州各区均以特色为主建设旅游产业。比如广州市花都区就推出8条特色乡村旅游线路，形成赤坭岭南盆景产业示范基地、港头岭南精品示范村、红山村岭南精品示范村、藏书院精品名村等精品项目；广州市海珠区的"广州药醉文创之旅"和广州市黄埔区的"广州观星康美之旅"两条线路入选广东省工

业旅游精品线路，黄埔区的"长洲慢岛文化游"线路还成功入选首批"广东省乡村旅游精品线路"；广州市从化区南平村、莲麻村，广州市番禺区的大岭村、紫坭村还申报了全国乡村旅游重点村。四是打造在线展览的亮点工程。广州市广电文旅局同步推进"文旅荟萃，乐享广州"网红打卡地项目线上宣传推广工作，推出"春光无限美，踏春自在行—广州春季旅游目的地、文博作品推荐集锦"线上宣传活动，在今日头条等各大媒体发布相关攻略，促进文化旅游市场复苏，成为广州市文化旅游融合的新特色。

4. 以融媒与科技为手段，加快文化产业转型发展

广州市把数字文化产业作为推进文化强市建设的重要内容，不断出台扶持政策，促进文化产业迈上新台阶。一是文化产业 GDP 贡献率不断提升。2020 年，广州市文化产业增加值为 1700 亿元，占全市 GDP 比重达到7.08%，文化产业所占比重逐渐上升（见图2）。二是数字产业助推文化产业转型。进入大数据时代，广州市将直播、动漫、电竞等"数字养分"注入广州产业，促进文化产业融合发展。2020 年，广州市还提出了"五个一"广州电竞产业融合发展目标：一支代表广州的全球头部电竞战队，一个电竞行业的"广交会"，一个与广州本土文化结合的电竞赛事，一个电竞技术研发平台，一个多产业融合的电竞产业带，促使广州市电竞与直播走在全国前列。三是动漫产业发展势头趋好。2020 年广州市动漫游戏产业产值约 400亿元，占到全国动漫业总产值五分之一；广州市拥有 400 多家动漫企业，覆盖了动画电影制作、发行、衍生品设计、制造、销售等各个环节的全产业链条。四是网络直播营销成为新亮点。2020 年广州市举办了"传递中国力量共享智慧阅读—2020 年第 41 届'羊城之夏'青少年暑期系列活动启动仪式暨庆'六一'活动"，吸引 303786 人次在线观看。2020 年广州市有关部门联合马蜂窝、今日头条、抖音等多家线上文化旅游分享平台，发起形式多样的线上文化旅游互动活动。此外，广州市各企业还运用"云游览"、"云看展"、"云享艺术"和"云带货"等直播方式进行宣传推广分享体验和文旅产品售卖，拉动实体产业发展。

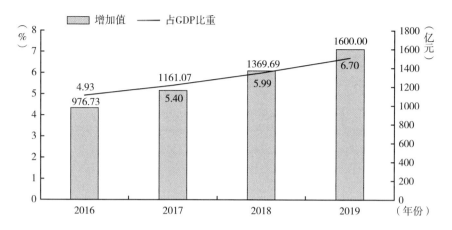

图2 2016~2019年广州市文化产业增加值及增加值占GDP比值

资料来源：广州市统计局

5. 以满足人民文化需求为出发点，提升公共文化产品的惠民功能

到2020年止，广州市已建设新时代文化实践中心平台2707个，累计开展各类活动3.8万场，形成全市覆盖、出户可及、群众便利的新时代文明实践空间布局。目前，广州市文化设施建设正加速驶入快车道。拥有区级及以上各类公共文化设施195处，其中区级以上图书馆24个，博物馆64个（在广东省文物局备案），文化馆17个，美术馆18个，剧院23个，科技馆6个，文化宫（青少年宫）29个，档案馆、规划展览馆14个。广州市"文化进基层"的文化惠民活动进展很快。现有的170个镇（街）均建有综合文化站，建成社区（村）综合性文化服务中心2716个，全市1144条行政村均建立综合性文化服务中心，覆盖率100%，基本实现居民在5~10分钟步行范围内拥有较完善的公共文化服务设施。广州市正积极推进省"三馆合一"、市"三馆一院"等重大文化基础设施建设。其中，广州美术馆、广州文化馆项目完成主体建筑结构封顶，南汉二陵博物馆主馆建成开放，广州市计划到2035年，每万人公共文化设施建筑面积达到2000㎡，每4万人有一座图书馆，博物馆总数达到300家，公共文化设施覆盖率达到100%。积极开展各种群众性主题宣传活动，积极组织开展线上文化服务活动，广州图书

馆通过数字图书馆、微信公众号等平台提供 24 小时不打烊数字化服务，为读者提供电子图书 100 万种，期刊报纸 9436 种，视频音频及有声读物时长超过 24 万小时，最大限度满足市民的公共文化需求（见表 1）。

表 1　2016～2020 广州市公共文化设施建设数量

年份　设施	事业单位	文化馆	文化站	公共图书馆	档案馆	博物馆	广播台	电视台
2016	6	14	161	15	31	32	2	3
2017	7	13	167	14	31	31	2	3
2018	7	13	169	14	27	31	2	3
2019	7	13	169	14	13	31	2	3
2020	8	193	193	197	13	65	2	3

资料来源：广州市统计局。

二　2020 年广州市建设文化强市仍存在的短板

（一）城市文化的辐射力、影响有待提升

一是因为 2020 年突如其来的新冠肺炎疫情对于广州市文化强市建设产生了明显的影响，国内来粤旅游者的人员规模受限制、旅游周期缩短、经济下行压力增大；国际文化交流活动的停滞，减缓了广州文化的对外影响力。二是广府文化对港澳文化的融合度有待提高，由于历史和社会制度等原因，广州文化与港澳文化在价值、娱乐消费等方面存在较大的差异，需要通过文化交流与传播加以改善。

（二）文化转型动力不足，竞争力不强

目前，广州市新型文化产业还处于发展初期，存在着概念多、产品少，数量多、精品少等现象，数字文化产业还没有形成可持续的发展模式，创意

文化产业园的地区分布较少，与广州经济发展匹配度不高；文化产业孵化基地的长期发展动力不足。

（三）文化"基建"布局不平衡，影响文化惠民的成效

一是城乡之间文化设施布局不平衡，尤其为外围地区、乡村地区。广州市整体基本形成四级公共文化服务网络及城市"10分钟文化圈"、农村"十公里文化圈"，但在地理空间上的分布造成文化设施的"贫富差距"：中心城区处于文化设施富饶区，供给充分、等级较高，外围乡区处于文化设施边缘带，供给不足、等级较低，整体呈现为重城市轻乡村，使得不少乡村地区的公共文化设施存在类型单一、占比偏低、服务不齐的特点。二是专业性文化设施的覆盖率不高，文化惠民的服务质量和空间品质呈现阶梯性特征。公共文化设施，主要是以老城区、新建中心区为主，城市其他片区以及农村地区还存在严重的不足，公共服务的受众对象比较狭隘，没有针对女性、儿童、老年人、残障人士等特殊人群的文化设施。

三 2021年广州市建设文化强市的若干建议

（一）以粤港澳大湾区建设为背景布局广州市文化强市建设

广州市要着眼于发挥文化强市和粤港澳大湾区文化引擎的作用，以粤港澳大湾区文化认同和产业融合作为文化强市建设的重要目标。一是以广府文化为核心深入研究和挖掘粤港澳大湾区"9＋2"城市的文化历史与文化现状，通过广府文化的发扬光大加强广州市文化强市建设，也提升粤港澳大湾区的文化认同；二是广州市要主动作为，引导国有企业和社会资本投资具有产业融合性的文化项目，推动粤港澳大湾区文化产业的差异化、一体化发展；三是组织粤港澳大湾区文化发展论坛，邀请粤港澳大湾区各城市参与举办各种艺术节、动漫节、音乐节、电影节等文化活动。

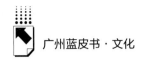

（二）遵循"+旅游"的发展理念，构建文旅融合发展模式

2020年的新冠疫情，让人们看到了文旅产业的脆弱性，提出了经济、文化、生态三者均衡发展的必要性。广州市要建设文化强市，必须抓住文旅融合发展这个关键，真正实践"+旅游"的发展观念，最大效用地保持文化、生态的自然状态。

（三）着力构建"数字文化"产业发展新格局

一是粤港澳大湾区建设为依托，以广州数字产业示范区建设为抓手，加快推进数字文化的融合，提升广州市文化产业的综合效益；二是结合广州市各区文化发展优势，加快文化产业园、创意园等的转型升级，实现文化强市与文化产业发展的双推动。

（四）构建国内外联动宣传机制，提升广州文化国际影响力

一是深入发挥广州市文化强市建设的外宣功能，整合文化、科技、设计、经贸等产业链，做到文化强市建设与文化影响力提升有机结合；二是精心选择和推进国际文化传播、文化产业的合作，通过文化项目的投资，吸收国际文化要素和高端文化人才；三是利用文化强市建设服务"一带一路"发展倡议，实现经济与文化合作的突破。

（五）加大文化设施建设力度，推进文化惠民均等化

一是针对公共文化服务薄弱地区重点建设，特别是将乡村文化建设纳入乡村发展总体规划，加大对边缘地区特别是村级公共文化基础设施的财政支持力度；二是打造"广州乡村文化知识库"，挖掘本土乡村文化的特性，建设广州乡村文化的标志性建筑物；三是制定出台相关扶持政策，大力支持民间草根文化队伍建设，支持民间文艺团体、文化示范户、民间艺人等的发展，定期对草根文化人才进行培养；四是实施乡村文化人才培训工程，对农村基层文化骨干、乡村文化工作人员要定期开展培训，提高其政治素质和业务水平；五是提供乡村互联网文化共享服务，创新载体，丰富乡村文化生活。

B.10
基于新时代文明实践工作在基层
焕发强大生命力的研究与建议

——以广州市越秀区积极探索文明实践融合路径为例

李　鸿*

摘　要：　广州市越秀区结合区域优势和文化底蕴，在统筹推进疫情防控和经济社会发展工作中，扎实推进越秀区新时代文明实践中心（所、站）建设工作，积极探索契合基层实际、适合群众需求的文明实践之路，深入剖析激发文明实践生命力的路径，提炼"党建+治理+媒体+创建+文化"的融合引导作用，以特色载体培养良好的市民道德意识和行为规范，提升广大市民在新时代文明实践工作开展中的幸福感、获得感和参与度，凝聚起推动基层各项事业向前发展、焕发老城市新活力的强大正能量。

关键词：　新时代文明实践　融合引导　老城市新活力

习近平总书记强调，建设新时代文明实践中心，是党中央对宣传思想文化和精神文明建设工作作出的一次重要部署。要大力弘扬时代新风，加强思想道德建设，深入实施公民道德建设工程，加强和改进思想政治工作，推进新时代文明实践中心建设，不断提升人民思想觉悟、道德水准、文明素养和

---

* 李鸿，中共越秀区委宣传部精神文明建设科科长。

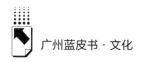

全社会文明程度。要弘扬新风正气，推进移风易俗，培育文明乡风、良好家风、淳朴民风，焕发乡村文明新气象。

越秀区是广州最古老的中心城区，是国家重要中心城市广州市的文化核心区和文明窗口区。自东吴设广州起，历朝所设军事、行政中心均在越秀区域内。越秀区下辖 18 个街道，总户籍人口 115.84 万，人口密度为 34735人/平方公里，属于广州市人口最稠密地区①。

2020 年以来，广州市越秀区扎实推进实践中心（所、站）建设工作，成立全省首个新时代文明实践红色文化研学院、首个新时代文明实践科学实践基地以及首个未成年人法治宣传普及站，在全市率先上线深入倡导文明健康绿色环保生活方式动漫表情包，努力实现形式新、载体新、措施实、任务实目标。在统筹推进疫情防控和经济社会发展工作中，构筑抵御疫情的严密宣传矩阵，有序推进全国文明城市创建工作，形成"文明花遍地开"的生动实践局面，努力打造新时代文明实践的"越秀样板"。

一 广州市越秀区新时代文明实践工作开展现状评价

广州市越秀区现有 1 个区级实践中心、18 个街道实践所、222 个社区实践站以及 9 个特色实践基地（站点），在全市率先实现街道社区全覆盖建设。如今，各级实践中心（所、站）已经成为理论宣讲、服务群众、倡导文明新风的主要阵地。但是，随着城区文明程度和居民道德素养的双提升，众多住在这个城区的老街坊、老市民对幸福美好生活的向往和追求也不断提高，与此同时，市民对政府营造崇德向善的社会氛围、建设和谐宜居生活环境以及创新开展更多新时代文明实践项目服务的诉求也在不断攀升，广大市民在"十四五"开局之年给了越秀区一个新任务和新考验。

2020 年 11 月，《南方都市报》连续第四年通过《广州城市治理榜》发布人类发展指数榜，目的是衡量过去一年居民生活的获得感，评价对象为广

---

① 广州市 2010 年第六次全国人口普查主要数据公报：《广州统计信息网》。

州 11 个行政区。榜单数据大部分来自政府部门官网、高校研究机构以及商业平台，满分为 100 分，各级指标指数化运算和加权计算后得出每个区的人类发展指数总分，指标体系包括教育、医疗、文体、收入、环境、交通、幸福感等维度。2020 年首度引入"幸福指数"概念①，数据来源于华南师范大学幸福广州心理服务与辅导基地发布在 2020 年"广州社会蓝皮书"上的《2019 年广州市居民幸福感状况调研报告》，其中对居民幸福感和安全的感知进行调查，体现政府公共服务是以居民获得感幸福感为依归。越秀区以总分 94.79 分居本年度人类发展指数第一名，这是越秀区第四年摘下桂冠。越秀区教育、医疗、文体、交通四个维度的指数都是全市最高的。这说明了通过近一年来的工作推进，越秀区新时代文明实践中心（所、站）俨然成为为民便民利民的实践阵地和工作堡垒。但是，通过指数榜也可以看到，越秀区环境指数的得分偏低，排名靠后，且在幸福感总体评分中，也不是排名靠前的，这也说明了作为老城区的越秀区，由于人口密度大、老旧社区众多等综合因素，区域治理水平、居民个人发展和生活质量、政府服务、社会环境、社会公平、精神生活、生态环境等维度的评价水平难以提升，成为一个亟须打破的瓶颈。

要想将实实在在的文明实践工作实效转化为为民便民惠民利民的各项举措和常态服务，就要切实发挥新时代文明实践工作凝聚群众、引导群众、以文化人、成风化俗的作用，使其成为焕发基层强大生命力的发动机和连心桥，让基层宣传思想文化工作越来越"接地气"，越来越有活力，从而以小见大、以点带面地提升全社会的道德素养和文明素质，必须重视 5 个维度的融合提升。

（一）构建立体高效的文明实践网络

新时代文明实践的首要任务就是推动习近平新时代中国特色社会主义思想深入人心、落地生根，同时，也要瞄准群众的急事、难事、烦心事，提供精准化服务，把问题解决在萌芽状态，把矛盾化解在基层，用实实在在的行

---

① 《南方都市报》2020 年 11 月 13 日。

动和成效，赢得群众的赞誉和支持。纵观越秀区 250 个新时代文明实践中心（所、站、基地、点）建设情况，对推动党的创新理论"飞入寻常百姓家"这个工作，尚不能创新宣传形式，也未能完全实现以通俗易懂的方式"随风潜入夜"。各阵地资源在实际运行中还存在有效供给不足、供需错位、有效利用率低等问题。在活动载体和活动形式上，虽然有一些站点有好的想法和思路，但工作举措还局限于挂牌子、发册子、贴标语、开座谈会、出宣传栏等方式，没有组织开展群众需求的大调查、大摸底，针对群众需要什么、欢迎什么、想做什么，底数不清，情况不明。同时，越秀区具有众多历史悠久、文化底蕴深厚的市民休闲休憩场所、文化场馆、博物馆、图书馆等公共服务场所，街坊市民对这些公共服务场所转变为新时代文明实践阵地的愿望越来越强烈。由此可见，要建设老城市新活力创新发展示范区，构建立体高效的文明实践网络，为街坊市民提供寓教于乐、入脑入心的精神场所迫在眉睫。

（二）创新服务基层的文明实践活动

近年来，越秀区打造了"羊城街坊学堂""书写文明""越秀中医学堂""越秀开笔礼"等众多群众性精神文明创建工作品牌，持续提升公民文明素质、道德意识和行为规范。但是，如何更高效的将这些品牌与基层治理融合转化为引导街坊市民崇尚科学、成风化俗、自觉遵循文明健康生活方式的文明实践活动，如何更高效的将固化的活动与文明创建融合转化为满足街坊市民精神文化需求的重要抓手，如何更高效的将刻板说教的活动形式转化为针对性强、吸引力足、引领青少年群体自觉参与的常态活动，把各个条条块块中的资源整合起来，根据文明实践活动需要和群众需求再配置、再优化，彻底将文明实践工作由表及里、由浅入深、入眼入脑、入户入心，在市民群众中产生共鸣。这需要结合区域优势和工作特色，整合各方资源进行深度融合，并使之常态化、可持续化，充分发挥新时代文明实践品牌项目的示范力、影响力和带动力。

（三）壮大特色鲜明的文明实践主体

新时代文明实践工作的主要形式是志愿服务，主体力量就是志愿者。但是从目前情况来看，越秀区新时代文明实践工作基本是由街道和社区的工作人员负责，且基本是身兼数职，并无配备专职人员，难以常态化开展工作。在各街道社区从事新时代文明实践工作的兼职干部大多年龄偏大、文化层次低，普遍缺乏现代化办公技能，难以满足市民群众多样化的需求。社区内开展志愿服务也并未形成制度化和常态化，仅局限于一些摊位咨询等老套路，难以满足众多群体的个性化需求，群众认可度不高。怎样充分发挥群众的主体作用，让人人都成为文明实践的参与者，急需壮大 4 个层面的文明实践队伍：发挥先锋模范作用的党员志愿服务队伍、有专业技能的各类专业技术志愿服务队伍、充满活力的青少年志愿服务队伍以及发挥余热的"五老"志愿服务队伍。

（四）筑牢无缝对接的文明实践媒体矩阵

传播新思想、引领新风尚，是新时代文明实践工作的重要任务。随着科技和人民生活水平的不断提升，诸如报纸电视等传统媒体的传播已经过时，只有更好地贯通融媒体中心，让街坊市民便捷领略文明实践的故事和经验、便捷获取新闻咨询以及高精尖端的科技信息，只有更好地贯通政务服务中心，构建涵盖新时代文明实践资源库、宣教服务系统、业务管理系统、网络问政咨询系统等"大数据中心"，帮助街坊市民解决操心事、烦心事和揪心事，才能真正实现打通宣传群众、教育群众、关心群众、服务群众"最后一公里"的目标，把新时代文明实践工作推向深入。

（五）满足群众多样化的精神文化需求

活跃基层文化以文化人、以文育人，是新时代文明实践工作的重要内容。每年的广府庙会，都能吸引过百万的市民热情参与，且 7 天活动时间过后，留下的更多是期待和不舍。如何更好地开展基层群众乐于参与、便于参与的文化活动，切实满足他们多样化的精神文化需求，成为焕发新时代文明实践生命力的动力源泉，也成为广大文化工作者在新时代的工作目标和前进方向。只有积极创作推出反映新思想、讴歌新时代、说唱新生活的文艺作品，才能让群众在参与中获得精神滋养。只有结合群众需求开展"菜单式""订单式"的文化服务，才能带动和培养基层文化能人，培养一支文化工作队伍。

二 探索"志愿＋引导＋整合＋服务"融合模式来破题

为更好地完成"举旗帜、聚民心、育新人、兴文化、展形象"的使命任务，推动新时代文明实践工作落地生根，越秀区积极探索"志愿＋引导＋整合＋服务"模式，在统筹推进疫情防控和经济社会发展工作中，有序推进全国文明城市创建工作，积极探索契合基层实际、适合群众需求的文明实践之路，以点带面在全区推动文明实践工作的守正创新。

（一）打造有声有色的特色志愿服务品牌项目

在2020年疫情防控期间，越秀区组织"全国文明家庭""全国最美志愿者""全国岗位学雷锋标兵""广东好人""广州市道德模范"等活动，在全市率先设计制作预防新型冠状病毒肺炎防控专属表情包，以通俗易懂的词语让市民群众理解接受防范疫情的科学措施。在全市率先为本次疫情防控志愿服务行动创作防疫诗歌，鼓舞所有志愿者和广大市民众志成城、万众一心，以越秀志愿者独有的大爱、最美、专业的形象为荣。在全市率先组织越秀好人志愿服务中心旗下的广东省明星志愿服务总队一众明星义工，用他们独特的微视频方式，在"学习强国"客户端等各级媒体广泛传播，专门告诉广大市民如何简单的防控疫情。通过众多的疫情防控志愿服务品牌项目，全年累计组织发动疫情防控志愿者552246人次加入疫情防控志愿突击队参与服务，协助社区设点测体温并进行防控宣传，在线上发起关爱战"疫"一线医护家庭计划，与421户战疫一线医护家庭建立关爱台账，帮助解决实际困难 50 个。

2020 年 10 月，越秀区选取广州公交历史最悠久的 1 路公交车，打造全市首个连接羊城红色印记的新时代文明实践红色文化移动宣讲站，利用每个周末，由广州一汽巴士有限公司的党员、团员，与来自新时代越秀少年红色史迹讲解队的队员们，以党、团、队员结对子的方式，共同为广大市民志愿讲解 1 路线"红色公交"途经的中共三大会址纪念馆、广州市农讲所、广州起义纪念馆、广州起义烈士陵园等红色史迹站点以及"党史、新中国史、改革开放史、社会主义发展史"理论和《广州市文明行为促进条例》内容，全方位、多角度地推动习近平新时代中国特色社会主义思想更加深入人心，更好走向世界，用润物细无声的方式方法，推动党的创新理论"飞入寻常百姓家"。

（二）引导青少年思想道德建设走深走实

2020 年，越秀区整合已打造 5 年的以"开笔添智　人生始立"为主题的一年级新生入学"开笔礼"品牌活动，以将毛泽东同志主办农民运动讲习所旧址纪念馆（以下简称"农讲所"）作为全区性入学开笔礼活动的主会场，选取文德路小学参加主会场开笔礼活动，其余 56 所小学结合本校特色设立分会场的方式，进一步深化新时代文明实践青少年思想道德建设，力求让越秀区每一位一年级新生都能够通过庄重的"开笔礼"仪式，感受到入学是人生的一件大事，是步入知识殿堂、走向成才的起点。同时，越秀区积极发挥 2019 年成立的由"五老"（老干部、老战士、老专家、老教师、老模范）志愿者组成的"越秀区新时代文明实践关心下一代工作志愿服务队"的引导作用，充分发挥辖区红色资源丰富的优势，深入开展"传承红色基因，争做时代新人"主题教育活动，在越秀区中小学生综合素质教育实践基地建立"红色文化教育馆"，打造越秀青少年红色文化革命传统教育和关心下一代工作品牌。通过线上升旗仪式、"颂先锋　学雷锋"红领巾云广播站、线上学雷锋故事汇、五四故事会等形式开展"学雷锋"系列活动，引导青少年传承红色基因、发扬革命精神、培育家国情怀，做对国家和人民有

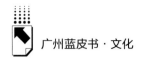

用的人。

2020年12月，越秀区还在农讲所揭牌成立越秀区新时代文明实践青少年教育示范点，运用观看爱国影片、音乐快闪、制作手工作品、分享沙龙、夏令营等寓教于乐的形式，打造越秀区青少年爱国主义教育体验营项目，学习内容包括参观基地了解历史、听红色专题课、制作红色手工品和非遗手工作品等，以创新的学习方式增强青少年的学习互动性，不断强化青少年的爱国主义教育，并以此作为越秀区青年之家开展青少年思想政治引领工作的品牌服务，迄今已开展活动163场次，服务青少年7900人次。

（三）整合社会资源、成立特色站点、让文明实践到点到人

2020年5月，越秀区联合广东省科学院，成立全省首个新时代文明实践科学实践基地（以下简称"科学实践基地"），融合广东省科学院智能制造研究所基础设施资源、技术资源、人才资源，积极探索与中小学校、全民科创的结对共建，面向广大街坊市民以及青少年开展形式多样的线上线下科普、科创研学活动及技术培训23场次，受众人数达160万人次，得到《人民日报》客户端等媒体和社会各界的高度认可。2021年1月，科学实践基地还挂牌成立了"广东省STEM科创教育研究与学习实践基地"（以下简称"研学基地"），研学基地通过联动学会、中小学校、科研单位、科创教育专业机构，打造"科创教育共同体"，紧贴国家教育教学改革方向，共谋新时代文明实践科创教育新路径，汇聚科创教育创新智慧，传播前沿科技资讯，致力提升中小学生的科学世界观，培养学生科学素养、创新思维和动手实践能力，筑牢科技强国民族复兴的基石。

2020年12月，越秀区充分发挥区人民检察院在法治宣传的专业优势，结合广州大学附属中学未成年人素质教育的教研成果，成立全省首个新时代文明实践未成年人法治宣传普及站（以下简称"法治普及站"），探索未成年人法治宣传普及新路径。法治普及站积极整合辖内资源，开发未成年人法治教育综合实践课堂，综合运用知识讲授、体验教学、实践模拟、旁听庭审

零距离学法等多种方式，鼓励同学们自觉学习《宪法》和《民法典》，掌握更多的法律知识，共同探索未成年人法治教育新模式。

（四）创新推动文明实践服务出新出彩

2020 年，越秀区融合应急安全发展新要求，委托第三方志愿服务机构，对全区 222 个社区新时代文明实践站全覆盖普及应急安全知识培训，在每个社区培养骨干力量，让社区志愿者掌握必要的应急安全知识。并在广州越秀公园建立越秀区应急救护教学示范点，以应急救护培训为主要抓手，培养广大市民志愿服务思维的养成，吸引众多街坊市民和公园游客参与到应急救护学习中来，迄今共开展急救小课堂超过 230 场，普及人数 12000 余人。据统计，由于该项目的创新开展，2020 年全区注册志愿者为 74260 人，相比 2019 年的 67574 人，同比增加 9.89%。2020 年通过应急救护培训拿到《红十字救护员证》的有 4527 人，相比 2019 年的 4077 人，同比增加 11.04%（见图 1）。

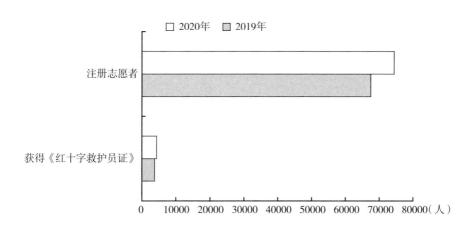

图 1　2019 年和 2020 年越秀区注册志愿者人数以及获得救护员证人数

资料来源：共青团广州市越秀区委员会 2019 年和 2020 年志愿者统计以及广州市红十字会官方数据。

2020 年 12 月，住房和城乡建设部在广州市召开全国城市生活垃圾分类工作现场会。为营造浓厚的社会宣传氛围，进一步贯彻落实习近平总书记关于"垃圾分类就是新时尚"的重要指示精神，在广大市民当中倡导绿色环保理念，越秀区联合广州市城市管理和综合执法局，创新举办"垃圾分一分，校园美十分"——广州市中小学生同上一节垃圾分类创意课活动，全市首发由156年创校历史的朝天小学师生编写的《新时代文明实践垃圾分类三字歌》，并启动广州市"垃圾分类最美家庭"VLOG大赛，通过线上的"垃圾分类进我家"评选活动，既激励广大市民和家庭积极参与垃圾分类，也鼓励学生在家里做好垃圾分类的同时，让"小手带大手"走进社区带头做好垃圾分类。通过深入开展美好环境与幸福生活共同缔造活动，推动城市人居环境高质量发展。

三 焕发基层新时代文明实践工作强大生命力的对策建议

（一）焕发基层新时代文明实践工作强大生命力的基本框架

新时代文明实践的工作目标就是传播新思想，引领新风尚。作为有着2000多年发展历史，赋有深厚岭南文化的中心城区——越秀区，可尝试探索出一个突出思想引领、丰富实践路径、聚力共建共享的提升框架（见图2），在阵地、内容、队伍、机制等方面进行再融合再提升，把文明创建、文化传播、志愿服务等特色品牌串联成一个个春风化雨的闪光点进行更多的复制和尝试，变独立的个体为一脉相承的整体，精准对接群众需求，着力焕发新时代文明实践工作在基层的强大生命力。

（二）与基层党建融合凝心聚力

促进基层党建和新时代文明实践相结合，积极引导广大党员干部学党史、读原著、学原文、悟原理，可以影响带动越来越多的街坊市民成为社会文明风尚的积极传播者、踏实践行者、有效推动者。要发挥机关企事业单位党组织的示范引领作用，将全体干部职工动员起来，通过"党员回社区报

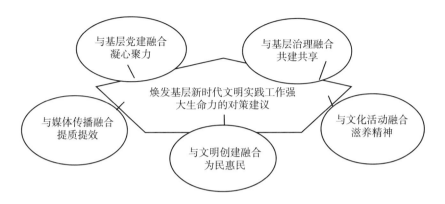

图 2　焕发基层新时代文明实践工作强大生命力总体构思

到"等方式，积极参与新时代文明实践志愿服务，用真心真意真情服务群众。要充分发挥"先锋宣讲团""百姓宣讲团"等理论宣讲队伍作用，推动习近平新时代中国特色社会主义思想进企业、进机关、进校园、进社区、进网络，让习近平新时代中国特色社会主义思想、党的科学理论、文明新风等"飞入寻常百姓家"。要创新理论宣传教育方式方法，从习近平总书记重要讲话中精选摘录"金句"，编印《习近平总书记在 2020 年全国两会上的重要讲话精神》《锲而不舍抓好社会主义精神文明建设》《〈习近平谈治国理政〉第三卷里的关键词》（中英文双语）等广大党员易学易带的"口袋书"，为广大党员干部群众阅读学习创造条件，推动习近平新时代中国特色社会主义思想更加深入人心，在全社会形成崇德向善、见贤思齐、德行天下的浓厚氛围。

（三）与基层治理融合共建共享

基层新时代文明实践工作要以群众需求为导向，把工作触角延伸到百姓家门口、拓展到群众身边、深入到基层社会治理的每个角落，通过锐意创新和品牌引领，集结志愿力量共筑和美家园。要逐步完善基层基本公共服务阵地，将社区影院、邻里书房、爱心驿站、长者饭堂、基层文化广场等纳入社区新时代文明实践站建设的重要内容切实加以推进。要以新时代文明实践中心（所、站）建设为枢纽，促进与基层党群服务中心、融媒体中心、政务服务中心、综合文化服务中心等平台资源的高度融合，实行机制共建、阵地共用、队伍共管、资源共享、活动共联，最大限度发挥资源使用效益，打造便民式、多元化、共享型、精准化程度高的"大中心"。要深入探索涵盖理论传播、阵地建设、特色志愿服务、移风易俗、文明健康生活、科学普及以及红色文化等多个类别的新时代文明实践项目扶持机制，在基层遴选出一批独具特色亮点的新时代文明实践示范项目，形成示范引领效应，实现点面相结合的递进式发展，共同描绘新时代文明实践工作的美丽画卷。

（四）与媒体传播融合提质提效

在抓好常态化疫情防控和经济社会发展工作基础上，基层新时代文明实践工作要依托线上直播载体深入宣传公勺公筷、预约就诊、诚实守信、绿色生活等文明新风尚，突出活动的创新性、时效性和亲民性。要强化互联网思维，做到"人在哪里、工作就延伸到哪里"，创新运用大数据、智慧云平台、"学习强国"、无线广播等平台，推进服务项目和资源的数字化、网络化，提高公共服务供给的精准化和便捷化水平，推动文明实践信息互联互通、资源共享，线上线下结合，强化服务和互动功能，既"讲"又"评"，既"贯彻"又"反馈"，提高群众参与率。要善于创新话语转换，融通理论话语与百姓话语，以"小切口"宣传"大主题"，以生动性提高吸引力，变"大水漫灌"为"精准滴灌"，让党的创新理论政策入耳、入脑又入心。

（五）与文明创建融合为民惠民

文明创建的重要内容就是引导广大市民养成文明健康生活方式，提升城市文明程度。基层新时代文明实践工作要以争创全国文明城市工作为契机，面对面、零距离了解群众所思所想所盼，把准群众思想脉搏，查弱项补短板，以市民群众关心关切的共享单车管理、垃圾分类、背街小巷环境治理、文明养犬、文明楼道等民生热点为抓手，扎实开展整治行动和文明引导，通过专项督导、快闪表演、互动游戏、摊位讲解、短视频征集等多项举措，在市民群众当中广泛开展文明城市创建、文明新风尚等宣传普及，切实让广大市民实实在在地感受到文明城市创建带来的好处，有效提升城区文明程度和市民文明素养。要以在社区持续深入开展党团员周末义务劳动为突破口和主抓手，聚拢广大党员、团员以及志愿者为常态骨干力量，以"小载体"突显"大道理"，让文明之风吹进每一个家庭，让创建文明城市的理念入脑入心，既巩固疫情防控成果，又共建共享文明健康生活。

（六）与文化活动融合滋养精神

基层新时代文明实践工作要以突显文化软实力为重要内容。要以"我们的节日""广府庙会""写福写春联"等传统文化节庆活动为载体，开展形式多样、内涵丰富的新时代文明实践文化主题活动，继承和弘扬中华民族优秀传统文化，展示广大人民群众对美好生活的向往和赞美，以创新转化和融合提升的方式，将弘扬优秀传统文化活动转化为新时代文明实践最深沉、最持久的力量。要以线上线下相结合的方式，为广大市民提供家门口的文化盛宴，让文化实践为幸福加码。要充分整合公共图书馆、美术馆、博物馆、影剧院、公园等阵地资源，通过定期举办青年定向打卡联谊、探索红色广州、挥毫送福贺新春、走访历史文化街区等文化活动，为广大街坊市民创造更多接受文化浸润、了解广州城市发展的机会，以创新的转化，将优秀传统文化和民俗活动与新时代文明实践活动相衔接、相辉映。

B.11
关于广州市南沙区"非遗"水乡文化
保护利用的现状与建议

黄旭程　贵　琳*

摘　要：　广州市南沙区坐拥"三区一中心"发展优势，蕴藏着岭南水乡特色文化的丰富内涵，具有海洋文化发源地、水乡文化策源地、妈祖文化传播地、红色文化要塞地的特点，承载着传承创新岭南文化的历史使命。本文聚焦了解广州市南沙四大文化脉络和对非遗项目的保护传承相关举措，分析存在的问题，并就如何传承创新岭南水乡文化的路径提出了相应的对策建议，为相关部门开展海上丝绸之路研究和岭南水乡文化创造性传承和创新性发展提供一定的帮助。

关键词：　"非遗"　水乡文化　广州南沙

　　2021年仲春，习近平总书记在福建考察时指出："要推动中华优秀传统文化创造性转化、创新性发展，以新时代精神激活中华优秀文化的生命力。"习近平总书记的重要讲话，为新时代文化工作者指明了方向！南沙区地处珠江出海口和粤港澳大湾区地理几何中心，是广州唯一的出海通道，是古老的海上丝绸之路的咽喉，是鸦片战争打响第一炮的地方。南沙区三面环水形成了河涌纵横、水道蜿蜒、条村遍布的冲积平原，孕育了集疍家民俗、

---

* 黄旭程，广州市南沙区文化广电旅游体育局总经济师；贵琳，广州市南沙区文化广电旅游体育局工作人员。

妈祖信仰和勤劳奉献人文精神于一体的岭南水乡文化。南沙作为粤港澳大湾区核心门户区域，拥有三区一中心的发展优势，即国家新区、自贸区、粤港澳全面合作示范区和广州城市副中心。近年来，南沙区围绕海洋文化、水乡文化、妈祖文化和红色文化四大文化脉络，不断打造水乡特色文化旅游品牌，大力推进岭南文化传承创新发展。

一　南沙区"四大文化"发展的现状分析

习近平总书记强调："文化是城市的灵魂。城市历史文化遗存是前人智慧的积淀，是城市内涵、品质、特色的重要标志。"岭南文化包含广府文化、潮汕文化和客家文化，南沙四大文化脉络隶属于广府文化，是岭南文化的重要组成部分。近年来，南沙区深度挖掘本地的历史文化资源、非遗资源，按照地理、人文、信俗、革命历史四个维度，构建了南沙的四大文化脉络，为本地区的文化基因进行解码。

（一）从地理特征出发，南沙是"海洋文化"起源地

南沙作为广州滨海新区，继承了岭南文化中广府文化的主要特征。南沙滨海拥有海岸线约240公里，海域面积约220平方公里，约占全区总面积的38%，拥有海岛11个，是中国对外通商的重要航道，是海上丝绸之路的重要节点。在1757年到1842年间，南沙成为中国唯一的对外交往的口岸，一口通商的便利，促进了广州十三行的兴盛。近年来，南沙区利用临海优势，大力推动广州国际航运中心建设，发展国际货运、邮轮旅游、游艇帆船运动等，大力推动新海洋时代发展。

（二）从人文特征出发，南沙是"水乡文化"策源地

经中国社会科学院人类学家考古鉴定，据2000年11月在广州南沙地区首次出土的古人骨架和先秦文物发现，距今4000年左右在这片土地上就已发现了"南沙人"的足迹，这是广州市目前经科学论证的最早、所知最详

细的现代人。依水而居的南沙人民，在这里出海捕鱼和农耕，延续着祖辈流传下来的文化传统，如咸水歌、水乡婚礼、赛龙舟、麒麟舞等，构成了南沙水乡文化的主要内容。一川蕉林绿，十里荷花香，瓜果林立，物产富饶是南沙脍炙人口、流传千里的水乡美誉。

（三）从民间信俗特征出发，南沙是"妈祖文化"传播地

南沙渔民出海打鱼前习惯先祭拜妈祖，以求保佑出海渔获并平安归来，敬谒妈祖、祈福国泰民安、风调雨顺、阖家平安已成民间信俗，具有广泛民众基础，遍及东南亚国家和国内沿海地区。最具代表的塘坑村天后古庙始建于明朝，它是粤港澳地区最早的天后古庙之一。东南亚最大的妈祖庙南沙天后宫于 1996 年建成，每年农历三月廿三是妈祖诞生日，南沙区都举办妈祖文化旅游节品牌活动，吸引着广大东南亚人和国内信众慕名而来。

（四）从革命历史出发，南沙是"红色文化"要塞地

南沙是古老的海上丝绸之路的咽喉，一百八十多年前，广东水师在珠江口水面上打响了中国人民反侵略战争的第一炮，拉开了鸦片战争的序幕，也是抗日战争的浴血奋战之地。这里拥有海洋历史文化遗存众多，南沙虎门炮台旧址占整个虎门海防系统炮台的 60% 以上，例如有"金锁铜关"著称的上下横档岛至今尚存着鸦片战争时期炮台墙体，后期修复的炮台月台、炮池、炮巷、厢房、阅兵台、火药库、兵房、交通壕等鸦片战争古战场、抗战遗址和粤海关官厅、忠勇井等，还有虎门西组罗经标塔、百年灯塔（舢板洲灯塔）等。

二　南沙区依托"四大文化"推进
非遗的传承和保护

南沙的四大文化脉络，有效融入麒麟舞、咸水歌、香云纱、妈祖信俗等多个非遗元素，丰富了南沙城市文化内涵，提升了南沙文化底蕴，根植了南

沙文化自信的基础。非遗项目的传承和发展已成为增强一个地区经济社会发展竞争力,推进南沙文化发展的重要基础。目前全区已公布区级以上非遗项目代表性名录10个,其中省级2个,市级4个,具体见表1。

表1

序号	级别	项目类别	项目名称
1	省级	传统舞蹈(Ⅲ)	黄阁麒麟舞
2	省级	民俗(Ⅹ)	南沙妈祖信俗
3	市级	传统音乐(Ⅱ)	广州咸水歌
4	市级	传统体育、杂技与游艺(Ⅵ)	南沙赛龙艇
5	市级	传统技艺(Ⅷ)	香云纱染整技艺
6	市级	民俗(Ⅹ)	南沙水乡婚俗
7	区级	民间文学(Ⅰ)	渔业、农业、气象谚语
8	区级	民间文学(Ⅰ)	梅郎与布娘传说
9	区级	传统技艺(Ⅷ)	南沙疍家传统小食制作工艺
10	区级	传统技艺(Ⅷ)	黄阁烧肉传统制作技艺

南沙区还发掘培养了省、市级非遗项目代表性传承人7名,先后在东涌、黄阁、横沥等镇成立了6个区级非物质文化遗产传承基地。

(一)南沙"非遗"水乡文化特色鲜明

主要体现在以下五方面。

1. "麒麟舞""咸水歌"等民间歌舞文化

既有"咸水歌""龙舟歌"是水乡劳动人民在生产、生活中抒发感情、悠闲自娱而咏唱的民间歌曲,也有"麒麟舞""醒狮"的广府传统道具舞优秀代表,体现了南沙民间文化的兼容性。

2. "妈祖信俗""水乡婚俗"等民俗文化

民间风俗文化包括"南沙水乡婚俗""黄阁吃薄撑"等,民间信俗文化包括外来的"妈祖信俗""观音信俗""北帝信俗""龙母信俗"等,本土原生的如"九王信俗""冯马信俗""三圣公信俗"等。这些民间风俗多与水相关,民间信俗的神灵也多为海神、水神,有着明显的水文化特征。

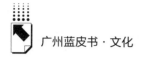

3. "扒龙舟""赛龙艇"等水上运动文化

南沙人水上运动的历史久远，式样繁多，例如赛龙艇、扒龙舟、水上拔河、扒发斗、斗桡等。如今这些源远流长的活动依然活跃在民间。

4. "香云纱""□家传统小食""黄阁烧肉传统制作"等传统技艺文化

香云纱是珠三角水乡地域才能生产的一种特有的高端丝绸面料，目前主要分布在顺德、南沙。疍家传统小食也是从事水上捕捞作业的渔民摸索研制出来的食品，具有浓郁的岭南水乡风味。

5. "梅郎与布娘传说""渔业、农业、气象谚语"等民间文学文化

在南沙地区，绚丽多彩的民间文学是滨海水乡文化结晶，已成为珍贵的文化财富。

（二）南沙区对"非遗"的传承和保护做法

1. 规划先行抓根本

近年来，区委、区政府高度重视非物质文化遗产保护工作，将非遗保护工作纳入《广州南沙新区发展规划》和区国民经济和社会发展规划中。编制了《南沙新区文化发展总体规划》《南沙新区十三五文化事业发展专项规划》《南沙新区十三五文化产业发展专项规划》《南沙新区文化创意产业发展政策总体规划》等一系列推动全区文化发展的指导性文件，将非物质文化遗产保护工作摆上政府议事日程，列入领导任期目标，与经济发展的目标任务一起规划、一起部署、一起检查、一起完善，有效推进了非遗保护工作的稳妥发展。

2. 加大投入抓项目

从2015年起至今共投入财政资金1200万元（200万元/年的专项资金），并出台了《广州市南沙区培育扶持基层文艺团体专项资金管理办法》，通过竞争性选拔方式扶持民间文艺团体，有力推动区非遗传承工作在基层全面、协调、可持续发展。近年来，区、镇两级财政通过政府主导、市场运作、社会参与的模式，全面挖掘水乡文化、天后文化，促进水乡婚礼、咸水歌、赛龙舟、天后祭拜、天后巡游等项目的发展。

3. 挖掘特色抓研究

"十三五"期间，依托南沙妈祖文化旅游节举办南沙妈祖文化论坛等学术交流活动，并多次邀请专家开展南沙人文历史讲座。同时，大力开展产学研合作，出版了《文史纵横（南沙专刊）》《南沙文化遗产》《江河日月长——南沙地名故事》《全粤村情（广州市南沙区卷）》等文集，并鼓励和支持辖区专家学者出版《广州南沙历史文化笔谈》《湾区南沙记忆》《魅力水乡》《情满珠江》等文化著作。印发了一批《南沙叙事》等简易文化读本，特别是辖区方志办牵头编著的各镇街地方志于2020年陆续出版，以大量翔实的资料对南沙非物质文化遗产进行了较全面的记录。同时，南沙区宣传文化系统长期通过纸质报刊《南沙新区报》《南沙视界》，新媒体"广州南沙发布""印象南沙"等平台，深挖南沙历史文脉内涵，助力南沙非遗文化发展。

4. 整合资源抓传承

一是成立传承基地。区非遗保护中心先后于黄阁镇大井村、东里村成立了麒麟、醒狮传承基地，组建了首支黄阁女子麒麟队，打破了麒麟舞以男性为主的传统；分别在横沥镇、东涌镇成立了咸水歌传承基地等。二是开展传承活动。例如榄核镇在中小学开设的乡土教育中增加香云纱的相关课程，普及香云纱的知识，还在香云纱生产工场合作举办免费传承培训班，积极培养后备人才；多次组织开展非物质文化遗产保护工作培训班。三是广泛宣传展示。黄阁镇牵头组织开展了多届广东省麒麟舞邀请赛，黄阁镇四大村麒麟队及来自潮州、惠州、东莞等外地队伍参赛，进一步加强了广东省麒麟舞文化的活态传承。近年来南沙区组织麒麟舞、咸水歌、香云纱等节目参加广州水乡文化节系列活动、南沙社区文化节、南沙邮轮文化节、南沙文化艺术周等，形成群众参与、创造、享受非遗文化的浓郁氛围。

5. 文旅融合抓品牌

近年来，南沙区积极打造非遗艺术展示平台，注重历史文脉与现代文化的融合营造，南沙文旅融合品牌活动方兴未艾。例如2016年南沙区举办的广州水乡文化节以缤纷四季为主线设置主题活动，分别围绕"游"

"玩""食""购"策划举办赏花听海、亲水祈福、品味扬帆、歌舞迎新等一系列深受群众喜爱的文化活动。再如每年在南沙天后宫举办的南沙妈祖旅游文化节,除了传统的大型祭典、海上巡游、学术论坛等一系列活动外,还同步组织举办了"南沙区非物质文化遗产展"及非遗项目文艺展演活动等。将南沙传统的文化、体育、旅游、经贸等内容充分融合,添加更具时代和创造力的内容,全面地展示南沙的非遗文化底蕴与时尚魅力。

三 当前南沙"非遗"保护利用存在的不足

第一,公共文化设施布点规划落后,文化传承阵地建设严重不足。一是缺乏区镇级的公共文化设施载体。目前没有区级以上美术馆、博物馆等。二是新区快速城市化造成部分非遗项目消亡速度加快,经济高速发展使部分传统民俗文化逐渐消亡,例如南沙水乡婚俗目前已少有人举办,主要依靠政府支持举办集体性的水乡婚礼。三是目前南沙水乡文化宣传推广力度不足,缺乏宣传阵地建设。

第二,南沙水乡文化数字化发展滞后,对文化品牌活动缺乏后续管理。

第三,非遗传承发展投入不足。非物质文化遗产的传承发展需要强大的资金支持,然而,单纯依靠政府投入则资金有限。目前也缺乏刺激和鼓励社会资金和资源投入的相关机制,非遗项目可持续传承发展能力不足。

第四,缺乏广泛影响力非遗文创精品。南沙非遗特色明显,但由于深度加工不够,层次不够高。未形成精品系列成果,缺少具有国际性影响力的拳头产品。例如香云纱目前在南沙主要是生产基地,缺乏基于南沙本土的知名品牌。市场占有率不高。对于资源的发掘也缺乏有效的统一研究指导及开发利用,未形成规模效应。

四 关于南沙区"非遗"水乡文化保护利用的建议

一是实施公共文化设施建设重点工程。一要深入挖掘岭南文化、水乡文化和海洋文化资源，结合"南沙文化岛""梦里水乡－文旅城""凤凰卫视"打造"梅糖文化产业中心""国家海防遗址公园""南沙星海国际文体都市田园综合体"等成片区的规划建设项目，以及"南沙博物馆""湾区文化中心"等大型重点工程项目。二要加大南沙水乡文化宣传推广力度，加强文旅体融合，推进南沙非遗展示和传承阵地建设。三要进一步加强各类历史遗存和非物质遗产的继承和保护，筑牢南沙水乡文化的精神家园。

二是实施文化数字化工程。建设"南沙数字文化网"门户，覆盖桌面、移动等终端设备，建设全天候多方位的移动数字文化网络平台。导入本地区非遗特点、人文环境、产业优势等因素，建设和发展水乡文化、海洋文化、星海文化、炮台文化等专题馆藏或特色数据库。

三是出台相关文化扶持政策，进一步加大文艺精品创作扶持力度，围绕岭南水乡特色文化资源进行创作和演出，继承传统、变革创新，努力创作生产一批内容丰富、市场潜力较大、凸显地方特色的南沙文艺品牌。

四是实施非遗精品创作工程。推进非遗保护，进一步助推文化产业发展，初步形成具有南沙特色的一批非遗相关文化产业项目，增强文化产业对经济的贡献率，实现文化资源优势向文化产业优势的转变。

党的十八大报告首次提出"建设海洋强国"战略，建设海洋强国需要先进的海洋文化的支撑。2018年10月，习近平总书记亲临广东视察时提出了"四个走在全国前列""四个出新出彩"，强调广州要实现老城市新活力，在综合城市功能、城市文化综合实力、现代服务业、现代化国际化营商环境方面出新出彩。面对新形势新任务，我们抢抓机遇，立足现实，深入挖掘和研究以水乡文化、海洋文化为代表的南沙岭南水乡文化，为建设南沙新区提供精神动力和智力支持，这必将是一个重要而又紧迫的课题。根植于南沙这片热土，传统文化在漫漫的历史长河中孕育、成熟，又在新的世纪里被赋予新的内涵。今天，南沙文化正以其独特的魅力成为走向全国、走向世界的一张名片，南沙的文化事业也在对水乡文化的不断传承和弘扬中阔步前行。

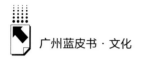

参考文献

王锐鹏：《习近平新时代中国特色社会主义思想学习纲要》，《教学月刊：中学版》（政治教学）2019 年第 10 期，第 63～64 页。

习近平：《在教育文化卫生体育领域专家代表座谈会上的讲话》，《群文天地》（贵州）2020 年第 5 期，第 4～7 页。

广州市南沙区作家协会编《湾区南沙记忆》，九州出版社，2020。

文旅融合篇

Culture and Tourism Integration

B.12

新冠肺炎疫情对广州旅游业
影响情况研究报告

闫瑞娜　聂　璐　向梅芳　朱莹珺*

摘　要：　2020年，新冠肺炎疫情对广州旅游业造成了严重影响。疫情
　　　　得以有效控制后，广州旅游业迅速复工复产，整体形势向
　　　　好，但因境外疫情持续，组团出境游仍然停止，旅行社经营
　　　　面临较大困难。

关键词：　广州　旅游业　文旅融合

---

* 闫瑞娜，国家统计局广州调查队一级主任科员、统计师，主要研究方向为工业生产者价格调
　查；聂璐，国家统计局广州调查队一级主任科员、统计师，主要研究方向为居民消费价格调
　查；向梅芳，国家统计局广州调查队二级主任科员、统计师，主要研究方向为居民消费价格
　调查；朱莹珺，国家统计局广州调查队二级主任科员、统计师，主要研究方向为房地产价格
　调查。

新冠肺炎疫情对旅游业造成了严重影响。为全面深入了解疫情对广州旅游业造成的影响以及疫情防控进入常态化阶段后旅游业的恢复情况，国家统计局广州调查队通过走访相关部门、开展问卷调查等方式，从旅行社、酒店、景点、居民等角度展开深入研究。结果显示：疫情期间，广州旅游业遭受重创；疫情得以有效控制后，旅游业迅速复工复产，整体形势向好，景区、酒店复苏步伐较快，居民出游热情较高，截至 2020 年 9 月，全市月度旅游业总收入已恢复超八成；但因组团出境游仍然停止，旅行社经营面临较大困难，月度经营收入仅为上年的近四成。

一 广州旅游业总体情况

（一）整体形势向好，前三季度旅游业总收入①恢复超五成

统计数据显示：2020 年 1~9 月，广州旅游接待总人数 8649.8 万人次，恢复到上年同期的 54.4%；旅游业总收入 1373.7 亿元，恢复到上年同期的 50.2%；居民出游总人次为 10400 万人次，恢复到上年同期的 63.2%。

（二）重创后反弹快，九月份单月已恢复超八成

广州旅游业的发展与新冠肺炎疫情的防控态势息息相关，大致分为三个阶段（见图 1）。

第一阶段：疫情突袭而至入寒冬。2020 年 1 月最全面最严格的疫情防控在全国正式展开，各地旅游业旋入寒冬，2 月、3 月广州旅游业总收入仅为上年的 14.1% 和 23.9%。

第二阶段：冰雪消融见春光。经过艰苦的"战疫"，至 4 月，全国本土

---

① 旅游业总收入含国内旅游收入和旅游外汇收入。国际旅游（外汇）收入：指入境游客在中国（大陆）境内旅行、游览过程中用于交通、参观游览、住宿、餐饮、购物、娱乐等全部花费。国内旅游收入（旅游总花费）：指国内游客在国内旅行、游览过程中用于交通、参观游览、住宿、餐饮、购物、娱乐等全部花费。

疫情传播基本阻断，各地旅游业逐渐复苏，市民逐渐外出游玩，尽管旅行社尚未营业，但4月、5月广州旅游业总收入恢复到上年的46.0%和43.8%。

第三阶段：热情似夏暖市场。随着疫情防控进入常态化阶段，5月中下旬广州本地游和7月中旬跨省游开始恢复，居民重拾出游热情，广州旅游业恢复速度明显加快，6~9月，广州旅游业总收入恢复已超五成，并呈逐月增长态势，分别达到上年同期的55.1%、60.4%、72.7%和80.3%。

9月旅游业总收入254.2亿元，恢复到上年同期的80.3%；旅游接待总人数1247.8万人次，同比恢复72.6%。因国内疫情防控整体形势较好，来穗国内过夜旅游者406.5万人次，同比恢复81.0%；第三季度广州居民出游总人次为3953.0万人次，恢复到上年同期的69.8%。

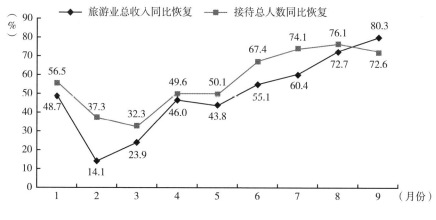

图1 前三季度各月广州旅游业恢复情况

二 广州景区、酒店、旅行社经营情况

疫情发生后，与旅游密切相关的景区、酒店和旅行社经营受到严重影响，旅游产业的聚集性、流动性特质导致在疫情初期旅游相关经营活动一度停止。随着疫情逐步得到控制，被压抑的旅游需求迅速释放，景区、酒店和旅行社经营逐渐复苏。

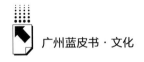
（一）景区月接待同比恢复超六成

2020年1～9月，纳入统计的156家文化旅游景区（不含步行街）共接待游客6662.1万人次，同比恢复49.7%。9月共接待游客790.3万人次，同比恢复64.3%；经营收入22801.0万元，同比恢复56.7%。

广州长隆、白云山及广州塔等4A级以上景区游客接待情况是广州旅游接待的风向标，整体折射出游客的出游意愿。9月，广州重点景区接待量已恢复到上年六至九成，其中价格实惠、风景秀丽的白云山和莲花山景区接待量均恢复到上年的86.0%；广州科学中心、广州塔、越秀公园接待量恢复到70.3%到71.4%；广州动物园、长隆、白水寨分别恢复到61.9%到64.8%（见图2）。

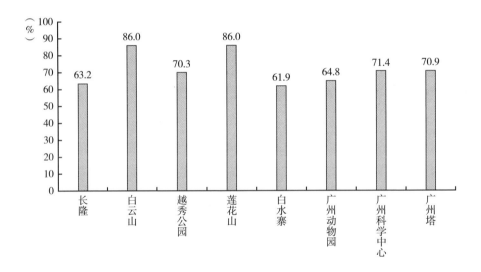

图2　2020年9月广州重点景区接待量同比恢复情况

（二）酒店月接待量同比恢复近七成

2020年1～9月，纳入统计范围的酒店共接待605.3万人次，同比恢复43.7%，平均开房率为39.6%。其中，9月酒店共接待106.4万人次，同比恢复 72.9%；平均开房率为 56.3%，比上年同期低 8.3 个百分点。从图 3 可以看出，6 月开始，酒店接待量同比恢复五成以上，至 9 月达到 72.9%。

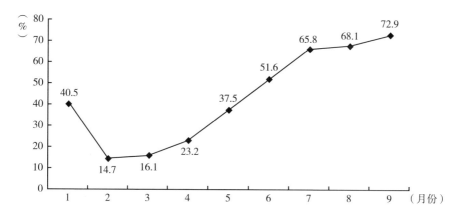

图 3　2020 年前三季度各月广州酒店（纳入统计范围内）接待量同比恢复情况

（三）旅行社国内游形势转好，出境游仍按"停止键"

旅行社经营是受疫情影响的"重灾区"。2020 年新冠肺炎疫情突袭而至，旅行社遭遇大规模的退团、退订。根据文旅部相关政策规定，2～4 月旅行社停止组团，5 月开始才逐步恢复组团市内游与省内游。6 月，全市旅行社共组团省内游 11.6 万人次，同比恢复仅 23.2%。7 月 14 日恢复省外游后，旅行社的组团接待人数环比大幅增加，9 月，组团省内游 35.9 万人次，同比恢复已达 80.7%，组团省外游 5.9 万人次，同比恢复 19.7%。由于境外疫情仍未得到有效控制，组团出境游仍按"停止键"，因其衍生价值较高，旅行社总收入较上年严重下滑。9 月广州旅行社经营收入仅为上年同期的 35.2%。

8 月暑假之后，国内游市场火爆，到 10 月，部分旅行社接待国内游人数甚至已超上年同期。市场火爆的主要原因一是被压抑的旅游需求得到释放；二是各大景点和旅行社积极促销吸引游客，各地政府亦对旅行社组团前来给予支持和帮助；三是出境游尚未开放，回流了部分客户。据南湖国

旅反映，8月国内游组团约3.0万人次，同比恢复约58.0%；9月组团约3.0万人次，同比恢复约88.0%。广之旅表示9月国内游组团约2.4万人次，同比恢复约80.0%；到10月组团约3.0万人次，已恢复到上年同期水平。

三 "疫情防控常态化时期"广州居民出游意愿调研情况

（一）疫情影响居民出游意愿

为了解疫情防控常态化时期居民的出游意愿，课题组对200名居民进行了问卷调研。从调研结果看，疫情影响了大部分游客的出行（多选），54.0%的受访者表示因疫情减少旅游次数；41.0%表示受疫情影响暂不出游，将旅游计划推迟到明年；仅9.0%认为疫情对2020年的旅游没有影响。

在2019年有旅游经历的受访者中，有34.7%的游客表示2020年内没有外出旅游的意愿。阻碍他们旅游的主要因素是外出旅游存在安全隐患，其中担心景区人员密集存在安全隐患的占84.3%，担心在外就餐存在安全隐患的占58.8%，担心在外住宿存在安全隐患的占54.9%，担心交通出行存在安全隐患的占39.2%。

（二）疫情促使居民调整旅游目的地

调研显示，有33.5%的受访者表示受疫情影响，调整了选择的旅游目的地。在旅游目的地方面（多选），有20.5%选择本地游，33.5%选择省内，32.5%选择国内其他省份，仅9.0%有出境游意向。比较受欢迎的跨省游目的地有云南、湖南、北京、四川、广西、陕西、湖北等。

（三）"疫情防控常态化时期"自由行受青睐

长途跨省游，游客更倾向于选择自由行。调研显示，有跨省游计划的受访者中，69.7%选择自由行，22.4%选择半自由行（旅行社订酒店机票），仅7.9%选择跟团游。而2019年跟团游的比重为18.0%。

（四）居民对旅游业仍有信心

随着我国经济快速发展和人民生活水平的提升，人们的旅游消费需求也在大幅度提升。尽管疫情给旅游行业带来巨大冲击，但疫情得到有效控制后，居民对旅游业仍有较大信心。调研显示，超过九成的受访者对旅游业发展仍有信心。其中，10.0%的受访者认为旅游业将快速反弹，82.5%认为将缓慢回暖，仅6.0%认为持续低迷和下行，还有1.5%认为说不清楚。

四 "疫情防控常态化时期"旅游业新亮点

（一）景点酒店促销忙，游客省钱得实惠

按下重启键后，全国景点和酒店等旅游场所纷纷以降价促销方式开门迎客，目前全国已有超500家景区实行门票免费或折扣政策。广州也适时跟进，如广州塔举行"十周年惠民活动"，购买广州塔18点前的成人门票一律享有七折（105元）优惠；广州长隆欢乐世界特惠双人票低至八五折（425元起/2人）；入住广州长隆酒店送欢乐世界"玩圣节"夜场票、动物世界连续两日无限次畅玩和2张童趣乐园门票等。

（二）线上线下齐步走，足不出户下订单

随着"互联网＋"模式的快速增长普及，叠加疫情的因素，通过手机App等在线预订旅游服务的游客越来越多。2019年，我国在线旅游行业交易规模已突破万亿元，文化和旅游部于2020年9月及时出台《在线旅游经营服务管理暂行规定》，为在线旅游经营者依法合规经营和旅游者合法权益保驾护航。除专业从事在线旅游服务的企业外，各大传统旅行社也在积极开

拓在线旅游服务，南湖国旅表示其在线旅游客户数量比重约为15%，成为其旅游业务新的增长点。

（三）多项活动助复苏，惠民政策拉动大

广州文旅部门采取一系列措施助力旅游业复苏。一是开展"广州欢迎你""百家媒体进广州""百趟列车进广州"等系列活动；顺应疫情后市民"自助、周边、家庭"出行的新方向，推出一批广州旅游网红打卡点、精品旅游线路。二是发放惠民文旅消费券3000万元。据旅行社反映，本次旅游券对旅游消费拉动明显，如广之旅表示，到其旅行社进行消费的旅游券总金额约200万元，最终拉动了总金额约1200万元的旅游消费，杠杆作用为5～6倍。三是解决企业燃眉之急，助力旅行社复工复产。除减免社保金的普惠政策外，还针对疫情初期"退订潮"，按档补贴旅行社；返还旅行社保证金；促进旅行社租金减免等。

（四）假日经济恢复快，黄金假期成色足

通过大数据监测显示：广州假日经济复苏迅速，尤其是"十一黄金周"假期。2020年国庆和中秋重叠，连续放假八天，在超长假期和国内疫情平稳的双重刺激下，居民出游欲望空前高涨，出游人数强势反弹。十一黄金周，全市旅游接待总人数为1406.6万人次，同比恢复86.6%，旅游业总收入97.0亿元，同比恢复75.1%（见表1）。

表1　2020年广州假日旅游经济复苏情况

2020年	旅游接待总人数（万人次）	恢复到上年同期（％）	旅游业总收入（亿元）	恢复到上年同期（％）
春节黄金周	207.5	18.7	12.0	9.8
清明小长假	137.9	37.5	8.1	21.8
五一小长假	527.6	49.6	33.3	40.4
端午小长假	389.7	66.4	19.8	52.1
十一黄金周	1406.6	86.6	97.0	75.1

五　当前旅游业面临的难点和问题

（一）疫情初期退订潮影响旅行社现金流

"退订潮"给旅行社带来巨大资金压力。疫情发生后，按照上级要求，全国旅行社及在线旅游企业暂停经营团队旅游及"机票＋酒店"产品，大批订单被退订。尽管有政策协调，以及文化广电旅游局积极落实暂退保证金政策，及时缓解了旅行社的部分资金压力，但出境游机票、酒店预订的费用早已支付，退订后旅行社的现金流被"扣压"在境外，极大地影响了旅行社的资金运转。南湖国旅表示大量资金被压，加上旅行社属轻资产行业，贷款不便，导致其现金流压力较大。

（二）受出境游限制旅行社营收仅恢复约四成

通常出境游衍生价值较高，是近年来旅行社收入的重要组成部分，如南湖国旅 2019 年全年出境游人数占四成，出境游收入占其全部收入的一半。

因境外疫情仍未得到有效控制，组团出境游的业务尚未开放，旅行社经营受影响较大。以南湖国旅为例，虽然 9 月国内游组团人次恢复已接近九成，但出境游组团人次仍为零，9 月总经营收入（4050 万元）仅为上年同期（1.09 亿元）的 37.2%。

（三）从业人员尤其出境线路导游有所流失

旅行社复工复产情况仍不理想。南湖国旅表示，截至 9 月，其行政人员已全部复工，但兼职导游均被裁撤，全职导游也仅有 50% 复工。广之旅表示，其往年业务优势主要在欧洲游等高端出境游市场，约占整体业务量的七成，由于出境游长期无法开放，大量高素质的出境线路导游无法完全复工，仅靠最低基本工资维持，已造成部分导游转行。若出境游市场短期内仍无法恢复，预计将会有更多高素质的导游另谋高就。

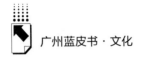

（四）竞争加剧致旅游经营面临转型升级的挑战

出境游的停止，一方面使以往出境游的游客转为选择国内游，为国内游市场带来大批订单；另一方面也加剧了国内旅行社的竞争。南湖国旅表示，面对激烈竞争，为积极自救、抢占市场，其公司向外积极拓展新路线，向内发掘深度游、特色游，往上开拓高端定制游，满足人们在个性、深度、品质等方面的更高需求。多数旅行社已认识到，单纯靠价格竞争已非良策，从品牌、文化、服务等方面转型升级才是提高竞争力的根本。

（五）自由行等多种旅游方式加重旅行社发展压力

近年来，旅游市场随着人们生活水平的提高而不断扩大，但旅行社的发展空间并未同步提升，新冠肺炎疫情更增加其生存压力。目前，便利的自由行，携程等在线旅行商的兴起，私人订制、私家小团等丰富了人们的旅游出行选择，传统旅行社的标准化产品和服务已经无法满足消费者个性化的需求，疫情下的各种防控要求加大了成本压力，给旅行社经营带来新的挑战。

（六）促进文旅消费措施仍待进一步优化

为进一步激活文旅市场，广州有关部门采取了一系列措施提振文旅消费。从问卷调查结果看，22.0%的受访者认为"消费券"对促进旅游消费效果很好，70.5%的人认为有一点效果，7.5%的人认为完全没有效果。部分受访者表示消费券宣传推广和领取使用环节均有较大改进空间，有59.5%的受访者表示没听说过，13.0%表示听说过但没兴趣领取，22.5%尝试领取但没能成功，仅5.0%成功领取。较多受访者认为该消费券发放数量太少抢不到、领取渠道太单一、有使用时间限制等问题，应进一步在文旅消费券使用的"公平、效率"上下功夫。

六　对策建议

（一）精准施策，刺激居民出游热情

根据"疫情防控常态化时期"旅游行业以自由行为主，室外景点比室内景点受欢迎的新特点，建议广州效仿陕西、贵州、新疆等地大幅度减免景区门票、回拢游客的策略，精准施策刺激旅游需求。一是实行分级制景区门票，闲时优惠、本地户籍优惠、医护防疫一线工作人员优惠等，刺激不同类型的游客合理安排旅游行程；二是室内景区在合理控制客流的情况下实行预约分时段分票价折扣；三是对参团游游客实行分线路补贴，加大省内游客来穗旅游优惠等进一步刺激旅游需求；四是根据疫情风险等级，及时调整相关政策。

（二）精准防疫，解居民出行安全之忧

在疫情防控常态化阶段，部分群众仍对组团出游存在担忧和疑虑，更多地倾向选择方便快捷的自由行。对此，应进一步做好疫情后期防疫管理和宣传工作，一是做好景区防控管理，制定相应的管理标准，做好景区防疫工作的宣传，让群众安心"进景区"；二是做好旅行社防控管理，各旅行社要严格导游及游客的健康管理，做好跟团游防控工作的宣传，让群众安心"跟团走"；三是完善"健康码"的管理和使用，使其发挥应有效能。

（三）精准放贷，缓解旅行社资金压力

疫情以来，政策帮扶的主要对象是中小微企业，对于大中型旅行社，虽有退返质保金、给予一定补贴等措施缓解了一时之急，但总体优惠政策有限。对此，旅行社本身要加快转型升级，利用网络资源拓宽市场渠道，对产品进行多元化开发升级以适应市场需求。建议在降低贷款门槛、提供融资便利的同时，通过科学有效的评估办法对不同类型、不同规模的旅行社实施不同的资金帮扶政策，做到精准施策，共度时艰。

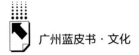

（四）加大宣传，提升城市旅游知名度

广州旅游资源丰富，应进一步加大宣传力度，提高景区曝光率，增加对游客的吸引力，做大做强广州旅游品牌。一是进一步立足本土，深入挖掘并大力宣传各类公园、博物馆、展览馆、纪念馆、风景名胜区等旅游资源的内涵价值；二是加大力度宣传广州旅游精品线路和地标性旅游点，通过挖掘旅游资源的文化内涵增强广州旅游消费环境的吸引力；三是创新宣传模式，充分利用现代化宣传手段为不同地域、不同类型居民提供更加精准的广州旅游宣传。

B.13
关于擦亮"食在广州"城市名片
助力建设国际消费中心城市的研究

摘　要：　"食在广州"一直是广州的城市名片，但目前广州市美食识
别性场景品牌度不高，标杆性企业不多，对老字号和地道小
吃的保护不足，粤菜行业发展缺乏顶层规划和指引。《粤港
澳大湾区发展规划纲要》明确提出广州要与香港、澳门和佛
山（顺德）共建世界美食之都，擦亮"食在广州"城市名
片，挖掘粤菜文化魅力，提升城市文化品位与形象。本报告
建议以美食元素为内核驱动服务业转型升级,进一步提升广
州现代服务业融合程度,助力广州建设国际消费中心城市和世
界级旅游目的地。

关键词：　粤菜　餐饮产业　都市经济　文商旅融合

　　餐饮业作为第三产业中的重要业态反映着一个地区的经济活力与文化繁
荣程度。美食作为广州的"城市基因"之一，是吸引旅客来穗旅游的重要
因素之一，"食在广州"是中外来客对广州强烈而美好的印象，民国时期就

---

* 课题组组长：邓玲，民进广州市委员会副主委，广州市海珠区政协副主席。课题组成员：陈
　永俊，民进广州市委员会委员，行政基层委副主委，青联会会长；李健晖，民进广州市委员
　会参政议政处处长；周方颖，民进广州市委员会参政议政处四级调研员；余敬良，民进广州
　市越秀区基层委员会委员，广州领耀评估咨询有限公司董事长。执笔人：余敬良。

有文章提出"广州人食之研究，是甲于全国者"。"好吃，好（hào）吃"是广州的金字招牌，"爱吃，会吃"使广州名扬四海。与国内其他美食之都相比，"食在广州"已是无冕之都。目前广州已明确要构建世界级旅游目的地，以粤菜独有文化魅力作为敦睦乡情、联络民心、传播广府文化的载体，进一步吸引各地旅客来穗，是实现大循环联通促进双循环的有力手段。

一 广州餐饮业现状、基础与意义

广州作为中国的南大门，饮食文化中西汇聚，多元融合。截至2020年6月，全市注册餐饮企业（含个体户）18万家，其中限额以上餐企922家；国家白金五钻酒家3家，占全国的四分之一；五钻酒家64家，系全国五钻酒家最多的城市之一。作为全国首个餐饮业突破千亿元的城市，餐饮业零售额总量、增速和人均年餐饮消费额都位居国内首位。借助日渐完善的城市综合交通枢纽功能，可以让游客轻松实现"来广州，吃世界"。

广州已连续多年举办国际美食节，2010年成为全国首个"中华美食之都"和"国际美食之都"双料称号的城市，2016年成为"世界美食城市联盟（Delice）"大陆唯一成员，2018年博古斯世界烹饪大赛成功落户，同年更成为我国第二个《米其林指南》发布城市，积极推进粤菜师傅工程，现有市级以上饮食类非遗代表性项目15个，以品牌租赁模式成功推动百年老字号陶陶居与资本合作。

2019年广州实现旅游业总收入4454.59亿元，增长11.1%，增速同比提高0.2个百分点。餐饮与"互联网＋"加速融合，通过网络实现餐饮消费收入增长38.9%。市商务局提供的数据显示，疫情期间多家老字号餐饮企业通过外卖"突围"实现营业额逐月攀升。3月营业总额比疫情前（2019年12月）翻几番，其中最少的为疫情前的1.6倍，最多的更是疫情前的2.7倍。而"夜间经济"在互联网被广泛讨论前，广州的夜间餐饮业已有着庞大的市场体量。夜茶、夜宵等丰富而多样的饮食文化和生活方式为来穗旅客带来独有的广式生活体验。文化和旅游产品结合的优势是最核心的竞争力,也是奠定一座旅游城市盛久不衰的密钥所在。餐饮旅游业作为投入少、见效快,能在短期内拉动城市经济快速增长的行业,更是当下扎实做好"六稳、六保"工作的有力举措。如今,广州正从旅游客源地向国际旅游目的地迈进,通过挖掘"食在广州"文化意义,以广州独有的饮食文化结合自身第三产业优势,打造更高质量的旅游城市,与"广州过年,花城看花"城市旅游名片共同展现广州独有文化底蕴,提升城市文化品位和形象,实现老城市新活力。

二 广州餐饮业存在问题

(一)名声在外,响而不亮

随着全国各地对美食文化的重视,相比国内其他城市下大力气、花大本钱打造和推广餐饮业,广州美食文化的保护、传承、挖掘、推广的力度还不够,政府对粤菜行业发展重视程度不足。这使得美食经济明显缺乏后劲,也没有形成美食文化助推经济双循环的确切路径(见表1)。

表1 政策对比

粤菜	VS	川菜
广东省		四川省
《广东省"粤菜师傅"工程实施方案》		《四川省川菜产业发展规划(2013～2015)》;《四川省人民政府办公厅关于印发四川省促进川菜走出去三年行动方案(2018～2020年)的通知》
广州市		成都市
《广州市餐饮业网点空间布局专项规划(2016～2035年)》		《成都市餐饮老字号传承工作管理试行办法》;《关于进一步加快成都市川菜产业发展的实施意见》;《成都市建设国际美食之都三年行动计划(2018～2020年)》;《成都市推进国际美食之都建设2020年工作计划》

而本土菜系缺乏发展顶层规划指引，老字号及民间小吃的保护、传承投入力度不够，缺少影响广泛的名食、名店、名厨、名人，美誉度、吸引力也较低；餐饮类国家级非遗代表项目和传承人数量远远落后于北京、四川等地区，餐饮文化底蕴、广州饮食文化情怀的挖掘还不够，缺乏像云南"过桥米线"类享誉全国的饮食故事（见图1）。

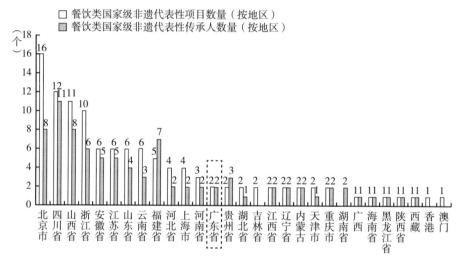

图1　国家级非遗代表项目和传承人数量

资料来源：中国非物质文化遗产保护中心。

（二）美食众多，场景缺乏

广州虽各地美食荟萃，但较为分散。缺少与成都宽窄巷、锦鲤，上海新天地、城隍庙，北京簋街等媲美的美食文化旅游汇集的地标。现有各美食聚集区之间串联性不足，品牌度不高，与广府文化、粤菜文化的文化融合度不够，消费环境体验感欠缺，更缺少与广州"国际消费中心城市"地位匹配的美食识别性场景。与成都、长沙等新晋"网红城市"相比，广州餐饮产业与文旅产业融合性不足，消费场景创新性不够。

（三）活力有余，引领不足

广州作为粤菜（广府菜）的根据地，广州代表不了粤菜，粤菜也未能在广州体现其龙头地位的市场价值。与北京、上海、成都等拥有大批标杆连锁企业的相比，广州餐饮企业的企业化程度低，从业者素质不高，行业竞争不充分。餐饮企业主要处在中低端市场，缺少高品质、高端的标杆企业，更缺少像"海底捞""西贝莜面"类的活力型百强品牌连锁餐饮企业。2019年中国百强餐饮企业排名中，广州市排名最前的广州酒家仅列 25 位，粤菜和广州餐饮企业整体排名、规模和市场占有率等方面表现欠佳，餐饮企业品牌化、连锁化和规模化程度远低于其他一线城市。市商务局数据显示，2015年全市限上餐企 988 家，2020 年 6 月仅剩 922 家。餐饮业发展受到环保、用地规划、城市管理、消防治安等诸多政策限制，政府引领和推进机制有待加强。

三 擦亮"食在广州"城市名片的对策建议

在广州市商务局《广州市餐饮业网店空间专项规划（2016～2035）》的基础上，由广州市政府出台制定《广州市餐饮行业与粤菜发展专项规划》。抓住后疫情时代实体经济加速向线上融合带来的转型机遇，通过将餐饮业作为抓手提升广州市现代服务业融合程度，以粤菜独有的文化魅力为 IP 推动广州建设国际消费中心城市和世界级旅游目的地。

（一）壮大粤菜格局创建国际消费中心城市

粤菜作为中国八大菜系之一，历史源远流长。它代表的是一种文化，一种风俗和一种内涵，而粤菜对烹调技艺的追求，更是当今工匠精神的体现和养生文化的诉求。建议政府与香港、澳门、顺德携手成立粤港澳大湾区美食研究院，推动粤菜行业标准化、品牌化建设，发展壮大粤菜行业；支持大湾区内食品餐饮企业共生共建，建立大湾区农副产品交易平台，实施湾区中央厨房配送工程，降低餐饮企业采购成本；充分利用广州大数据、云计算、物联网、人工智能、区块链等技术优势，培育本地智慧监管型食品供应链领头羊企业；通过推动广州商贸活动与"粤菜＋文化"融合，培育新业态模式，激发新消费场景；以"两微一抖"（微博/微信/抖音）等年轻人喜好的拇指传播方式，融合声光电、影视文等宣传推广形式，讲好广州美食故事；搭建大湾区内高校、科研机构与市场合作平台，深度挖掘粤菜与中医食疗的优势资源，助推养老和健康养生产业发展，通过延伸产业链实现新业态，新动能；牵头制定粤菜小吃名录，支持大湾区各类小吃申请各级非遗；争取米其林、蓝带等国际公认的美食评审机构落户，与已落户的博古斯（世界烹饪大赛）形成国际化大众餐饮指导、专业餐饮技术人才培训及国际餐饮综合化评价三强鼎立的"广州标准"，提升粤菜的国际认可度、参与度和融入度。

（二）以"美食＋"建设世界级旅游目的地

按照各区的不同环境属性，从文化和空间规划上开发系列美食集聚地。以"永庆坊＋荔枝湾涌""北京路＋文明路""江南西＋宝业路"等试点打造全域旅游式美食文化地标；盘活老城区闲置国有资产，改扩建系列微型广府小吃博物馆（如煲仔饭博物馆、云吞面博物馆、广式糖水博物馆等）；善用越秀、荔湾等历史街区古建筑场景，以沉浸式新业态提升美食与文化互动感，塑造富有文化感、体验感的美食识别性场景，吸引年轻人和游客前往打卡；在花都、从化和增城等近郊区建设系列农副产品博物馆或副食品加工制作体验营，开发美食体验路径，以"旅游＋美食"设计理念推进广州旅游公路建设，促进一二三产业联动，实现乡村振兴；选择在条件允许的区域设立露天餐饮夜市，并以相关优惠政策吸引老店名号来此经营，繁荣夜间经济，让城市更有烟火气，复兴全时兴盛的广州美食传奇。精准布局，逐步形成东、西、南、北、中各具特色风情的美食文化旅游地标矩阵，打造世界级旅游目的地标杆城市。

（三）打造餐饮业总部经济新高地

创建餐饮业投融资平台，设立专项产业扶持基金，按照财政出资1:3或1:5的撬动比，以收益让渡方式保证餐饮投资年化率，撬动2/3到4/5的社会资本广泛参与，运用专项产业基金的投资优势，整合餐饮业上下游产业链，做大广州市绿色食品和名优农副产品，促进一二三产业联动，优化餐饮业产业结构，提升抗风险能力；建立老字号品牌投资项目库，推广陶陶居品牌租赁的成功模式，借助资本力量推动老字号品牌化、年轻化、文化化建设；运用产业基金支持本土企业进行外市扩张；创办"广州食品餐饮国际投资年会"，设立"食品餐饮数字经济"产业发展论坛，引导本土食品和餐饮企业向品牌化、连锁化及数字化迈进以适应数字经济新业态；以税收返还、租金扶持、场地支持等多方面政策吸引更多有实力的国内外连锁企业和国际美食品牌总部落户广州，大力发展食品和餐饮业总部经济，将广州打造成为外国食品和餐饮企业进入中国的桥头堡。

B.14
关于活化利用广州人文景观的建议

——以历史名人詹天佑为例

胡文中　关文明*

摘　要：　最能代表一个地区人文精神的是该地的杰出历史名人。目前
　　　　　名人宣传往往只是单一景观的宣传。本文以广州历史名人詹
　　　　　天佑为例，提出活化利用广州人文景观的建议：结合与詹天
　　　　　佑相关的全国多个景点，开展交流沟通，增加相应的内容，
　　　　　增强宣传效果；与詹天佑相关的零散景点，则应以灵活的形
　　　　　式开展宣传。此外，除专题专线游外，应制作多地、多景点
　　　　　的相关专题名人视频，出版相关著作等，从而取得宣传最
　　　　　佳值。

关键词：　活化利用　人文景观　詹天佑

　　能反映每个国家、每个地区人文历史的，自然是文物和古迹。但是，最
能代表一个国家、一个地区的人文精神的，则应是这个国家和地区的杰出历
史名人。不同的文物和古迹，也相应地联系着不同的名人和事件。加强各人
文景点间的沟通与联系，使我们更能厘清历史名人的人生轨迹，更深刻读懂
和认识历史名人，更准确地弘扬历史名人的优秀思想和精神。

＊　胡文中，广州市荔湾区地方志办公室原主任，副研究员，曾兼任广州市地方志学会副秘书
　　长，研究方向为荔湾区地方史志、历史名人；关文明，华南师范大学体育研究所原副所长，
　　教授，硕士研究生导师，研究方向为中国体育史。

一 詹天佑家族及詹天佑对广州的贡献

（一）早在清代广州对西洋一口通商时，詹天佑曾祖父南下广州经商

詹天佑曾祖父詹万榜，原在徽州婺源经营茶叶。1757 年，清政府实行由粤海关对西洋（即欧美）一口通商政策后，欧美商船只靠泊广州。广州外贸商埠十三行因此需要更大量的茶叶供出口欧美。看到此商机，1760 年，詹万榜离开徽州，来到广州经商，直至 1805 年去世。

（二）詹天佑祖父对广州十三行的贡献

詹天佑祖父詹世鸾，很早就随父来广州经商。1816 年迁入西关十二甫。1822 年 11 月初，广州城外西关第八甫（今光复中路）烧至江边十三行外国商馆区的一场特大火灾，使在广州的不少商人，财产尽失，要借贷过日。詹世鸾见状，马上慷慨对他们资助，共捐出钱银 1 万多两。1824 年，詹世鸾与在广州的 16 名较富裕乡亲，每人捐银 100 两，设立归原堂，及时赈济广州的困难乡亲。至 1919 年，归原堂还存在。

（三）詹天佑在广州的三段时间对广州的贡献

1. 第一段是1861年4月26日在广州出生至1872年初夏

詹天佑这段儿童时期，主要是读私塾。1872 年 4 月 22 日，詹天佑父亲詹兴洪，与清政府出洋肄业局签订送子往美国学习机艺的合约，詹天佑当天去往香港。5 月 5 日，到达上海，进入了出洋局的预备学堂学习。8 月 12 日乘轮船离开上海，开启了赴美留学的人生历程。

2. 第二段是从1884年10月到1888年5月

1881 年，詹天佑在美国耶鲁大学毕业后，全体留美学生提前奉调回国。詹天佑被分配到福州船政学堂，学习轮船驾驶。1884 年初任该校教习。当

年 8 月，目睹了在福州马江上的中法海军之战，福州水师全军覆没的惨况。随后，两广总督张之洞把詹天佑调回广州，在黄埔长洲岛上的广东博学馆任外文教习。

1886 年 2 月至 1887 年 8 月，詹天佑改担任测绘海图。这是张之洞加强海防理念的实施行动之一。詹天佑和同事、学生一起，开展了为期一年半的海图测绘工作。张之洞在 1888 年 1 月 14 日亲自带领测绘人员乘轮船巡海，逐一审查核实。1889 年，张之洞把《广东海图说》正式在广雅书局刊印出版。测量完成后，1887 年 9 月，詹天佑再度被任命为广东水陆师学堂①外文教习。

3. 第三段是从1911年2月到1913年底

在最初的约一年半多的时间内，詹天佑被调回商办广东粤汉铁路总公司任总理兼总工程师。这段时间，詹天佑除了指挥修筑横石、黎洞、连江口一带铁路，还经历了清政府要收回商办铁路和辛亥革命爆发两大事件。1911年 6 月 6 日，粤路公司召开股东大会，研究当局收回商办铁路事宜。原为粤路公司首任副总办的黄景棠，率先坚持力争商办。6 月 9 日，邮传部②两次电令两广总督张鸣岐，严办黄景棠。因詹天佑是现任粤路公司总理，张鸣岐不敢贸然抓捕黄景棠，仅令其离开广州。官方还组织多次查账，以证实商办粤路公司无能。詹天佑配合了多次查账，均未发现严重问题，使官方企图以财务混乱之因收回商办铁路的企图落空。粤路公司股东们，还对官方回购股东们的股份时，实行几省中比较歧视广东的做法提出异议，迫使官方修改了回购办法，使之比前公平了些。直至辛亥革命爆发，收路仍没有实质性的结果。

辛亥革命爆发之际，曾任清朝二品技术官员的詹天佑，把自己在未来政权中的可能遭遇抛于脑后，把铁路事业，及在其上体现的国家利益，摆在自己的首要选择中。在革命最动荡的日子，他把铁路公司不同部门的负责人召

---

① 当时原广东博学馆已改办为广东水陆师学堂。
② 邮传部是清末清廷设置管理路政、船政、邮务等的中央官署。

集开会，告诉他们：他自己打算钉在自己的岗位上。如果有人害怕留下，那么可以离开，但是，在离开前，必须把所有工作向他或他指定的人移交。结果，没有人表示要离开岗位。在整个革命期间，火车正常运行，铁路没有遭到任何损坏。回顾 1910 年 9 月，詹天佑第二次出任北京学部举行的归国留学生考试官时，私下与广州一位应考的归国留学生朱子勉交谈时，曾吐露了"要为国家做事""当官为做事"心声。在辛亥革命的人生重大选择中，詹天佑不仅正确处理了当官与做事的关系，更正确处理了活着与做事的关系。

1912 年 2 月，他在广州创办了广东中华工程师会。1913 年，广东中华工程师会出版了英文版《京张铁路技术标准图册》。

1912 年 5 月 17 日，从南北统一大局出发，把总统位置让给了袁世凯，转而负责全国铁路的孙中山，来到粤汉铁路公司，与詹天佑会见，商谈民国铁路事业发展大计。7 月 31 日，詹天佑被委任为粤汉铁路会办。11 月，詹天佑获民国政府颁发的三等嘉禾奖章。12 月，被委任为汉粤川铁路会办。广东商办粤汉铁路总公司总理一职，直至 1914 年 5 月，才由欧赓祥接替。1914 年 6 月，詹天佑升任汉粤川铁路督办。

二 对广州詹天佑人文景观保护与活化
利用方面的不足与开步

（一）历史原因造成的对广州詹天佑人文景观的重视不足

1. 广州历史名人众多，因而对詹天佑的历史影响与现实影响认识不足

广州建城已有两千多年历史，历史上名人众多。特别是近现代，广州是知名政治领袖孙中山、陈独秀、毛泽东、周恩来、廖仲恺、叶剑英等谱写历史的地方。1914 年春开始，詹天佑已完全搬离广州，在武汉居住和工作；1919 年 4 月 24 日在武汉因病去世。因此，广州除了在 1919 年 7 月 27 日举行过詹天佑追悼会，解放初还有以詹天佑命名的私立技术学校外，已基本没有什么与詹天佑有关的纪念活动。直至 1993 年，詹天佑孙、北京詹天佑纪念馆

首任馆长詹同济先生，根据詹天佑家谱记载的十二甫祖居来到广州寻找，有关詹天佑的事迹才引起了广州有关部门的重视。在广州星群制药厂工作的詹天佑嫡孙詹同伟先生，为广州荔湾区地方志办公室提供了詹天佑亲修家谱复印件。詹天佑外甥孙徐剑海，1995年认证了在广州十二甫的詹天佑爷爷詹世鸾、詹天佑父亲詹兴洪两处故居。广州对詹天佑的宣传才掀开新的一页。

2. 历史管辖区的变化，使今人对詹天佑是否广州人认识不足

广州建城有两千多年历史了。但广州古城的辖属多次变化。明清时期，有广州府的行政设置，辖下有多个县。广州古城由广州府属下的番禺、南海两县分管，以今北京路为界，以东归番禺县管，以西归南海县管。詹天佑祖父辈在广州古城外西关十二甫，申请入籍，就是由管辖该地的南海县捕属受理。"捕属"就是县捕厅直辖区，而不是县下面的行政区"堡"。宣统版的《南海县志》，印有的《南海捕属图》，就很清楚标示，昔日南海捕属，就是今越秀、荔湾的辖区。民国后，才呼吁废除两县分管，设立统一广州市建制。1918年成立了广州市政公所。1921年，市政公所改为广州市政厅，并由省委任了市长。因此，明清时期的广州城人，很少说自己是广州府人，只说自己是南海人或番禺人。詹天佑生于清代广州古城西关，因此，詹天佑的中文履历都说自己是南海人。这与生于现属广州荔湾区彩虹街南岸村的马万祺先生，常自称自己是南海人，出于同一原因。詹天佑不同的是，所有英文履历都写"was born in Canton Kwangtung Province, China."1919年詹天佑去世后，詹天佑长女婿王金职先生，写给美国土木工程师学会会报的悼念詹天佑的文章，也是写詹天佑"was born in Canton, China."。这是因为广州古城在清代十三行通商时期，对外贸易是由粤海关和两广总督、广东巡抚等直管的。来广州的外商对位于南海管辖的十三行地区和广州古城，没称为南海，而是称回广州城。Canton的含义就是广州城。1914年出版的香港《增广达字典》，对"Canton"的注释，就是"广东省城，即羊城。"这些复杂的管辖和称呼，曾经把很多不明真相的人搞糊涂了。1993年，当詹天佑孙、北京詹天佑纪念馆馆长詹同济先生，拿着家谱到现在的南海县找"十二甫"时，南海县的有关同志才把他介绍到广州荔湾区去找。

3. 詹天佑在粤港澳后人的低调，长期没宣扬自己是詹天佑的后人

虽然詹天佑的大儿子詹文珖，民国时就已生活在澳门，其子同伟民国时就回广州的药厂工作，另两子同保、同仁一直在澳门工作。受詹天佑的朴实家风影响，他们及其后代都不标榜自己是詹天佑直系后人。直至1993年，北京的詹同济来广东寻祖居，报纸报道宣传后，他们才一一被地方志部门找到。

（二）近年广州詹天佑人文景观保护和活化利用方面的可喜开步

20世纪90年代，中山大学广州海珠区校园建起了历史系的永芳堂，在堂正门前的大草地前，竖起了18尊中国近代先贤铜像，詹天佑铜像是其中之一。1997年6月，广州荔湾区政府地方志办公室出版了《广州西关风华》丛书，一套四本，其中一本为《西关与詹天佑》。该书收录了詹天佑孙詹同济先生写的《詹天佑传》，以及公布了在詹天佑书信、著作和自修家谱、耶鲁大学同学录、詹天佑长女婿王金职先生的悼念詹天佑文章内的《十二甫入籍》《西关祖母》《广州出生》《西关房产》《黄埔任教》《长洲祖坟》《黄沙书信》《广州出书》相关内容，成为最权威、最受欢迎的詹天佑简介书籍，由广东省地图出版社出版。2008年，广东人民出版社出版了华南师范大学教授谢放写的《铁路之父詹天佑》，以及荔湾区地方志办公室胡文中副研究员写的《詹天佑》。2001年4月，在詹天佑曾工作过的原粤汉铁路公司旧址旁的小广场上，竖起了由著名雕塑家潘鹤创作的詹天佑像，这是由广州市荔湾区政府与广州市历史文化名城办公室联合策划的。2004年4月，北京詹天佑纪念馆与广州市荔湾区文化部门，联合在广州沙面举办了清代官派广州西关留美幼童文物展，展出了第一、第二批广州西关留美幼童詹天佑、梁普照、梁普时的文物。荔湾区委、区政府在十二甫詹天佑故居旧址上，筹办的詹天佑故居纪念馆，2005年4月正式向公众开放，当年被评为广州市爱国主义教育基地；2008年，被评为广州市党员教育基地；2019年，被詹天佑科学技术发展基金会定为爱国主义教育基地；2010年广东外语外贸大学将其定为大学生社会实践基地。近几年，每年4月，詹天佑小学都会举办具有高科技含量的纪念活动，很受师生欢迎。

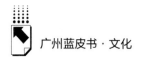

三　活化利用广州詹天佑人文景观的现实意义

（一）詹天佑是具世界级影响力的铁路工程大师

詹天佑进入修筑铁路不久，就以自己的聪慧，修成了英国工程师柯克斯没修成的滦河大桥。这是当时中国最长铁路桥。这使当时的英国总工程师金达先生十分赞赏，马上和其他英国工程师一起，介绍詹天佑加入英国土木工程师学会。此时，仅是詹天佑从事铁路工作的第六年。

1905 年，中国想修筑京张铁路，引起列强英、俄争修路权。清政府就让此前不久领衔成功修筑清廷祭祖铁路新易铁路的詹天佑担起此重任。由于此路路经八达岭一带，山势险峻。詹天佑想方设法，克服困难，提前优质完成任务。1909 年 10 月 2 日，政府在南口举行了隆重的庆祝京张铁路通车典礼，多国来宾应邀出席。紧接着，美国土木工程师学会、英国土木工程师学会，均吸收詹天佑为该会正式会员。

1919 年，詹天佑因病去世。美国土木工程师学会会刊，全文刊登了詹天佑长女婿王金职的回忆及悼念詹天佑的长文。2007 年 5 月，以校长理查德·莱文为团长的耶鲁大学百人代表团来中国访问。19 日，专程参观了八达岭上的詹天佑纪念馆。代表团在纪念馆门前的大幅雕塑前，留下了集体合影。耶鲁大学也没忘记这位给耶鲁增光的中国学生詹天佑。当今耶鲁大学的网站上挂有詹天佑的履历、业绩和照片。

（二）詹天佑是学习外国科技与归国改变祖国落后面貌的典范

詹天佑生长在落后的半封建、半殖民地的旧中国，肩负着学习外国先进科技使中国自强的乡亲父老们的深切期望。他在国外聪颖地学习新知识，并决心以学到的新知识，改变祖国一穷二白的落后面貌。他是官府派出的留学生，从来没忘记父亲与官府签署的《甘结》上的承诺："学习机艺回来之日，听从中国差遣。"1881 年，当官方改变初衷，提前召他们回国之时，詹天佑奉召回国。回国后，他是铁路工程的毕业生，没被分到正在修筑铁路的官商唐廷枢的开平矿务局，而是被分到福州水师学堂再学习。两年后，这些归国留学生有找门路调动的机会了。一起在福州船政学堂、在美没毕业的苏锐钊，被调回广州的广东实学馆当老师。在美时与詹天佑是中学、大学同学的欧阳赓，再度赴美学习。詹天佑还是老老实实留在福州船政学堂，直至1884年底，两广总督张之洞把他调回广州。在广州，詹天佑也没干上自己所学专业的工作，先是服从调遣，当外文教师。接着，詹天佑再度听从官方调遣，再次上船，奉命测绘广东海图。直到1888年，经同学介绍，詹天佑进入天津的中国铁路公司工作。从此，学用对口，充分发挥了他学到的知识才华，也发挥了他在美国的铁路专业同学关系网的作用，把最新的铁路建设技术和设备，引入中国，大大加快了中国民族铁路事业的发展速度。詹天佑还把自己的长子、二子，送赴美国留学。二子詹文琮，在耶鲁大学学土木工程，回国后从事铁路修筑工作，抗战时在湖南抢修被炸毁铁路，积劳成疾，英勇殉职。

（三）詹天佑是为官清廉的典范

詹天佑的后半生，由于知识渊博，业绩显赫，除任职总工程师外，还经常任公司的行政领导，以及官方的一些技术官职。权和钱都是经常在手。詹天佑学习自己家族中爱国、敬业、助人、廉洁的杰出前辈，树立了毕生要为国家、要为百姓做事的人生观，即使当官，也只是为了更好做事、做好更多事，不为自己和亲人谋特权，因而一生业绩彪炳，品格高尚。主要体现在以下方面。

1. 亲力亲为，率先垂范

詹天佑在接到修筑京张铁路任务时，马上就带领两名工程师，勘测线路，攀山岭，穿林海，越水沟，历时一个多月，初定线路。在勘测的半路上，詹天佑才接到自己的官职任命书。

2. 设立、健全各种规章制度，规范各方面的管理

对采购铁路建设用原材料、设备的工作，詹天佑除了定好质量标准外，

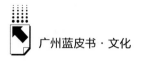

还制定登报招标购买的制度。以制度促工作，防腐败。

3. 对下属知人善任，与下属同甘共苦

詹天佑从不安排自己亲属任要职。对下属知人善任，提拔有才华而又尽职者。获上级奖赏，从不自己独吞，而是与有功下属共享奖金。如京张铁路建成通车，清政府奖励2000两银，詹天佑用来打造了金银牌共178面，奖给有功的下属工程人员，同时附发获奖通知书。

4. 爱情专一

1887年3月，詹天佑与谭菊珍成婚。谭菊珍，1868年生，是詹天佑父亲好友谭伯邨的第四女儿。谭伯邨是在粤港澳一带经商的商人，他目睹了海外先进科技，在得知容闳招收官派赴美留学幼童时，力劝詹天佑父亲把符合条件的詹天佑送出国。詹天佑与谭菊珍的婚姻，是在詹天佑11岁赴美留学前，由双方父母订下的。归国成婚后，詹天佑感受到，自己与谭菊珍的婚姻，绝不是"童养媳"式的婚姻，更不是买卖婚姻，而是双方家庭，共同承担詹天佑出国留学可能遇到的风险，是相互信任、支持的体现。婚后，詹天佑毕生唯一地深爱着谭菊珍。

（四）对鼓励当今留学生归国服务有现实的典范意义

詹天佑由官派国外留学，无条件听从调遣返回祖国，尽心尽力要使国家富强。1918年，他曾对留欧美同学演讲，号召"各出所学，各尽所知，使国家富强，不受外侮，是以自立于地球之上。"他自己毕生这样做了。他的后人也这样做了。他两位自费留美的儿子，学成后都归国为国服务。他的外孙女沈学均和丈夫王祖者也这样做了。他们两夫妇于1955年9月15日，与钱学森同船离美返国，为中国高教事业发展，做出了贡献。与当年詹天佑时的落后的旧中国相比，新中国，特别是在改革开放后，已经强大了很多。在很多领域，中国已领先世界。但实事求是地看，中国还在很多方面落后于世界先进国家。正因为如此，越来越多的中国学生，自费或公费出国留学。詹天佑，仍应是今天出国留学生的学习楷模。

四 活化利用詹天佑人文景观的建议

把恩宁路东段南侧的十二甫西街一带街区,建设成为詹天佑科技文化街区。恩宁路北侧,现在已经成了以粤剧文化为主、结合街区微改造的三雕一彩一绣展馆等特色景点。在广州市西关永庆坊旅游区的微博上,通过"玩转西关""导游导览"入口进入的这一区域的游览图,恩宁路以南一片空白。世界闻名的詹天佑三代人在此住过,詹天佑爷爷和詹天佑曾有两处房屋在此,可是连一个詹字都看不见。新一期的微改造,仍然没关注恩宁路以南,而是向北向东。大名鼎鼎的詹天佑竟被遗忘一空!建议把恩宁路东段的南侧街区,规划为詹天佑科技文化街区。除继续搞好詹天佑故居纪念馆外,适当扩建詹天佑小学校区。保留十二甫西街小巷,把这小巷发展成詹天佑旅游纪念品一条街。恩宁路东段南侧马路面,建议发展成为詹天佑景区科技文化街,引进中外先进科技文化产品、书籍销售,或在恩宁路南侧西段,建詹天佑少年科技馆。

在长洲岛黄埔军校旁,增建广东实学馆、广东博学馆、广东水陆师学堂历史展览馆。同时展出詹天佑相关事迹。广东实学馆于1880年,由两广总督张树声、广东巡抚裕宽筹建,并由从福州船政学堂调回广东籍的汤金铭、汤金铸兄弟筹办。1882年竣工开学。1884年底,两广总督张之洞把其改为广东博学馆。1887年再改为广东水陆师学堂。此学馆和学堂旧址就在今黄埔军校旁、竖有孙中山雕像的八卦山这一带。詹天佑在这工作了近四年。与汤氏兄弟的人生轨迹在此有交集,1919年广州的詹天佑追悼会上,汤金铸送了挽联。把鸦片战争后清代洋务派官员"以夷制夷"的努力,与民国时期的黄埔军校史,接连在一起,会给参观者更多的历史启示。詹天佑在投身铁路事业前,为广州引入外国先进科技所做的努力,深刻印于参观者心中。

在广州十三行博物馆增加詹天佑曾祖父詹万榜和祖父詹世鸾与广州十三行的故事,以及归原堂的故事,展示了詹家助人为乐的好家风。

在芳村聚龙村，利用留美幼童带队老师、英汉词典编者、《广报》《中西日报》等报刊创办人邝其照故居，办好这位历史名人的展览。他曾在1876年8月，带领120名在美中国小留学生，前往宾夕法尼亚州费城，连续三天参观美国开国100周年博览会，受到当时美国总统、南北战争英雄格兰特的接见。2002年7月，聚龙村民居被定为广州市文物保护单位。2020年10月，聚龙村被中华人民共和国住房和城乡建设部评为"中国传统村落"。目前，聚龙村的相关房屋和村容村貌都保护较好，但相关的历史名人事迹没有组织展示。像邝其照这样一位有与众不同业绩的文化名人、曾经的詹天佑的老师，其故居只有门口信箱5行字的介绍，太过简单，应该让参观者真实了解这些房屋的原主人，把这些房子活起来，把这景点活起来。

在龙津西路小画舫斋，办好新加坡华侨、粤汉铁路首任副总办、主办《七十二行商报》和创办坤维女子学堂的黄景棠先生展览。黄景棠在1911年广州保路运动中是举旗人，这段时间与詹天佑有直接交往。这里产权还是省木偶剧团的，建议由相关管理部门督促其开展。

在曾与詹天佑有关的西关小巷（景云里、逢源南、逢源正街）树立相关雕像或纪念铭牌：下九路景云里（詹天佑祖母娘家），龙津西路逢源南街（詹天佑曾有故居在此），逢源路逢源正街（詹天佑留美同学梁普照、梁普时家居，此两人是1873年第二批赴美留学）。目前景云里只拆剩东面一小段，建议这段能保留下来，作为詹天佑在广州家族的一个历史见证。

加强与在原广州黄沙车站由铁路部门筹建的铁路博物馆和詹天佑纪念馆的联系，促成其尽快完成布展开放；开放后，加强与全市各相关詹天佑景点的联系与交流。

由市文化旅游部门统筹做好上述的活化利用工作，由各相关区或主管单位落实完成。如小画舫斋，位于荔湾区，管理单位却是省木偶剧团。

进一步地活化景观，还可与外省市、外国的相关詹天佑景观交流沟通，如北京詹天佑纪念馆、武汉詹天佑博物馆、婺源詹天佑祖居纪念馆、福州船政学堂旧址、张家口的纪念公园、耶鲁大学等。除了丰富各景点的展览内容，开展专题专线游外，还可通过视频上网、出书等多渠道合作宣传，从而取得宣传最佳值。

广州还有很多与名人相关的景点。如为国捐躯的邓世昌，民国初期宣传马克思主义的"北李（李大钊）南杨"中的杨匏安，中共创始人之一的陈独秀，从广州西关走到澳门的爱国商人马万祺，广东"南天王"陈济棠……我们应积极做好活化相关人文景观的工作，让他们的爱国精神、推动社会前进的精神，永远激励我们后来人奋勇前进。

参考文献

詹天佑：《徽婺芦源詹氏支派世系家谱》，现藏詹天佑孙詹同保家中。

詹同济：《引进西学振兴中华之工学家詹天佑》，珠海出版社，2007，第 137～227 页。

朱汉国等：《中国近代国耻全录》，山西人民出版社，1993，第 12、129～130、133～134 页。

李国荣等：《清代广州十三行编年史略（第三卷）》，岭南美术出版社，2019，第297～299 页。

胡绳：《从鸦片战争到五四运动》，人民出版社，1981，第 151～159 页。

J. G. Wong（王金职）：*Memoir of Tien Yow Jeme*.（Transactions of the American Society of Civil Engineers，Vol. LXXXIII，1919–1920），凌鸿勋、高宗鲁：《詹天佑与中国铁路》，（台北）"中央研究院"近代史研究所，1977，第 195～215 页。

Edward J. M. Rhoads：*Steeping Forth into the World.* 香港大学出版社，2011，第 110～113 页。

孙巨人：《与钱学森同船回国的王祖耆院长》，杭州电子科技大学学习强国平台，2020 年 7 月 14 日，《教书育人》栏，《杭电记忆》。

专题调研篇

Special Research

B.15
关于广州中学生革命传统
认知的调查研究报告[*]

广州青年运动史研究委员会研究室^{**}

摘　要： 为深入开展"四史"教育，了解当前青少年对近代广州革命传统历史的认知情况，2020年广州青年运动史研究委员会面向全市中学生开展革命传统认知调查；通过对"需求端"的摸底，充分认识到青少年革命传统历史教育中存在的问题和不足；进而从"供给端"提出加强青少年传统革命教育的方法和设想，为新时期如何加强青少年思想引领工作指出具体路径，提升青少年主动学习传统革命文化的积极性，最终实现以史育人的教育目标。

　＊　本报告系2020年广州青年运动史研究委员会研究室的研究成果。
＊＊　课题组组长：袁卫根，广州青年运动史研究委员会研究室主任；课题组成员：丛光辉，广州青年运动史研究委员会研究室副主任；顾磊，广州青年运动史研究委员会研究室职员（管理岗七级）；刘思贤，广州市团校助理研究员；黄雁璇，广州市花都区新雅街镜湖学校团委书记，中学二级教师。课题执笔人：刘思贤、黄雁璇。

关键词： 中学生 革命传统文化 "四史"教育

一 研究背景与意义

14～18 岁处于中学阶段的青少年正是树立人生观、价值观、世界观，培养民族、国家、政治文化认同的关键期，2017 年 4 月，中共中央国务院印发的《中长期青年发展规划（2016～2025 年）》就指出"要把爱国主义教育贯穿国民教育和精神文明建设全过程"，因此向中学生普及革命历史知识是教育使命使然。同时，共青团作为中学团员政治理论认识的"始发站"也应让团员青年明确"要教育团员和青年学习革命前辈，继承党的优良传统"①。2019 年 11 月中共广东省委宣传部根据《新时代爱国主义教育实施纲要》要求"落实分工，确保爱国主义教育各项任务要求落到实处"。2021 年 1 月，中共中央宣传部、教育部关于印发《新时代学校思想政治理论课改革创新实施方案》指出"初中阶段重在打牢学生的思想基础，高中阶段重在提升学生的政治素养"。2 月 20 日，习近平总书记在党史学习教育动员大会上指出"学史明理、学史增信、学史崇德、学史力行""要在全社会广泛开展党史、新中国史、改革开放史、社会主义发展史宣传教育，普及党史知识，推动党史学习教育深入群众、深入基层、深入人心"。这一系列论述，为"四史"教育学习指明了方向。

广州是中国近现代革命的重要策源地，仅越秀区至今仍保留着 37 处革命历史文化遗址。2018 年 9 月，广州市委办公厅印发了《关于进一步加强红色革命遗址保护利用工作的若干措施》，并发布了《广州市红色革命遗址保护与利用三年行动计划（2018～2020 年）》。2019 年 11 月广州印发的《广州市推动城市文化综合实力出新出彩行动方案》提出广州将全力打响红色文化品牌，将整体规划保护红色革命遗址，连片打造革命史迹主题区域，

---

① 中国共产主义青年团章程第四章第二十三条第三款。

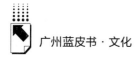

擦亮英雄城市品牌。借此，我们针对广州地区中学生这一群体，着手开展革命传统文化认知状况调查。笔者认为，对革命传统认知程度与认知需求进行调查了解是进行革命传统文化普及的前提与基础，这对加强与改善青少年爱国主义和革命传统教育、创新教育形式等，都具有重要的参考意义。

二 中学生对革命传统文化认知的整体情况

此次问卷调查参照《2019 年广州市教育统计手册》数据，选取市、区属中技类学校 27 所，市属公办 6 所，区属公办学校 2 所，国企办 1 所，民办 18 所。① 根据中学生总数及男女比例，按区域、年龄、学校类别分层等比例抽样，全市共回收有效答卷 1852 份，问卷分布与 2019 年在校中学生人数基本吻合，其中受访对象男性占 47.71%，女性占 52.29%；年龄集中于14～19 岁，平均年龄为 15.6 岁；受访对象所在学校全面覆盖广州各区（越秀 8.86%，荔湾 10.28%，海珠 9.07%，天河 9.01%，番禺 8.70%，白云10.07%，黄埔 8.28%，从化 9.80%，增城 9.01%，南沙 8.86%，花都8.07%）；公办学校占 93.62%，逾九成。按学段划分，高中生占 52.29%，初中生占 25.67%，中职中技类占 16.97%；受访中学生校内学生职务以团干部、班干部、学生会干部为主，占比为 60.31%，未担任任何职务占比为39.69%。针对本次调查的主要问题，结果如下。

（一）中学生对革命历史事件、革命历史人物、革命纪念遗址的了解情况

1. 关于广州革命历史事件

调查显示，中学生对考纲以内的重大历史事件认知度良好。例如85.98% 的学生明确了解"建立黄埔军校"，72.01% 的学生知道"广州起义"。而中共三大秘密召开（47.29%）、国民党一大召开（48.02%）、国民

---

① 广州市教育局、广州市教育研究院《2019 年广州市教育统计手册》。

革命军出师北伐（47.97%）、共青团"团一大"（34.16%）等在中学考纲里并没有列为重要考点的，学生对以上历史事件的知晓度显著下降，不足五成。

2. 关于革命历史人物

调查显示，中学生对于近代早期广州历史人物认识度高，例如对洪秀全（78.12%）、康有为（81.55%）、梁启超（90.51%）、邓世昌（71.53%）的认识度均超七成。但是对于中国共产党早期革命活动家，例如团的早期领袖张太雷、施存统、蔡和森、高君宇等不超过三成，甚至都不认识的占35%（见图1）。55.19%的学生听说过许广平、40.64%的学生认识朱执信，对于广州近现代革命史上的何香凝、周文雍、杨匏安、陈铁军等，认识的仅占两成左右，都不认识的也将近两成（19.03%）（见图2）。

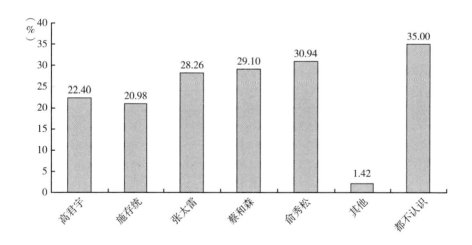

图1　青少年对近代民主革命先驱认识情况

3. 关于革命纪念遗址

调查显示，广州烈士陵园（69.58%）、黄埔军校旧址纪念馆（50.34%）的学生参观率超五成，黄花岗七十二烈士陵园（43.86%）、农讲所旧址纪念馆（37.11%）、广州起义纪念馆（32.26%）的学生参观率超三成，而近年来热门打卡的中共三大会址纪念馆（19.66%）、团一大旧址

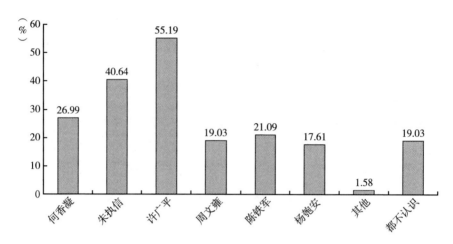

图2　青少年对广州近现代革命史上先驱认知情况

（15.55%）、东园（5.64%）的学生参观率却不超两成，都没去过达到
15.92%（见图3）。

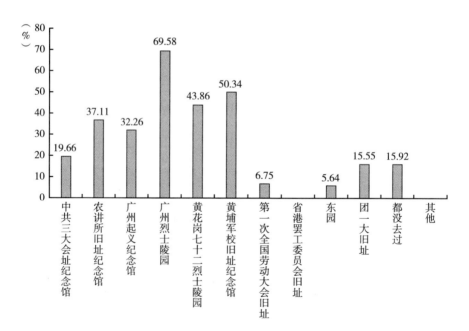

图3　青少年对广州近代革命传统教育基地认知情况

（二）中学生对革命传统教育学习的价值认知

1. 对参加革命传统教育活动的认知

调查显示，有52%的被访者参与了广州市教育局开展的"弘扬延安精神"革命传统教育系列活动。参与者中，有58.6%认为"很有收获，感触很深"；38.66%认为"有收获，有感触"。由此可见，参与者对活动的认可度比较高。而在给出的课题选项中，参与者认为其与传统革命教育的相关性几乎保持在60%～80%，相对比较平均。

2. 对革命传统文化的兴趣度

调查显示，学生对革命传统文化是比较感兴趣的。将近五成（均超过900人）表示对革命基地参观、艺术作品、英雄人物很感兴趣，四成的人对革命传统知识很感兴趣。超过700人对此4项均比较感兴趣，以上合计超过1600人，占有效问卷的八成以上（见表1）。

表1 "您对以下革命传统文化感兴趣的程度如何"分析

单位：%

选项	非常感兴趣	比较感兴趣	一般	没什么兴趣	一点兴趣都没有
革命基地参观	49.92	37.64	11.28	0.69	0.47
革命传统知识	41.49	40.06	16.92	1.11	0.42
革命艺术作品	47.6	37.16	13.65	1.16	0.42
革命英雄人物	49.45	37.01	12.44	0.69	0.42

3. 关于中学生是否有责任和义务去继承和弘扬革命传统文化

调查显示，98%以上受访者认为中学生有责任和义务去继承和弘扬革命传统文化；超过97%认为有必要把爱国主义教育等贯穿在中学校本教育中。受访者中82%以上表示会积极参加革命传统文化的宣传。到传统教育基地参观，可以接受的路程时间为半小时到一小时居多，亦有34%表示"想去的基地，不管多远都会去"。由于个人兴趣主动阅读革命经典著作、了解革命英雄事迹的占71%，有近21%表示"不会主动阅读，但学校活动会主动参加"，"因考试或考核而阅读"的占了7%左右。

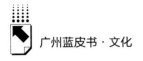

（三）中学生对革命传统文化的认知渠道

1. 关于革命传统的认知主要来源

调查显示，学校教育（7.95分）是中学生对革命传统认知的主要来源，紧随其后的是"影视作品或网络"（5.91分）和"图书等纸质传媒"（5.9分）。在调查学生主观学习倾向之后，学生们也纷纷表示更倾向于从学校接受革命传统认知教育，综合得分为5.61（9个选项）。78.07%的学生了解革命经典作品以学校教育（教材/课堂）为主。学校革命传统认知教育基本以"政史课、团队课"等相关课程教育为主，占比达61.47%；以竞赛活动为辅，占比为24.93%；相对缺少革命纪念地现场教学、云教学等，两者占比之和，甚至不足9%。

2. 关于主动学习革命传统文化的渠道

调查显示，广州学生更倾向于通过"影视作品或网络"（5.94分）、"学校"（5.61分）、"纪念馆或革命遗址现场参观"（4.83分）和"图书等纸质传媒"（4.71分）来了解革命传统文化。不少学生是通过自主购买或借阅书籍，阅读革命经典作品，了解革命传统文化。同时，从学生主动学习意愿测出"纪念馆或革命遗址现场参观"的得分高达4.18（9个选项），且相比"图书等纸质媒体"，学生更愿意选择该种渠道获取革命传统文化，综合得分达4.83（9个选项），超过前者，仅次于"学校教育"和"影视作品或网络"。最后问卷结果显示，除以上渠道之外"家庭教育"综合得分为2.82（9个选项），也是中学生革命传统认知来源的重要途径之一，且学生亦愿意从"家庭教育"中接受革命传统教育。

3. 关于展示传统文化的形式

调查显示，"影视作品（78.28%）"的展示形式，成为学生最喜爱的方式，接下来的是"展览"（58.62%）和"图书"（55.46%）。在参观过程中，学生更希望参与到"寻宝活动"（40.8%）和"听专业老师讲历史小故事"（33.9%）中。展陈方式最让人印象深刻的是"场景复原"（24.35%）和"实物展示"（24.3%），让学生有身临其境的代入感，更好地感受革命传统文化。

4. 关于在学校接受革命传统教育的时间

调查显示，一个月内在学校接受过革命传统教育中学生占41%，超过一个月的占19.56%，半年前的占24.46%，一年前的占将近15%。

5. 关于如何丰富革命传统文化

调查显示，目前广州市中学开展关于革命传统认知的主要形式有政史课、团队课等"相关课程"（61.47%）、"经典诵读、主题征文、唱响红歌等竞赛形式"（24.93%）。有56.56%的人认为学校目前开展革命传统认知教育的效果很好，39.27%认为一般。对革命经典作品很感兴趣的有35%，感兴趣的有45%，觉得一般的有18%。通过电视或网络了解革命经典作品的有79%；还有78%认为与学校教育有关。丰富革命传统文化教育的方式，选择"建好用好爱国主义教育基地和国防教育基地"占比最大，达85.71%；然后是"发挥传统和现代节日的涵育功能"（65.95%）和"组织重大纪念活动"（62.94%）（见图4）。

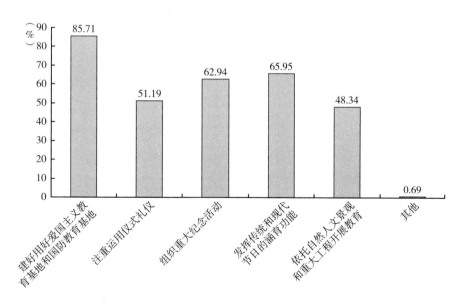

图4 中学生对于"如何丰富革命传统文化教育"的认知

（四）学校对革命传统教育情况及中学生对革命经典作品的关注情况

1. 关于学校目前开展革命传统认知教育的效果

调查显示，广州中学生普遍觉得学校目前开展革命传统认知教育的效果很好（56.56%），一般的占39.27%，没感觉和不好的比例分别是2.85%和1.32%。

2. 关于革命经典作品感兴趣程度

调查显示，学生对革命经典作品很感兴趣的占35.21%，感兴趣的为45.6%，一般和没感觉的比例分别是18.08%和1.11%。在了解革命经典作品的主要途径方面，选择学校教育（教材/课堂）为主的比例是78.07%，电视或者网络相关文章和视频的比例是79.34%，自己购买或者借阅书籍了解的比例为35.69%，而没兴趣，基本不读以及其他的比例之和是2.8%（见图5）。

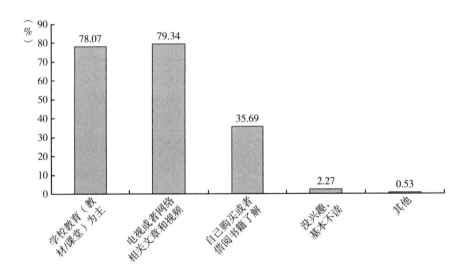

图5 青少年了解革命经典作品的主要途径

（五）当前中学生革命传统文化学习过程中存在的问题

1. 对革命传统文化充满好奇心，但相关学习内容未成体系

广州中学生对革命传统文化的认可度较高，对学校开展革命传统教育的效果持普遍肯定，亦愿意主动学习。但中学生年龄群组的学习生活实际情况，受制于距离、时间等因素，学生参观传统教育基地的积极性受到影响。同时，中学生们对革命经典作品也比较感兴趣，但目前学习内容、形式、方式尚未形成相应学习系统，有待改善。

2. 对革命传统文化不求甚解，对红色文化浅尝辄止

当前广州中学生仍面临相当大的应试压力，因此超出考纲范围却蕴含了革命精神的历史文化内容如未被教材采纳，则无法进入学生主流学习领域，学生对于革命历史事件、人物、旧址文化等内容也就停留在考纲范畴层面。在实际生活中学生虽然有兴趣学习了解，但多流于表面"听说""讲古"，拘于"知道分子"。

3. 认知渠道仍以学校教育为主，新媒体及其传播方式或将成为主力

图书等纸质传统媒体在青少年群体中影响力稳定，但影视作品等声画媒介或新媒体等网络媒介影响力日趋提升，传播效力效果前景看好。如若想提高学校革命传统教育的质与量，一方面要建好用好现有革命传统文化或红色文化教育基地，另外一方面则是通过更丰富的展现方式提高革命传统文化学习的趣味性和实用性。

三　广州青少年开展革命传统教育的
外部环境与内在挑战

（一）外部环境与历史机遇

广州是广府文化的发祥地，拥有两千多年历史，有深厚的传统文化底蕴。在近现代历史上，广州也是中国近现代民主革命的策源地，拥有革命传

统、红色教育基地 30 多个，这些实体基地及展馆多具有完备的硬件设施，为中小学生爱国主义教育提供了诸多便利优势。同时，广州作为中国的"南大门"，不仅是广东省的省会，更是整个粤港澳大湾区的区域核心之一，文化上与港澳联系密切，兼容并包多元文化汇集。交通上四通八达，所有红色文化教育基地基本已实现公共交通直达，为普通市民参观学习提供了极大便利。在凝聚了"天时""地利"之后，如何更好地挖掘并发挥广州革命传统文化软实力，是此次研究关注的重点之一。

随着生活物质水平的不断提高，人们对精神世界的追求也是愈发迫切。习近平总书记曾指出"坚定文化自信，是事关国运兴衰、事关文化安全、事关民族精神独立性的大问题"。而革命传统文化作为中国传统文化很重要的一部分，带着催人奋发的正能量，是坚定文化自信的有效途径。近三年全市红色旅游景区景点每年接待的游客均超过 2000 万人次。从前文调查数据来看，将近 50% 的中学生表示对革命基地参观、艺术作品、英雄人物很感兴趣，41.49% 的人对革命传统知识很感兴趣，充分说明青少年对史实充满了求知欲和探索心，青少年传承红色基因、发扬红色精神的大趋势是利好的。

（二）内部不足与现存挑战

广州为贯彻落实习近平总书记关于弘扬传统文化的重要论述，做好文化遗产保护工作，让城市留住记忆，促进城乡规划与传统文化的融合发展。2019 年 12 月印发了《广州市红色文化传承弘扬示范区（越秀片区）发展规划（2019～2025 年)》（以下简称《规划》）。《规划》提出将以越秀区为主体创建国家级红色文化传承弘扬示范区。到 2021 年中国共产党建党一百周年之际，广州基本建成国家级红色文化传承弘扬示范区；到 2025 年，广州全面建成国家级红色文化传承弘扬示范区。

尽管政策目标已做指引，但现有广州红色教育基地吸引力和宣传度仍存在诸多不足。从问卷调查及访谈中得知，大多数传统革命基地展示形式仍以展览为主，图片、物品展示等，呈现方式较单一。讲解人员配备不足，吸引力不足，对于参观者来说，接受革命传统教育的效果一般。对于广州革命传统文化宣传力度不够，工作开展了但是普及程度不高。宣传的途径不够多，多数为新闻媒体、展示栏等短期宣传，长期持续性高的宣传较少，也缺少过程性效果考察。

部分革命传统景点由于修补维护不及时、开放入园时间短、宣传力度不够、离市区中心较远等原因，吸引力不够。书籍因为年代久远、表述方式平铺直叙等原因也没有很受中学生欢迎。电影也可能因为选题不够新颖、拍摄手法不够创意、拍摄效果不够震撼有冲击力，同样吸引力不够，亦没有本土特色的创作作品，这对革命传统的弘扬是一个很大的困难和挑战。

事实上，广东省已于2018年启动中学生综合素质评价，将参观爱国主义教育基地纳入考评中，中考、高考评价方式的转变，促进学校、家长、学生重视革命传统教育。同时，在《关于深入实施青年马克思主义者培养工程的意见》（中青联发〔2020〕5号）中也指出青马工程要开展红色教育，主要方式是组织学员赴革命传统教育基地、爱国主义教育基地、革命遗址等实地学习。但在实际学习过程中，调查显示学生更希望再参观的时候参与到"寻宝活动"和"听专业老师讲历史小故事"中，但目前弘扬广州革命传统文化的讲师、讲解员较缺乏，讲解方式单一，以传统讲述为主，缺乏互动。

此外，发挥家庭、学校、社会联动机制也将有助于推动红色文化学习。从问卷调查可以得知学校很少组织学生到革命遗址、纪念馆进行实地实境的现场学习。分析其原因是家校、社会联动的机制还不够健全，受外出学习课时、各方沟通、资金的限制。革命传统资源进校机会少、途径少、方式单一；从学校层面来看，除了一些有特定历史文化的学校，多数学校重视革命传统认知教育力度不够，在资金、时间、课程的安排上不够。而家长比较重视学生学习成绩和兴趣特长培养，对于学生革命传统的教育重视程度一般。这些环境因素都制约了青少年在成长过程中对红色文化的学习。

最后，笔者认为部分青少年亚文化对当前主流文化教育也形成了极大冲击和挑战。当今青少年生长于相对安定安逸的家庭社会环境，在商业环境簇拥下形成了网红流量明星"饭圈"、动漫"二次元"等青少年亚文化圈层。目前我国未成年网民规模为1.75亿人，未成年人互联网普及率达到93.1%，他们追求刺激、新鲜、个性的心理不断被强化。① 这个问题追根溯源一是商业社会的文化糟粕冲击，二是我们主流文化价值引导全覆盖不足，不怪青少年"不够热爱"，只因他们"未曾了解"。事实上，当主流红色文化在改善传播方式之后，90%的受访者都认为"共青团中央在视频弹幕网站bilibili推出的作品《天行健》大家非常喜欢"。

四　如何提升广州青少年革命传统文化教育成效

（一）助力制度安排，做好革命传统教育基础保障

十九大报告中，习近平总书记强调："文化自信是一个国家、一个民族发展中更基本、更深沉、更持久的力量……继承革命文化，发展社会主义先进文化，不忘本来、吸收外来、面向未来，更好构筑中国精神、中国价值、中国力量，为人民提供精神指引。"革命传统教育，就是要引导广大青少年继承与弘扬优秀的革命文化，增强文化自信。具体规划思路如下。

一是做好制度保障。在此次调研与访谈中，课题组发现部分省级、市级革命文化传统相关文件因为种种原因并不能在基层学校落地落实。因此加强政策宣讲宣导迫在眉睫。同时，通过对中学生革命传统教育情况的调研，教育主管部门可针对基层学校在推进过程中存在的困惑与困难，为学校提供实践纲要、实施策略、工作指引等必要的工作制度保障。例如可将革命文化传统教育纳入中学生必选科目，或纳入思政、历史中考考纲。同时在其他学科教学中也适度引入，积极引导学生关注学科内与革命传统文化相关的内容，比如地理课中的红色景点、音乐课中的红歌等，从而实现日常、经常、恒常教育。

---

① 《2019年全国未成年人互联网使用情况研究报告》。

二是做好资金保障。课题组在访谈中得知，目前基层学校在革命传统文化方面的资金预算基本为零，这也成为基层学校大力开展革命文化传统教育的重大困难。因此，建议学校在做年度资金规划时候留置相关预算。同时，上级职能部门亦可通过组织比赛等方式，为优秀的学校提供相应资金支持。

三是做好教材保障。调查显示，广州中学生关于传统文化的学习主要来源于学校，因此配备优质的革命文化传统教材尤其重要。在现阶段，建议学校可先行尝试编写校本教材，加强学生传承革命文化品德教育。通过引导学生对近现代史的认识，促使学生主动树立正确的理想信念和价值观，传承老一辈革命英雄艰苦奋斗、艰苦朴素、挑战自我、超越自我、奉献社会的崇高精神和历史使命感、责任感；逐步培养学生"刻苦勤奋，求实进取"的品格品质；抑或由教育主管部门牵头组织全市优秀的思政、历史、团干等骨干教师编写广州革命传统地方特色教材，并将教案进行汇编总结，以供给广大中学生灵活学习使用。

四是做好师资保障。各中学学校可积极作为主动联合广州红色教育基地骨干讲师走进中学校园，为思政、历史、团干教师提供课程培训，做好校内师资的开发培养，保障一线教师人人会讲、人人讲好优秀文化传统故事。做到以上目标一是要政府和学校加大对革命历史文化资源的开发和利用强度，包括物质资源、精神资源、信息系统；二是要采用多元化的教学方法，包括做到改进课堂教学方法，丰富课外教学活动；三是要建立健全课程评价体系，除了课程专家和教师之外，还需要把家长和学生纳入其中，由于每个学生具有个体差异性，需要学生进行自我反思、自我激励和自我认同，让学生发挥主体作用，进行自我评价、反思和总结，从而取得积极效果；四是全面提升教师水平，包括提高教师的业务素质、思想道德素质和运用网络信息的能力。

（二）善用现有资源，拓展革命传统文化学习渠道

调研中得知，广州革命传统资源非常丰富，从晚清的旧民主主义革命到百年前的新民主主义革命，皆蕴含着丰富的革命精神和厚重的历史文化内

涵。当前党史教育学习正在如火如荼地开展，在广州的越秀区，就拥有最丰富、品级最高、最集中的红色文化资源，37 处红色史迹①为中学生学好党史，学懂"四史"提供了丰富的环境。借此，具体工作思路如下。

一是学校应积极作为，主动拓宽中学生了解革命传统文化的主要途径，加强学生爱国、爱党的思想情怀。例如开展"红色之旅"（即深度开发红色文化研学路线，可结合定向打卡、完成研学任务过关式互动，吸引学生）。凭借广州既有的丰富红色文化资源，创造优良的革命传统文化学习环境。

二是学校要分层次把革命传统文化渗透在德育教育中，加强学生爱国爱家乡教育。开展"红色讲解"（即通过广州红色教育基地，联合招募革命传统教育之旅红色小小讲解员，集中培训，让小小讲解员在自己的学校、所在区进行红色宣传讲解活动）、"红色竞赛"（即开展中学生革命传统文化演讲、情景剧或知识小达人竞赛等，通过竞赛既可以适当考察当前学生对革命传统的了解情况，也可以通过竞赛选拔人才或好作品，进而树标杆、做推广）。开展"红色研学"（即建立红色文化知识库，并开展深度课题研究，让革命传统的研究在基层学校落实落地），创办青年人读得懂，喜欢读的"红色刊物"（即编写青少年革命传统相关读物、动画、影视作品等）能以更多元化的形式进行革命传统文化教育宣传。举办"红色活动"（即广泛组织开展实践活动，除了校内开展的特色活动）。通过"寻宝活动"或"听专业老师讲历史小故事"等，讲好红色故事，让学生在传承和创新中受到影响和教育，深切体会和领悟爱国主义情怀，激发革命斗志，增强使命感和责任感。

三是学校可加强实地实景参观访学，做好红色文化创新创作。例如组织"红色基地"现场教学（即组织学生参观纪念馆、展览馆、博物馆、烈士纪念设施，参加军事训练、冬夏营令等）；倡导"红色文艺"（即创作开发具有广州革命文化特点的优秀文艺作品，例如唱好红色歌曲，讴歌革命先烈，唱响具有革命精神的正气之歌。或者创编红色剧目，可以将革命先烈的故事加以

① 越秀区拥有全国重点文物保护单位 7 处、广东省文物保护单位 7 处、广州市文物保护单位 12 处、尚未核定公布为保护文物单位的不可移动文物 11 处。数据来源微信公众号：越秀青年正能量。

创造成为话剧、影视作品进行展演、展播等，像广州创作的话剧《沙湾往事》、粤剧电影《刑场上的婚礼》等皆为优秀红色文化作品）；创新"红色文创"（即联合广州红色基地模仿故宫设计相关的文创作品，比如制作团一大、农讲所等地标的钥匙扣、徽章、冰箱贴、笔、杯子、明信片、雪糕、绘本等。笔记本内页附上简短的革命故事、重要历史事件的科普文字等，也可通过打卡答题等方式免费获取，提高学生参观学习的兴趣及满意度）。

（三）创新教育方法，依托新媒体提升文化传播效率

充分挖掘革命传统教育资源，是丰富充实并塑造中学生精神世界的重要举措，是加强中学生思想政治教育的重要依托。我们在此次课题调研中发现，目前广州地区革命传统教育在方式上仍然存在明显不足，主要体现在：呈现的方式偏少、内容不够丰富，宣传的力度欠缺、落地途径较单一，学校教育的普及度不够、辐射面较窄等方面。要提升革命传统教育的效果，必须在教育方式上进行创新，提升革命传统教育的吸引力、感染力、辐射力。

一是重视发挥新媒体生态优势，拓展线上阵地。宣传革命传统文化要善于借用新媒体平台及传播方式，例如目前线上红色阵地以抖音、B 站等已成为广大青年喜爱的新媒体为阵地。在此平台上学校教师引导学生可以创造性地开发革命传统教育的输出途径，如云研学，以更适合中学生身心需求的方式开展革命传统的教育。在疫情期间，云研学通过视频与讲解模拟现场参观等。在疫情常态化背景下，能够在保证学生安全的前提下促进学生发展，在数字化时代，融合了"互联网＋""智能＋"技术的线上研学，克服了时间与空间的限制，为研学旅行的发展提供了新思路、新前景。此外围绕"微博、微信、微视频"进行内容投放，对多媒体形态下的 AR、VR 等 5G 时代媒体平台内容进行前期准备，运用大数据分析传播影响力变化，确保传统革命文化资源的开发及资源投放有据、有标准、有效果。

二是运用新媒体技术创新对红色文化内容的运用，加强革命传统文化资源挖掘效率，提升青少年学习效率。例如设置实景虚拟平台，通过云参观、场景复原、实物展示和基地打卡、现场教学等方式，让学生有身临其境的代

入感，更好地感受革命传统文化，提高革命传统文化学习的趣味性和实用性。在全媒体环境下，受众对特定信息的关注度以小时计，因此要保证传播革命文化及其各类载体的影响力，必须要高质、高量地提供大量更新信息，这就需要在传统革命文化的保育开发进程中，运用现有成熟的区块链数据共享技术，建立传统革命文化共享数据平台，实现对历史资料在发掘、整理、保护、研究、发布各个环节的高效协同性，建立共建共享机制下的革命传统文化资源开发模式，为向全媒体平台的信息更新提供数量及质量上的充分支持。倘若技术程度能够完成此步骤，那么对青少年学习传统革命文化的效率将是质的飞跃。

三是借力主题活动日标签，推动受众向传统革命文化史迹、事迹引流。广州的传统革命纪念日颇多，要特别重视红色文化纪念日活动，结合时间节点打造革命传统文化学习仪式感。例如学校可开展广州市中学革命传统活动月（周）系列品牌活动，可定在每年清明、五四、七一、八一、九一八、国庆、一二·九等重大节点，全面提升中学革命文化传统教育。例如组织学生在清明祭扫烈士墓、国家公祭日进行默哀等，在重要的历史纪念日中，进行仪式教育，通过切身体会、沉浸式教育去感受历史、缅怀先烈，激发爱国之情。或结合主题党、团、少先队活动日、班会课等，全员参与，全方位营造浸润式的仪式教育、活动教育。

在青少年中开展革命传统文化教育是一项长期系统工程，需要全体教育工作者和党团史、教育、宣传部门共同行动起来，共同挖掘广州革命传统文化的精神财富和文化资源。这其中包含着丰富的革命意识、民族意识和国家意识内涵，更是推动中国共产党和中国人民在新中国建设与发展的新阶段、新环境下坚守初心、砥砺前行的重要文化引领力与政治资源。我们要通过线上线下各种渠道方式，让广州青少年从中学阶段开始就了解中国共产党为中华民族崛起的奋斗史、创业史，从青少年价值观形成期就培养他们对党的感情，从而真正实现提升民族文化自信的软实力。

B.16
关于广州海珠国家湿地公园的
建设实践与思考

温朝霞　段丽杰*

摘　要：　广州海珠国家湿地公园在建设过程当中，创新征地政策、多元修复生态，并将"无界"和"智慧"理念贯穿其中，探索出一条都市生态与城市发展良性互动之路，发挥了良好的生态效应、经济效应、文化效应和社会效应，在城市生态文明建设领域极具代表性。未来海珠湿地应从城市规划、生态品质、经营管理和经济效益四个方面继续发力，挖掘海珠湿地和城市发展深度互融的空间，进一步推动海珠湿地建设，促进城市可持续发展。

关键词：　海珠湿地　可持续发展　综合效应　深度融合

　　湿地与森林、海洋并称为全球三大生态系统，有"地球之肾"、"天然水库"、"天然碳库"和"天然物种库"等美誉，建设湿地公园是保护湿地环境的一种重要方式。广州在湿地生态环境建设方面成效显著，其中一项颇具代表性的实践即基于城市中央原有的湿地资源（万亩果园）建设国家湿地公园，实现对城市湿地资源的有效保护、开发和利用。这一创举不仅有利

＊　温朝霞，博士，中共广州市委党校（广州行政学院）校刊编辑部副主任、《探求》杂志副主编，教授，主要研究方向为城市文化；段丽杰，博士，中共广州市委党校海珠分校高级讲师，主要研究方向为生态文明建设理论与实践。

于城市生态建设，也大大提升了区域经济建设和城市整体可持续发展。目前，广州海珠国家湿地公园（以下简称"海珠湿地"）作为全国乃至世界罕见的城央湿地，其在城市中的重要性及价值已获得广泛共识。从饱受侵蚀、濒临"消失"的万亩果园到"具有全国引领示范意义的"国家湿地公园，再到"全国最好""全球标杆性城央湿地"，海珠湿地初步探索出一条都市生态与城市发展良性互动之路①，同时也面临着和城市发展深度融合的路径突破问题。

一 广州海珠湿地的建设实践

广州海珠湿地在建设过程当中创新征地政策、多管齐下促进生态修复，并将"无界"和"智慧"理念贯穿其中，探索出一条都市生态与城市发展良性互动之路。

（一）"只征不转"破土地难题

广州海珠湿地的前身是岭南著名的水果之乡——万亩果园。20世纪70年代末至90年代初是万亩果园发展的鼎盛时期，90年代末随着广州快速工业化与城市化发展，万亩果园及周边地区逐渐被城市居住区和工厂包围和蚕食，大量未经处理的工业和生活废水直接排入，导致水环境污染、河涌淤塞、生境退化等问题的出现。果园范围内村社与周边地区的经济发展水平差距日益拉大，果园湿地生态环境保护（城市"保肺"）与区域经济发展（村民"保胃"）日渐成为对立面，两者之间矛盾日益尖锐。为解决生态保护与城市发展的对立问题，广州市几经探索尝试，最终于2012年3月提出"只征不转"的土地征用政策，这一政策在全国范围内前所未有，获得国务院批准而成为全国首创案例。"只征不转"是指不改变城市规划区内具有农业或者生态用途的非建设用地原有用途，将其收归国有并由政府进行统一规

---

① 新华社：《海珠湿地：城央美景花香浓》，https：//www.sohu.com。

划、统一保护和统一管理①。村社在留用地上发展集体经济，这一创举为万亩果园蜕变为最大、最美国家湿地公园铺平了道路。

（二）多管齐下促生态修复

首先，借助自然潮汐恢复水文交换能力。海珠湿地公园内河涌遍布，将湿地内 39 条河涌加以疏通并通过 34 个水闸和珠江水系联通，形成"滩涂缓冲区—坑塘蓄滞区—潮道净化区"三级感潮河网，湿地在珠江潮汐的水文节律支配下完成水体的自然循环，同时通过适时的挡水和泄水控制水位，通过雨洪调蓄有效防止了城市内涝灾害，保持城区水生态平衡②。

其次，建立污水管控体系。包括：实现湿地周边区域污水管网全覆盖，增强截污纳管能力；利用生物技术和沉水植物改善水质；建立联控水闸，利用珠江潮汐水位变化规律，科学高效调控水位，增加水体流动性，盘活海珠湿地水网系统，增加水体交换和自净能力。

再次，湿地通过打造适宜生境，提高生物多样性。对生境的改良具体包括：依托周边的河涌选择性增加滩涂面积，营造多种环境及植被类型；在边界及内部道路周边区域，结合地形恢复水敏性小微湿地；在水域较深区域设置生态浮床等。此外，湿地建设也高度关注土壤和声环境。海珠湿地制定化肥农药使用规程，优先使用生物防治方法，降低农业面源对土壤的污染，并联合广东省环科院合作开展土壤恢复研究。为减少噪声对生态系统的干扰，湿地在边界种植高大乔木，以生态阻隔方式减弱噪声，并在南环高速路段实施道路隔音工程，同时干预广播和游客噪声污染，多手段控制湿地噪声污染。

（三）"智慧"湿地创运营新路

"湿地 + 互联网"创新模式是全国湿地公园信息化发展探索的新路径。

---

① 新华社：《广州创新"只征不转"征地模式保护城市"绿肺"》，http：//www. gov. cn。
② 海珠湿地：《"龙舟水"又来？不怕不怕啦，我们有块大海绵！》，http：//haizhuwetland. shidi. org，2020 - 06 - 01。

2020年1月海珠湿地管理办公室与腾讯云签署战略合作协议,启动"智慧湿地"项目,从而成为全国首个"上云"的国家湿地公园,开启了用科技手段进行湿地保护的新征程。这一项目是海珠湿地品质提升工作的重要组成部分,这次合作不是单一数字技术在生态产业的应用,而是涵盖湿地管理、游客服务、生态修复、科研监测、科普宣教、湿地文旅文创等各个方面的生态事业与信息技术全方位合作。基于"互联网+"模式,海珠湿地将利用更为智能化、科学化、精细化的管理手段和工具,将"人管"转化为"技管",全面提升湿地公园数字化管理水平。

(四)"无界"理念促湿地融合

一方面,海珠湿地携手八个在行业和区域具有显著影响力的国家级湿地公园,成立中国国家湿地公园创先联盟并首次提出"无界"湿地理念。成立创先联盟意在打破时间、空间、功能、效益的限制,加强湿地公园间的合作交流,丰富湿地保护利用内涵,拓宽国家湿地公园创新发展模式。

另一方面,基于生态留白的理念,海珠湿地与周边社区共建生态缓冲区,将湿地与周边绿地串联,形成天然的生态隔离"项链",为湿地生态修复和湿地生态系统稳定运行提供后方支持。生态缓冲区的建设有利于打通生物迁徙通道,为湿地野生动植物拓展良好的生存空间,让湿地周边的绿色空间也因生物多样性鲜活起来,同时有利于湿地无界融入城市景观。未来,通过统筹缓冲区内生产、生态、生活空间布局,可实现湿地与周边社区的联动发展与共治共享,进一步探索都市生态宜居与经济互动可持续发展的新路。

二 广州海珠湿地与城市发展互动的综合效应

作为全国最大的城央湿地,海珠湿地既是广州的城市生态守护者,也是岭南民俗文化的承载地和展示地。因此,广州在建设海珠湿地的过程中,注意发挥湿地建设和城市发展的积极互动作用,从生态效应、经济效应、文化效应和社会效应四个方面推动城市的良性发展。

（一）生态效应

海珠湿地的生态修复基于"原生态、微改造、少干预"的原则，保留了传统岭南果基形态，在此基础上通过合理利用潮汐对水系进行连通疏清，并同步开展垛基地形重塑、微生境营造、打开林间天窗、恢复林下植被、建立乡土植被种子库等恢复措施打造多功能、典型垛基果林湿地，从而达到净化水质、维育生物多样性、净化空气、雨洪调蓄等多项生态服务功能。

1. 雨洪调蓄功能增强，城市内涝减轻

海珠湿地建成后水面率提升超过 10 个百分点（建设前为 22%，建成后为 34.8%），水域面积增加 0.45 平方公里，大面积的水域使湿地库容量提升到 200 万立方米，一天的调节能力可达 400 万立方米，奠定了雨洪调蓄的天然基础。海珠湖作为湿地主要的雨洪调蓄区拥有 95 公顷湖区，通过"一湖六脉"的格局联通海珠区水网，并通过 11 个水闸与珠江联通，犹如一块具有突出水吞吐能力的"海绵"，能够极好地调蓄和缓冲湿地及周边水系的水量变化，提升水生态安全。海珠湿地建成后，海珠区东南部水浸街现象大大减少，而海珠区中部和西部地区（如西华大街、江晓路片区、赤沙大街）受湿地影响较小，只能依靠周边小河涌进行有限度的调洪，调节效果远远不及东南区域，因此暴雨后水浸街现象依然频发。作为全国少有的城市中心区湿地，海珠湿地为"海绵城市"提供了不可多得的自然条件。

2. 系统净水功能提升，水质改善显著

海珠湿地开展了截污清淤、水网疏通和水生态修复等工程，助力湿地水域恢复自然潮汐动力，大大提升区域水环境质量[1]。大部分城市污水处理可以通过净化系统完成，但是含有重金属和难降解有机物的城市废水处理是一个痼疾。海珠湿地建成之后，在一定程度上有效地解决了降解城市污水

---

[1] 宾红霞、余秋亮：《海珠湿地成为国家湿地公园"四颗明珠"之一》，《南方日报》2017 年 9 月 29 日。

净化的问题。海珠湿地的整个水网体系能够大量接纳被基本净化过的城市污水，地表径流到此能够有效减缓水流速度，通过湿地内各种基质和生物元素的共同作用实现真正过滤和净化污水。目前，海珠湿地内河涌清澈通畅，通过湿地内外水质置换既有效净化了周边水系，也提升了珠江水质。目前，湿地内建有 4 个水质监测自动站，同时对 11 个水质指标进行监测，检测结果表明湿地内水质基本从 V 类提升到 III 类，部分指标达到 II 类和 I 类水质标准[1][2]。

3. 城市空气质量优化，热岛效应缓解

海珠湿地对于区域空气质量的改善和城市热岛效应的缓解主要基于湿地植被和水域的基本功能。湿地丰富的植物群落有很强的固碳释氧能力，能够吸收大量 CO_2 和粉尘并释放出氧气，同时植物强大的蒸腾作用在提升湿地和周边空气湿度的同时也大大降低了温度，从而在一定程度上达到调节局部气候和净化空气的效果。湿地还拥有大片的水域，一方面水的比热容较大，吸收相同的热量时水温上升较小；另一方面，水在蒸发时会带走大量的热，两个特点使得湿地能延缓气候升温并有效降低周边环境温度。连续监测结果显示，海珠湿地夏季日均温度要低于周边 0.5℃，冬季日均温度要高于周边 0.5℃。海珠湿地内的 2 个空气监测站对 6 个空气质量指标进行全天候实时监测，结果显示自 2015 年以来湿地周边区域 PM2.5 数值下降幅度达 53%（从 $36\mu g/m^3$ 降至 $17\mu g/m^3$），PM10 数值下降幅度达34%（从 $62\mu g/m^3$ 降至 $\mu g/m^3$）[3]。海珠湿地不断将质量优良的空气补充给周边城区，持续改善市区空气质量，成为广州的巨型城市空气净化器（见表1）。

---

① 杜娟：《海珠湿地鸟类从 72 种增至 177 种》，《广州日报》2020 年 11 月 8 日第 A2 版。
② 杜娟：《海珠湿地水质提升到 III 类，将建更完善的水生态系统》，《广州日报》2021 年 2 月 10 日。
③ 杜娟：《海珠湿地水质提升到 III 类，将建更完善的水生态系统》，《广州日报》2021 年 2 月 10 日。

表1 广州海珠国家湿地对气候和空气质量的影响效应

主体	影响机制	影响效应
植物群落	吸收大量 CO_2 和粉尘并释放出氧气	优化空气质量
	植物的蒸腾作用	增加空气湿度,降低环境温度
湿地水域	水的蒸发作用	增加空气湿度,降低环境温度

4.物种多样性增加,生物群落稳定

广州在快速城市化进程中曾经对城市的生物多样性造成显著破坏,而海珠湿地建设有效促进了动植物资源多样性的恢复。海珠湿地通过营造滩涂、生态浮床、小微湿地、昆虫旅馆、生态塔等特色生境,重建"基、果、水、岸、生"五素同构的湿地生态系统构架,给湿地的植被修复提供了良好的生机,进而为湿地的生物提供了多样性的栖息地,优化了野生动物的生存环境,野生动物的种类和数量都有显著的增加。据统计,海珠湿地维管束植物种类增加66%;鸟类种类增加146%,包括17种国家二级保护鸟类、21种广东省级保护鸟类;鱼类种类增加26%;昆虫种类增加332%,其中鸟类和昆虫类生物多样性提升显著①(见表2)。

表2 广州海珠国家湿地生物多样性变化情况

生物种类	原来种类数量(种)	当前种类数量(种)	生物多样性变化(%)
维管束植物	379	630	66
鸟类	72	177	146
鱼类	46	58	26
昆虫类	66	285	332

(二)经济效应

海珠湿地是推动区域经济可持续发展的"催化剂",不仅湿地本身具有

---

① 杜娟:《海珠湿地鸟类从72种增至177种》,《广州日报》2020年11月8日第A2版。

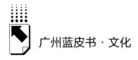

经济价值,更重要的是湿地提升了广州的知名度和所在区域的投资价值,促进其生态效应转化为创新经济和高端人才的集聚效应。

1. 直接经济效应

海珠湿地优越的区位、地理条件和自然环境为其提供了充足的客源基础,海珠湿地公园已经成为广州市难得一见的"自然课堂",成为广州生态旅游的一张新名片。湿地最直接的收入即旅游观光收入,在 2013 年至 2019 年间年入园人数增加了一倍有余,接待宾客超过 4000 批次,收入呈现逐年上升趋势。湿地旅游业收入可以直接用于湿地建设和管理,降低湿地维护成本,将湿地的生态功能转化为经济效益。海珠湿地的建设与发展对城市当中园艺相关的产业同样大有裨益。海珠湿地的建立还为当地人口增加了就业岗位,湿地旅游业同时也拉动当地消费,有效带动当地经济发展。

2. 间接经济效应

一方面,随着经济发展和生活水平的提高,城市居民更加注重生活环境的质量,海珠湿地优良的生态环境必然会引起人们对湿地周边房产的青睐从而带来房价增值。另一方面,海珠湿地的突出影响在于打造城市发展的名片效应,成为吸引高端企业和人才的"金字招牌",从而将生态效应转化为创新经济的聚集效应,推动海珠区乃至广州市经济高质量发展[1]。目前,湿地的环境辐射效应已在毗邻的琶洲显现。2017 年以来,26 家大型企业在琶洲区域汇聚(包括腾讯、阿里巴巴、小米等),总投资达 725 亿元,初步形成企业落户的"湿地效应"[2]。

(三)文化效应

海珠湿地作为全国最大的城央湿地,不仅是广州的城市生态守护者,更是岭南民俗文化的承载地和荟萃区,是传承和发扬两千余年岭南基塘农业和优秀传统文化的重要载体。

---

[1] 罗艾桦、姜晓丹:《城中有桃源(美丽中国)》,《广州日报》2019 年 7 月 4 日。

[2] 林志斌:《广州海珠国家湿地公园推进城市发展的实践探讨》,《环境生态学》2020 年第 8 期,第 96~98 页。

1. 承载千年果基文化

曾经的万亩果园是典型的岭南热带果林、湿地复合生态系统，在三角洲河涌水动力驱动条件下，融合了当地住民合理排水、灌水、利水、用水、调水的水智慧及岭南林、果、农、渔复合经营的生态智慧，属于"自然—人工"二元要素驱动下发育形成的农业文化遗产。如今这份遗产不仅被完整保存，还在原有基础上不断得到巩固和优化。海珠湿地保存了上万亩果林，致力修复果园系统，重现积淀千年的果基农业智慧。湿地以垛基果林改造修复为重点对原有退化、受污染的果林进行清淤整改，河道、河涌清淤后的底泥重返基塘和果园作为塘泥肥料。恢复果基农业排灌系统并推动果基农业示范基地建设，通过专业的农业技术和科学的管养方式提升果树挂果率，湿地果树品种从原来10余种增加到200多个品种，水果产量和品质均有显著提升，多种果品名扬中外（如红果杨桃、石硖龙眼、鸡心黄皮、胭脂番石榴等），很好传承了岭南农业文化。

2. 传承岭南传统文化

海珠湿地汇聚了千年商埠黄埔古港、岭南水乡龙潭村、小洲村等一批历史悠久的古村落，蕴含着丰富多彩的非物质历史文化，积淀了厚重的岭南传统文化，具有得天独厚的地理环境及人文优势。自建设以来湿地积极探索"湿地＋文化"：通过打造岭南牌坊、镬耳屋、花洲古渡等具有浓郁岭南特色的标志性建筑，让市民体验和感受浓厚的岭南水乡特色；通过打造文化主题功能馆，开展龙船、粤剧、广绣、岭南书画等丰富多彩的岭南民俗文化活动，唤醒当代人对传统文化的传承意识；通过开展湿地徒步、自然探索、湿地农耕等自然活动，营造市民参与湿地保护和生态建设的浓郁氛围[①]。特别是海珠湿地的龙船景，传承了广州千余年的龙舟文化精髓，在弘扬传统端午文化的同时，也倡导了周边区域邻里之间"同舟""共享""互助""友爱"的睦邻文化。此外，海珠湿地石硖龙眼文化节也深受广大市民喜爱，成为品鉴岭南佳果、普及生态知识的品牌活动。

---

① 罗艾桦、姜晓丹：《保护和修复，让海珠湿地成为广州市中心的生态乐园》，《人民日报》，2019年7月5日。

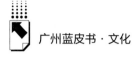

（四）社会效应

海珠湿地为人们提供观光旅游和回归自然的场所，既满足了市民对城市绿色空间的需求，也为市民向绿色低碳生活转变提供了高品质的生态引领。同时，海珠湿地为人们搭建了环境保护教育活动的平台，通过开展各类公益及科普教育活动唤起人们热爱自然、保护环境的意识，掀起研学活动的热潮，创造了巨大的社会效益。

1. 生态休闲悦民

随着经济增长和城市化的推进，城市居民在收入水平提升后，对于居住品质尤其是绿色健康生活的需求日益增加，对于城市绿色空间的需求也日益强烈。海珠湿地集优良的自然环境和丰富的休闲功能于一体，不仅可以改善城市生态系统结构和城市形象，还可以增加市民的生活乐趣，促进都市人身心健康，提高市民的生活质量。随着海珠湿地生态系统的不断完善，越来越多的市民将海珠湿地作为首选的休闲去处，人们通过湿地的游憩活动达到舒缓心情、提高工作积极性与增强活力的目的。海珠湿地既满足了人们的休闲需要，提高了人们的生活满意度，也大大提升了城市的宜居程度，促进了人和自然的和谐相处。

2. 湿地公益惠民

海珠湿地积极举办各类公益活动，落实惠民利民服务工程。具体包括：为湿地周边村社社员办理免费入园卡，提供就业岗位；对老人、小孩、残疾人实施优惠政策；推广电瓶车、电瓶船、导解等免费体验活动；开展"惠民公益行，佳果传真情"活动，连续多年坚持以时令水果为载体开展慰问活动，惠及区内多家福利机构，还向关爱和支持湿地保护建设的市民赠送自产水果；举办"情系羊城父老，共享岭南佳果"主题活动，对老年游客赠送自产黄皮、荔枝等水果；在海珠湿地设立广州首家"慈善公园"，举办公益健步行、乐善骑行、爱·圆梦行动、生态马拉松等公益活动；为企业举办公益活动搭建平台，吸引更多企业参与到湿地公益中来，让民众更普遍地受益于公益文化的传播。

3.科普宣教育民

海珠湿地生态资源丰富，湿地环境修复成效显著，为湿地开启自然教育新模式开辟了广阔的空间。海珠湿地于2015年成立自然学校，打造全社会参与的开放式教育平台。湿地自然学校采用自然教育进学校、进企业、进社区的"三进"模式，通过精品课程、公益徒步、与周边社区合作等方式传播自然教育知识，提升公民的环保意识，积极发挥湿地社会效益，形成社会共同参与湿地保护的氛围。目前，海珠湿地自然教育已形成品牌效应，被总结成"海珠模式"，同时在多部湿地和自然教育的相关著作中以经典案例呈现。

三 进一步推动海珠湿地建设与城市发展深度融合的思考

作为全国特大城市中心区最大的国家湿地公园，海珠湿地利用城央优势，积淀了千年果基农业文化精髓，融汇了繁华都市与自然生态美景，在净化城区空气、调控城市水体、改善城市生态环境等方面发挥了积极的作用，从广州海珠湿地建设的实践中，我们可以得到很多有益的启示。未来海珠湿地应从城市规划、生态品质、经营管理和经济效益四个方面继续发力，挖掘海珠湿地和城市发展深度互融的空间，进一步推动海珠湿地建设，促进城市可持续发展。

（一）城市规划的前瞻性是海珠湿地建设和城市发展深度融合的前提

城市若要长远发展并成为国际影响力深远的大都市，必然要更关注人类劳动的更高成果，譬如人文、艺术、宗教、学术等，而不是仅仅为一般的商业服务，而城央公园就是一个人类更高成果的良好载体。作为大型城央公园，其影响不应该仅仅停留在人类对自然的认识和态度，而应该更进一步影响人与城市的关系，城市里人与人的关系，群体与群体的关系，这就需要一

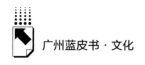

个城市的发展规划具有高度前瞻性。

一是考虑各类人群的合理诉求并容纳种种诉求。人是加速湿地与城市深度融合的关键媒介，只有形成以人的活动为需求的功能分区，才能提高湿地对人的吸引力，这是湿地永葆生命活力的不二法宝。同时，湿地公园在建设的过程中要注重基于美学发展的原理来提升品质内涵，让人们不仅能够记住过去，还能够憧憬未来，这才是湿地公园对人类吸引力的源泉。

二是解决交通规划问题。对于湿地公园内部的交通而言，景观道路系统除主干道外，必须设置相对密集的二级和三级路网，一方面均匀地疏散游人，使游人一进园就能沿着各种道路很快达到自己理想的场所，一方面加强游人与湿地的更广泛的互动。对于城市交通而言，既要有独立于湿地公园的交通体系，又要规划能够无缝衔接湿地与城市的关联交通体系，使居住在繁华城市的人群可以更容易接触到湿地，这是"无界湿地"的一个重要内容，也是湿地与城市深度融合的一个关键点。

三是湿地要承担相应的城市配套服务功能。未来海珠湿地的主导功能是生态保护与城市配套服务并重，配合观光休闲、旅游服务、文化展示和科普教育等功能，打造复合型城市生态湿地公园。海珠湿地紧邻琶洲国际会展区，在未来的建设上要考虑同这些区域的发展协同起来实现功能上的衔接与延续，成为会展经济配套区的重要组成部分。

（二）生态品质的提升是海珠湿地建设与城市发展深度融合的基础

一是提升湿地布局设计的合理性。合理的规划布局既有利于提升湿地生态系统稳定性，也有利于实现人与自然的无痕接触。目前，海珠湿地部分植被仍以果林为主，湿地特征不明显，部分湿地岸线陡直，无法为动植物提供理想生境。而且人与湿地互动性不强，游人在园路上难以看见湿地，也难以融入湿地环境中去，访客仅享有少量湿地。因此，湿地景观设计要着重打造水景观，继续疏通水系，提高水面覆盖率，突出湿地滨水特色。同时，尽量避免湿地路面硬化，在景观设计中增强自然特质，减少人造痕迹。此外，对湿地外围要进行更加科学合理的规划，重点打造生态缓冲区，强化湿地景观向城市景观的自然过渡，从而提升湿地周边区域的生态价值。

二是将湿地建设与科研紧密结合。进一步联合科研机构深入开展海珠湿地生态保护研究，发挥前沿技术和科技人才的优势，建立湿地保护利用科技支撑体系，从而保障湿地生态系统的完整性和健康性，维护湿地生物多样性，提升海珠湿地生态品质。水环境是湿地重要的生境环境，未来海珠湿地的建设依然要高度重视水环境综合治理问题，启动水生态系统功能机理及资源信息的动态监测和评价，提高海珠区水生态环境治理能力。海珠湖与六条河涌联通，保证河涌水质优良，整个湿地的水体环境就能够得到保障，因此海珠湿地在未来的建设当中依然要严格督查湿地内的河涌污染控制情况，净化湿地水体的每一条"脉搏"。

三是建立科学系统的湿地监测体系。湿地建设需要长期的、系统的、准确的科研监测数据来支撑。未来，海珠湿地要联合专业院校、科研单位对湿地监测内容、方法和形式进行规范化和体系化建设，在强化多学科建设的基础上建立湿地科学研究数据库。数据库无论在技术上还是学科上都要有一定的前瞻性和综合性，能够提供实时、联动、全面的数据序列，为湿地生态资源和生态环境的变化提供数据支撑，使湿地能够更科学更智慧地进行管理和运营，从而整体提升海珠湿地对城市的生态服务功能。

四是变废为宝打造"清洁"湿地。湿地园区在日常维护过程中会产生大量树枝、木板、砖块等废弃材料，不仅耗费大量外运成本，也给城市垃圾处理带来一定工作量，因此有必要探索"清洁"园区的构建，致力于实现湿地内部物质循环利用。首先可以对废弃植物进行沤肥再利用，既节省绿化垃圾外运成本，又降低肥料采购费用开支，实现了对土壤的改良，一举达到垃圾减量化、资源化双重目的。其次要对废弃材料进行循环利用。充分利用废弃木料、砖瓦，打造适合动物和昆虫栖息繁殖的微小生境以及湿地房舍和道路辅料，既具实用和观赏特性，还能彰显湿地自然之美。

（三）经营管理的优化是海珠湿地建设与城市发展深度融合的保障

一是开辟多渠道经营方式。海珠湿地在未来的建设中要能够突破国内湿地建设面临的定位同质化、建设同质化、经营同质化局面，致力多方位拓宽发展渠道。首先突破休闲旅游的单一定位，将湿地生态修复和科普教育融入产业提升当中，基于湿地的生态功能来拓展其他功能，并与科技发展相结合开辟多样化发展路径，打破传统意义上湿地公园单一功能（生态功能）局限，打造以生态功能为核心的多功能型湿地。

二是结合地域文化打造品牌特色。湿地是促进地域文化传承和发展的良好载体，将湿地景观设计与地域文化结合，不仅实现了文化传承，还赋予湿地景观独特的地域特征，可以有效避免景观同质化[①]。不同的地理、水文、气候，孕育不同的湿地文化，下一步海珠湿地探索"湿地＋文化"要注重赋予湿地公园以历史文化元素，深入挖掘历史文化建设的成功案例，不断开发湿地文化的深度体验项目，让湿地成为承载"乡愁"的港湾，增强湿地的文化厚重感，从而提升湿地公园的内核魅力。

三是扩大国际影响力。海珠湿地要扩大国际化影响，就要加强国际化研究和交流。一方面在湿地公园的设计理念和思路上引进国外优秀研究理论和实践成果，并结合自身特点不断创新。另一方面要加强国际交流和合作，打造集科普宣教、自然生活体验、国际性会议培训、自然教育基金项目展示等多功能于一体的国际一流自然体验馆，通过大数据技术应用对海珠湿地的历史文化和地理实际进行国际推介，输出湿地经验以扩大湿地公园的国际影响力。

（四）经济效益的拉动是海珠湿地建设与城市发展深度融合的动力

海珠湿地位于海珠区东南部——新城市中轴线南段地区，周边为琶洲国际会展区、白鹅潭地区、生物岛、大学城等城市重点地区，具有"国际化大都市中心区与会展业"的区域背景。海珠湿地的建设促进了区域生态良性循环，下一步要从强调保护与恢复向实现管理与利用转变，使海珠湿地在

---

① 段姚：《地域文化在湿地公园景观设计中的表达》，《现代园艺》2020年第24期，第68～69页。

承担生态系统自然服务功能的同时，更好地发挥其优化地区产业结构，推动城市经济可持续发展的能动作用。

一是打好"经济牌"，实现可持续长效运营。目前海珠湿地建设资金来源以政府为主，社会来源较少。过于单一的投资主体会使资金的来源受到约束，限制湿地保护工作的开展，从而降低湿地建设的步伐。下一步要从吸引社会资金入手，广开湿地建设投资渠道，建立以政府投入为主、社会资金为重要辅助的多元化投融资机制，保障湿地建设的资金投入，从根本上消除湿地建设的资金之忧。同时，培育"生态养园"品牌。海珠湿地生物资源丰富，但没有形成品牌效应，服务业品质不高，未来要着重合理开发湿地资源并科学规划可持续产业。湿地公园是"天然氧吧"，应突出其生态功能的经济价值，合理地开发基于湿地生态资源的健康养生、休闲度假、湿地健身和湿地游学等新兴产业，增加湿地的创收以达到"生态养园"的目的。

二是依托生态缓冲区打造绿色生态产业链，加快产业优化转型。海珠湿地生态缓冲区具有独特的生态资源，不仅具备自然景观优势，更孕育和传承了古老的岭南基塘农业文化。未来可依托缓冲区来调整完善周边产业规划和布局，逐步打造集招商引资、科普教育、科研监测、旅游休闲于一体和具有文化底蕴及岭南特色的生态宜居场所，以绿色生态产业链（如生态农业、湿地体验、智慧观光等）带动多产业深度融合，将生态优势进一步转化为创新经济和绿色产业集聚的新优势，有效提升湿地的城市生态综合服务功能，带动区域经济高质量发展。

四　结语

当前，生态文明已成为城市新一轮发展的核心竞争内容，海珠湿地对于城市气候调节、水土涵养、水质净化、物种孕育等有着不可替代的生态服务功能，为广州的经济社会发展提供极为重要的生态安全保障，是广州经济发展与生态保护和谐共生的突出体现。海珠湿地利用城央优势，传承岭南生态智慧，已初步彰显生态、文化、社会、经济四大效应，在守护城市生态安全、传播生态保护理念、集聚高端企业、助力经济发展方面发挥了积极的作用，成为中国城市探索可持续发展的先锋和典范。未来，广州将以海珠湿地为依托，进一步筑牢生态安全屏障，提升绿色发展动能，促成区位优势和生态优势深层次、多元化结合，构建具有多元形态和复合功能的城央生态区，进一步凸显海珠湿地作为广州城市"绿心"的生态驱动效应，构筑都市人与自然和谐共生的美好愿景。

参考文献

张永泽：《自然湿地生态恢复研究综述》，《生态学报》2001年第2期，第309~314页。

黄慧诚、黄丹雯：《广州打造首个城市中央国家湿地公园》，www.cenews.com.cn，2017-05-05。

谢少银：《探索海珠湿地建设对广州城市的生态效益》，《中华民居》2014年第9期，第125页。

符超军：《广州"绿心"引来"金山银山"》，《南方日报》2017年8月4日（A02）。

林志斌：《广州海珠国家湿地公园推进城市发展的实践探讨》，《环境生态学》2020年第8期，第96~98页。

吴苑梨、李琼丽、马萌波等：《海珠年鉴（2018）》，南方出版传媒广东经济出版社，2018。

屈明、张春霞、陈盼：《珠江三角洲地区湿地公园建设现状及发展对策研究》，《林业调查划》2016年第3期，第59~62页。

王艳峰：《湿地公园建设的功能定位及应对之策》，《学习时报》2020年6月10日，第7页。

B.17
南京、苏州历史文化保护利用
经验及对广州的启示

虞 水 叶嫦君*

摘 要： 本文分析广州历史文化保护利用工作现状，梳理了南京、苏
州开展历史文化保护利用的经验做法，在此基础上，对广州
历史文化保护利用工作提出了深化思想认识、强化制度创
新、推进文旅融合、打造精品项目等方面的政策建议。

关键词： 历史文化保护利用 南京 苏州

党的十九届五中全会明确提出实施城市更新行动，这是党中央作出的重
大战略部署。为贯彻落实好中央决策部署，促进广州市深化城市更新、推动
城市高质量发展，广州市联合市规划资源局、住建局、荔湾区等单位组成调
研组，赴南京、苏州两地开展在实施城市更新行动中加强历史文化保护利用
专题调研，两地的经验做法对广州具有较高的启示和借鉴价值。

一 广州历史文化保护利用工作现状

近年来，广州市认真贯彻落实习近平总书记关于历史文化保护工作的重

---

* 虞水，广州市人民政府研究室城市发展处处长，研究方向为历史文化保护、城市更新战略；
叶嫦君，广州市规划和自然资源局名城保护处副处长，研究方向为历史文化名城保护法规体
系建设、保护利用政策研究。

要指示精神，抓住列入全国历史建筑保护利用试点城市的契机，主动担当、积极探索，出台了促进历史建筑合理利用、在城市更新加强历史文化保护工作指引等系列政策措施，打造了永庆坊等典型项目，加大宣传力度增强全社会保护意识，广州历史文化保护利用工作的影响力和显示度不断增强，受到上级部门和社会各界的充分肯定，取得良好的经济和社会效应，成为广州实现老城市新活力、"四个出新出彩"的生动注脚。取得的成效有目共睹，但仍然存在一定不足。

（一）工作推进整体效果有待提升

有些部门、干部和群众对历史文化名城保护的认识还不足，认为历史文化保护投资大、回报少，致使部分历史文化遗产被破坏的情况时有发生，恢复难度大。再加上有效载体和抓手仍然缺乏，资金渠道比较单一，财政投入有限，历史文化保护工作难以做大做强。在实际工作推进中，各部门之间协同配合也不够，互相掣肘的情况还比较突出，跟先进地区相比，整体工作效果仍有较大提升空间。

（二）历史文化价值挖掘、宣传和展示不足

广州市在推进名城保护利用中，对传统岭南文化、近现代革命文化、当代改革开放文化等的挖掘依然不够，创造性转化和创新性发展不足。活化项目以单体为主，较为孤立、分散，未能与旧城更新改造有机结合成片连片打造，也缺乏互动式的文化体验和参与，难以形成整体性、延续性和连贯性的空间意象，历史文化遗产的丰厚度有限，不足以产生深切吸引人的传统文化气质和历史氛围。比如新河浦历史文化街区，作为红色文化、华侨文化、近现代历史文化、百年教育文化等多元文化荟萃的珍贵范例，在全国都是独一无二的，但影响力却一般。历史文化资源影响力有限，对游客特别是过夜游客吸引力不足，也难以吸引文创等新兴产业和年轻创新创业人才进驻，支撑老城市焕发新活力。

（三）更新改造与产业导入融合不够

广州历史城区"退二进三"后，针对历史城区保护更新规律、产业空心化、人口老龄化等问题深入研究不足。没有及时植入新的创意经济、文化经济、功能型总部经济等功能，导致历史城区新功能始终未及时添补，功能定位和更新发展目标不明确，亟须通过建立系统的产业引导目录等方式来激发老城活力，优化人口结构，吸引优质资源回流。保护形式单一，以及社会参与度较低，使名城保护利用可持续发展的动力不足。

二 南京、苏州的历史文化保护利用经验

（一）南京经验

南京是首批国家历史文化名城、中国四大古都之一，享有"十朝都会"的美誉，历史文化底蕴厚重，六朝文化、明清文化、民国文化交相辉映。南京高度重视历史文化保护，着力从"改差补缺"向"品质打造"、从"追求速度"向"保质提效"转变，充分发挥市民在历史文化保护、城市更新中的主体作用，实现城市有机发展与公众利益保障的双赢。主要做法有以下几点。一是注重老城底线保护。出台了《南京老城建筑高度规划管理规定》《城南历史城区传统老建筑保护与修缮技术图集》等。二是大力推进名城保护项目实施。实施南京市重要近现代建筑保护与利用三年行动计划，百子亭、西白菜园等历史风貌区，通过整合周边空间和文化资源，大力推动文商旅融合发展，片区发展焕发新活力，成为南京展示历史文化特色的新品牌、新名片。三是积极探索历史文化保护新路径。南京历史文化保护历经夫子庙1.0版、老门东2.0版，再到小西湖3.0版迭代发展。南京小西湖（大油坊巷）历史风貌区微更新，是南京历史地段城市保护更新转型的标志。小西湖项目改变既往大拆大建模式，首次采用"自愿、渐进"的征收搬迁政策，在充分尊重民意的基础上，以"院落或幢"为基本单元，采取"公房腾退、

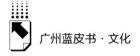

私房腾迁（收购或租赁）、厂企房搬迁"的方式，鼓励居民自愿搬迁，建立多元主体参与的五方协商平台，实施"小规模、渐进式"有机更新。创新建设公房居民的平移集中安置房、开放私家后院的共享院、居民与新业态共存共处的共生空间，有效保留住片区的历史风貌和街巷肌理，在焕发片区活力的同时，保留了老南京居民的生活场景和烟火气，让城市留下记忆，让人们记住乡愁。四是强化政策创新和实施。南京市成立了市属国企历史城区保护建设集团，保障项目改造初期资金投入，避免追求短期收益的急功近利，维护居民和公共利益。同时，南京市不断加大投入力度，2015年至2019年由市财政累计补助36个项目约2051.55万元，撬动了273处近21万平方米重要近现代建筑的修缮工作，在全市已公布的309处重要近现代建筑中占比为88.3%，同时积极争取省级历史建筑抗震加固专项资金等各类专项资金支持；各市级、区级国资开发建设平台通过银行贷款、平台融资、企业合作等方式，加强资金筹措力度，特别是南京市设立了新城反哺老城保护专项资金，把新城项目和老城项目整体打包交给同一国企，"新城挣钱、老城贴钱"，实现企业资金收益综合平衡；突破街区改造难点，在不改变街巷宽度、不破坏两侧建筑结构、不大规模迁出居民的前提下，创新实施"微型管廊"综合布线方式，彻底改变原有管线的直埋形式，解决后期养护、更新增容的管理难题；在历史建筑消防审批方面，南京市原规划局、公安消防局联合发布了《关于制定南京市历史文化保护对象防火安全保障方案的衔接办法》（宁规字〔2015〕345号），对难以满足现行有关防火技术标准的历史文化保护对象，建立规划、消防部门工作联系机制，共同审查防火安全保障方案，确保消防安全措施。

（二）苏州经验

苏州是一座有着2500年深厚历史文化底蕴的古城，是首批国家历史文化名城。近40年来，苏州坚持"全面保护古城风貌"方针理念，历任党委政府都将古城保护作为与生俱来的使命，传承弘扬历史文化，充分彰显城市魅力，古城保护与经济社会协调发展、成绩斐然。苏州荣膺"世界遗产典范城市""李光耀世界城市奖"等荣誉称号，拥有全国唯一的"国家历史文化名城保护示范区"——姑苏区，平江历史街区获联合国教科文组织2005年度亚太地区文化遗产保护荣誉奖。主要做法有以下几点。一是强调古城整体保护。苏州先后编制五版的历史文化名城保护规划，实现历史文化街区保护规划、街坊控规、古城城市设计全覆盖，构建完备的名城保护规划体系，加强对古城空间立体性、平面协调性、风貌整体性、文脉延续性等方面的规划和管控。同时，强化制度保障，出台了《苏州国家历史文化名城保护条例》《苏州市历史文化名城名镇保护办法》《苏州市城市规划若干强制性内容的暂行规定》等法律法规，对古城格局肌理、风貌特色、建筑高度控制等作出具体要求。成立了规委会和空间规划智库平台专家委员会。聘请仇保兴、王建国、庄惟敏等著名专家为城市建设出谋划策，为历史文化名城保护和更新提供决策咨询。举办了古城保护建筑设计工作营。不断汇集院士大咖、设计精英等的共同智慧，借助专家团队和设计团队的力量，为古城打造具有示范效应的精品工程。二是高度重视改善人居环境。苏州除加大财政资金投入外，还成立了"姑苏·古城保护与发展基金"（姑苏·古城保护与发展基金由姑苏区、昆山市、苏州工业园区、苏州高新区、苏州国际发展集团共同发起，以有限合伙制形式设立，预期目标规模20亿元。基金计划采用"母基金＋股权直投"的投资形式，母基金投资将通过对一批市场认可度较高、与产业发展方向契合的子基金进行投资，实现整个基金规模、资源的放大效应；股权直投则将对重点关注、扶持项目以及成长性较高的项目进行直接投资和深度参与。）首期募集资金14亿元，为古城保护利用、古建老宅开发运营、老字号品牌运营等新业态、新动能的全方位打造提供了资金保障。苏州古城保护工作始终坚持"以人为本"，以重点民生工程为抓手，合理完善配套设施，积极改善人居环境，增强古城的宜居性，让古城保护的成果惠及人民群众。先后实施了老住宅小区综合整治、居民家庭"改厕"、危旧房解危、背街小巷和零星楼宇整治、虎丘综改等重点工程，近年来又全力推进实施历史文化名城保护和提升六大工程，不断改善人居环境，提升古城百姓整体生活水平。三是同步推进城市更新与产业升级。苏州在推进街区改造的同时，一直关注古城内产业发展。1996 年，苏州就提出将古城内的工业企业全部迁出、发展第三产业，此后随着"退二进三"的不断推进，工矿企业基本迁出古城。近年来，苏州大力发展旅游和文创产业，着力建设四大产业功能区，确保主导型产业载体占比超过 50%，通过特色产业园区、总部经济集聚区建设，切实提升产业能级。注重商业空间、城市更新、人文社区"三大场景"探索实践，大力发展文化新经济。同时，出台实施《历史文化街区产业（业态）经营管控指导意见》《历史城区保护补偿补助工作指导意见》《苏州市观前地区综合管理办法》等政策文件，推动历史文化街区产业（业态）转型升级，实现特色街区治理和发展的多赢局面。四是积极开展古城文化挖掘和活化利用。苏州转变更新观念，从"基础性守护"转变为"积极性保护、创新性活化"，通过点线面相结合的方式，深入挖掘古城文化遗产资源，着力打造古城活化利用精品工程。加快推进古城全域旅游，打造"好白相"姑苏全域旅游品牌，举办古胥门元宵灯会、"轧神仙"庙会、"吴地端午"民俗文化节、中秋"石湖串月"等民俗文化活动，开展非遗活态保护传承，打响"最江南"姑苏文化品牌，古城美誉度和影响力不断增强。坚持深入挖掘街区文化特色，因地制宜实施更新改造，激活历史文化遗产生命力，打造了平江路、山塘街等著名特色历史文化街区。2002年，苏州市委、市政府决定启动平江路风貌保护与环境整治工程，由苏州市城投公司和平江区国资公司共同组建苏州平江历史街区保护整治有限责任公司，作为平江历史街区保护整治工程的实施主体。经过多年的整治工作，目前的平江路已成为家喻户晓的休闲去处，汇聚了众多的精品文化休闲业态，充分体现了居民的市井生活，呈现出传统与时尚和谐、怀旧情怀与舒适享受并举、浪漫休闲与文化探访交融的独特的、雅致的环境品质，堪称苏州古城的缩影和"活"的平江图。同年，苏州成立山塘历史文化保护区发展有限责任公司，启动了山塘历史文化保护区保护性修复工程，以"水城古街风貌，历史文化展示，姑苏生活体验"为功能定位，进行沿河风貌整治，推进重点地块开发，七里山塘形成以名胜游览、文化体验、民俗风情、时尚休闲等多业态为特征的吴文化特色街区，延续了千年古街水乡文脉，复兴了苏州市井生活图景。平江路、山塘街入选中国历史文化名街，共同绘就了精致的"姑苏繁华图"，充分彰显了苏州深厚的人文底蕴，成为游客来苏州首选打卡之地。

三　对广州的启示与建议

（一）深化认识历史文化遗产重要价值

习近平总书记强调，"历史文化是城市的灵魂，要像爱惜自己的生命一样保护好城市历史文化遗产"。当今世界，深厚的历史文化、古今辉映的人居环境已经成为城市吸引人才和集聚资源的重要因素，文化不仅是影响力，更是生产力。加强广州历史文化保护与传承，是广州实现老城市新活力的应有之义，对提升城市影响力和综合竞争力具有重要意义。对此，我们应该从坚定文化自信高度出发，充分认识到历史文化保护利用工作潜藏着巨大的经济和社会效益，不但不会影响发展，反而会成为推动城市发展的新动能。只有厘清认识，消除偏见，才能在重视程度、推进力度、实施广度上出真招、见实效。建议学习南京、苏州经验，把历史文化名城保护作为市委市政府一项全局性战略性工作来谋划推动，建立健全历史文化保护政绩考核体系，对越秀、荔湾、海珠等历史老城区，设立特定的政绩考核评价标准，加大历史文化保护指标比重，淡化经济指标，突出人文考量。要通过体制机制创新和典型项目带动，进一步彰显广州作为岭南文化（特别是广府文化）中心地、全球粤文化原乡的优势地位，推动广州历史文化保护利用工作再上新水平，成为推动广州经济社会发展的新引擎。要强化全面保护、合理利用的理念，系统挖掘和整理物质遗存和非物质遗存，通盘考虑空间、文化、产业、设施、政策等诸多方面，推动保护、利用与发展三者相互协调、相辅相成。在推进城市有机更新时，高度重视历史文化保护传承，打造高品质文化空间，吸引高技能人才和高层次人士回流，实现居住人口的结构置换，使城市功能更加完善、城市魅力更加彰显。

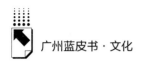

（二）强化制度创新和资金保障

城市更新是城市建成区经济、社会和环境综合性再造的愿景与行动，涉及城市系统的方方面面。现阶段的城市更新实践仍缺乏制度支撑，未产生足够可推广可复制的制度改良。当前，亟待以制度创新引领城市更新，健全相关法规制度，以支撑城市更新这项系统工程。创新审批机制和技术规范。借鉴南京历史街区微型综合管廊做法，集成敷设水、电、气、网等市政管线，解决三线下地、消防用水、雨污分流等系列技术问题，既保护街巷肌理，又提高民生保障水平。学习南京、苏州经验，扩大《广州市关于加强具有历史文化保护价值的老旧小区既有建筑活化利用消防管理的工作方案（试行）》适用范围，加快制定既有老旧建筑（涵盖文物、历史建筑、传统风貌建筑等）改造消防设计审查工作指引，实施消防联合审批，建立消防审批风险责任共担机制，为历史文化街区、历史建筑的改造提供指引性、操作性消防审验管理规范，破解活化利用"消防难题"。多措并举扩大资金筹措渠道。参照苏州做法，通过财政拨款、企业、社团组织捐资等途径，以有限合伙制形式设立"广州历史文化名城保护利用基金"，实施市场化运作，重点投资历史文化街区、历史建筑保护修缮、非遗传承、老字号运营、文创产业发展等领域，充分发挥市场化基金在资源、资本、人才集聚上的放大效应，推动将历史文化资源优势加快转化为经济优势、品牌优势，助力老城复兴焕发新活力。学习南京经验，设立"新城反哺老城保护专项资金"，把新城项目和老城项目整体打包交给国企运营，实现资金综合平衡。积极探索 PPP 等融资模式，将其引入传统建筑的修缮、改造和利用。如政府提供合作平台，将建筑改造利用的部分责任以特许经营权的方式转移给社会主体，政府与社会主体建立起"利益共享、风险共担、全程合作"的共同体关系，让传统建筑在艺术、商务、旅游等领域得到合理利用，发挥新的商业价值。

（三）推进文商旅融合发展提升业态品质

广州作为千年商都，历史文化资源丰富，文商旅融合发展潜力巨大。

旧城改造的目的不简单理解为抽疏旧城人口、提高土地利用率，也不仅仅是外观翻新与设施完善。旧城没落的一个主要原因就是产业落后、人口老化，因此，我们应当将活化旧城区的经济业态、促进产业创新发展作为旧城更新的重要目标，推动旧城文化商业旅游资源的整合和活化，完善市政配套和公共服务，促进文商旅融合发展。特别要注重利用改造历史遗存建筑空间，吸引和发展资源占用少、智力密集型、高附加值的现代服务业，优化创新生态，集聚创新人才，打造传统产业和现代服务业交相辉映的特色业态示范区。要以文化为内核，以市场需求为导向，全力打造以品味广州文化、领略古城风情、体验广式生活为内容，具有一定规模和市场效益的文旅融合产业项目，延伸文旅创意相关产业链，积极发挥"旅游+"产业的增值效应，推动文化旅游全方位、多领域的深度融合，大力发展文化新经济，加快构建全域旅游新格局。建议学习南京、苏州经验，强化历史街区规范管理和业态管控。由所在地区政府牵头，研究制定历史文化街区管理办法，成立国有的历史文化街区保护有限责任公司，采取市场化运作，负责街区房屋保护修缮、招商引资、投资运营、建设管理等。由市发改、商务等部门牵头，制定出台街区业态引导与管控办法，明确产业鼓励、控制和禁止目录，支持发展文化创意、科技孵化、特色商贸等现代服务业，引导业态朝高端高质发展，避免业态低端化同质化低效化。当前，民宿特别是富有历史故事和文化内涵的高端民宿，越来越受到国内外游客的青睐，已成为文商旅融合发展的重要载体。建议引入花间堂等高端民宿品牌，挖掘东山洋房别墅、西关大屋等特色文化遗产价值，通过利用公房、收购或租赁私人老宅等方式，打造一批高端精品民宿，助推广州特色文化旅游提档升级。

（四）倾力打造彰显广州文化特色精品项目

项目建设是名城保护利用工作的重要抓手，要高起点规划、高标准建设精品项目，带动名城永续更新发展。建议以南京老门东、苏州平江路等为标杆，建设若干彰显广州文化魅力、具有广泛影响力的精品项目，打造吸引国内外游客打卡体验的城市名片。初步设想打造"东、中、西"三大历史文化街区活化项目，作为支撑广州历史文化遗产保护、构建世界级旅游目的地的三大品牌。东部以新河浦历史文化街区为依托，打造红色文化、华侨文化、近现代历史文化、百年教育文化交相辉映的东山近现代特色文化街区。东山花园洋房建筑于 20 世纪二三十年代，有复式小别墅 600 多栋，是中共"三大"会址所在地，是广州乃至全国现存最大的中西合璧低层院落式传统民居群，是建筑风格中西合璧的广州近代街区珍贵范例和近代城市发展的缩影，是民国广州华侨、富商和政要的聚居地，曾居住过毛泽东、廖仲恺等著名人物，见证了中国百年来波澜壮阔的近现代史，是广州独特的文化特色和资源优势，值得倍加珍惜呵护。建议加大财政支持力度，主要用于完善市政配套和公共服务，同时交由有经验有实力的国企或引入民营企业，在整体保护街区、不影响居民正常生活前提下，对新河浦历史文化街区采取整体策划设计、修缮保护、活化利用和运营管理，形成规模效应和品牌价值。探索开发红色教育研学、民国风情民宿、"东山印象"舞台情景剧等旅游新业态，丰富街区文化内涵，注入更多活力，增强对游客的吸引力，成为广州耳熟能详的打卡胜地。中部以北京路文化旅游区为依托，打造世界级古城中轴旅游街区。传统中轴线地区作为广州建城两千多年来未曾偏移的城市中心，是广州城市历史文脉所在，蕴藏着两千多年来的历史、文化、商业等丰富资源。建议在市级层面成立由政府、技术专家及民间资本"三方联手"的保护性开发公司，全方位负责传统中轴线保护项目的投资、开发、运营、管理、修缮等工作。以北京路改造提升为契机，加快推进大小马站书院群、府学西街等改造项目，整合串联周边文化旅游资源，打造广州世界级旅游目的地的核心节点，进一步彰显广州"千年商都"历史风韵和"食在广州"的金字招牌。西部以恩宁路历史文化街区为依托，打造世界级西关岭南文化风情街区。永庆坊项目采取"政府主导、企业承办、居民参与"的活化利用模式，取得了良好的经济社会效益，成为展示广州"老城市、新活力"的城市名片，目前已成功创建 4A 景区。要在此基础上，进一步串联整合荔枝湾、陈家祠、上下九、沙面等文化资源，大力弘扬粤剧、三雕一彩一绣等非遗文化，塑造城市文化 IP。充分展示"食在广州、味在西关"的传统饮食文化，做强《西关小姐》《醒·狮》等舞台音乐剧文化品牌，建设西关历史风情精品民宿，大力发展夜间经济，打造体验广州民俗文化、沉浸式西关岭南特色文化街区，成为游客体验"老广州"文化精髓的必到之地。

B.18
关于广东体育人才外流现象回顾与思考

骆 璨　苏东华　关文明*

摘　要：　本报告通过对20世纪七八十年代广东体育人才外流现象的回顾，分析其产生的原因、正面与反面的影响，从而指出应该正确对待体育人才外流现象，并提出防止体育人才不合理、不必要外流的几点对策建议。

关键词：　体育人才　外流　广东

一　广东体育人才外流现象值得思考

新中国成立以来，有不少体育项目，是由 20 世纪五六十年代侨居海外或旅居香港、澳门、台湾等地区的运动员回国效力带动起来的，其中有不少是祖籍广东的运动员。如威震国际羽坛的侯加昌（梅县人）、汤仙虎（花县人）、傅汉洵（潮阳人）、梁小牧（南海人）和获得 5 次世界乒乓球冠军的林慧卿（新会人）都是印度尼西亚归国华侨；三获全国十佳运动员荣誉称号的国家足球队队长容志行（台山人）是印度归侨；新中国第一批国家乒乓球队教练员梁焯辉（新会人），队员姜永宁（番禺人）、冯国浩（马来西亚归侨），以及为新中国取得第一个世界冠军的乒乓球运动员容国团（原中山，今珠海人）、第一个打破游泳世界纪录的戚烈云（台山人）及其教练黄

* 骆璨，广州体育文化博物馆陈列保管部部长，研究方向为广州体育志；苏东华，广州体育职业技术学院图书馆馆长，研究方向为图书馆学、体育史；关文明，广州体育文化博物馆特聘体育文化专家，教授、硕士研究生导师，研究方向为中国体育史。

焯荣，有"广州足球教父"美誉的罗荣满（顺德人）等都是从香港回内地的运动员、教练员。还有，培养了王涛等世界冠军的第一批国家乒乓球队队员王锡添和林金源等是从澳门回内地的。由于新中国成立不久，这段时期生活和训练的条件都较差，但他们满怀爱国热情，努力拼搏，为祖国争得了极大的荣誉。

到了20世纪七八十年代，国内的生活和训练条件都有了较大的改善，却又出现了大量优秀体育人才外流的"出国潮"。在这些外流的体育人才中，有些归侨运动员再度出国或滞留在香港、澳门、台湾等地；有些是内地培养的优秀运动员，用自费留学、探亲、婚嫁、陪读等办法到外国或港、澳、台地区当运动员或教练员。

从我们所掌握的材料中，可以发现外流的尖子选手，以称霸于世界体坛的乒乓球、羽毛球、跳水、体操几项为多，其流向比较集中在欧美和日本、中国香港等富庶的国家和地区。以乒乓球为例，据1989年5月7日《中国体育报》中的《管埋须立法》一文透露："这些年，乒乓球运动员出国成风，颇有一发而不可收之势，目前在境外打球的运动员有400多人，遍及80多个国家和地区，在联邦德国的10个俱乐部中，有8个俱乐部有中国人；在日本打乒乓球的中国运动员有134人"。据悉，原广东乒乓球队主力队员外流移民达10多人，如谭卓林到美国，苏国熙、李仁苏、黄文冠到加拿大，江嘉良到新加坡，王文华、李静、高礼泽等到香港。在20世纪80年代，"羽毛球王国"——印度尼西亚羽毛球国家队的男、女教练，分别由我国归侨运动员汤仙虎、梁秋霞担任。六夺羽坛世界冠军的吴迪西（广州人）年方二十就退役远嫁印度尼西亚。

值得注意的是，从20世纪70年代开始，我国竞技体育的不少项目已居世界一流水平，体育人才从海外回流的需求比五六十年代明显减少，因此，广东省以至我国体育人才外流是呈单向流动发展，广东以至中国的尖子选手不断外流，且出国（境）一度成风，而归国效力的华侨、港、澳、台运动员却越来越少了，这种体育人才外流的强烈反差现象。是很值得我们认真思考，从而妥善地加以解决，正确对待体育人才外流现象，理解在外的体育人

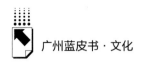

才，同时要防止不合理、不必要的人才外流，巩固广东省的体育强省地位，促进广州建成世界体育名城。

二 广东体育人才外流的原因

改革开放前，广东体育人才外流的原因颇多，归纳起来主要有以下几种。

（一）经济的落差

中国在改革开放前，经济比较落后，生活水平较低，这是客观存在的事实。

据世界银行1988年统计，美国人均国民总收入（下同）是17480美元，加拿大是14120美元，日本是12840美元，澳大利亚是11920美元，英国是8870美元，意大利是8550美元，而中国只有300美元。与经济发达的国家相比，落差是相当大的。加上前段时间的舆论导向有问题，盲目提倡高消费，宣扬西方的生活方式，更引起了一些体育明星的向往。1988年回国探亲的一位原世界乒乓球冠军就曾对采访的记者表露了这种运动员异化的心态。她说："我们打球时吃得太好了，光伙食费每天就16元，加上出去比赛带一些什么的。但是，退役后每个月奖金加工资才150元左右，还够不上原来的伙食费的三分之一，怎么办呢？好在刚退下来还有点名气，外国老板早就打我们主意了，于是一拍即合，他们发出邀请书，我们应邀出国，或读书，或打球，既可以弄到一张洋文凭，又能积攒一大笔钱，将来一旦回国，不但不必为一份称心的工作担心，又无须为钱而发愁，这不是一条很好的途径吗？"（1989年2月2日《体育时报》：《体育明星出国潮》）。

（二）事业追求

由于某种原因，中国运动员往往男过28岁，女过25岁，就被人为地划入该退役的年龄，使一些正当年华，竞技状态尚佳的运动员过早地结束了运动生命。而国内的"退休年龄"，在国外却是"黄金年龄"。例如，我国第一个世界跳水冠军陈肖霞（广州人）22 岁就退役，24 岁赴美国留学，一边读书，一边训练比赛，后来还跟一位美国华裔结婚。曾培养出陈肖霞、童辉、李宏平、谭良德等世界跳水名将的中国跳水队总教练梁伯熙（顺德人），1986 年举家移民加拿大，继续在加拿大跳水界执教，还成为加拿大国家跳水队总教练。因为这个差异，乒乓球、羽毛球以及足球选手为了追求事业，便以出国、出境来延续自己的运动生命。如原国家足球队队员古广明（广州人）、赵达裕（广州人）、杨宁（梅县人）、何佳（广州人）、吴群立（广州人）等退役时虽年近 30 岁或意外受伤，但体力未见减弱或伤愈后雄风犹在，他们还想在绿茵场上拼搏一番，希望有所建树。然而，古广明去了德国，杨宁去了美国，赵达裕去了日本，何佳、吴群立则去了中国香港继续参加踢球比赛。

（三）精神压力大

这主要是由于各种原因在国内环境下不适而引起，或因比赛成绩不好，就会有莫大的精神压力。如曾担任国家足球队主教练的曾雪麟、苏永舜就因此而移民海外。曾担任广东省体委副主任的广州土生土长的第一个世界冠军、著名乒乓球运动员梁丽珍也因种种原因出走巴西。

（四）教育的失误

作为一个运动队，应当经常教育运动员热爱祖国，注意培养他（她）们具有振兴中华的责任感和荣誉感，以及艰苦奋斗、拼搏牺牲的献身精神。可是，一些运动队思想政治工作薄弱，对运动员中的一些模糊认识以至错误思想不敢进行批评教育，而只寄托在大量地使用奖品、经济制裁等手段上，从过去政治"万能"变成金钱"万能"。只要有钱就可以通神，连献身精神这个精神支柱也被动摇了。在一些运动员、教练员的眼里，把钱看作实现自我价值的标尺，甚至怀疑起社会主义制度的优越性，以各种名义出洋去了。

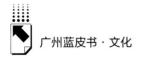

（五）体制的弊端

现在运动队员从初中开始至大专就读运动技术学院或运动技术学校，这些学院或学校被教育部门批准纳入成人教育体系。但从运动员中大部分未完成基础教育——九年义务教育的情况来看，有适应的一面，也有不适应的一面。其中通用知识方面是基本适应的，而专业培训方面除了适应运动训练方面的知识之外，大部分与运动员转业以后的职业要求未必适应。

运动队现实的情况是：青少年在长年训练，几年以至十几年的训练之后，大部分不做体育工作，只能作为体育积极分子发挥作用。而现行体育管理体制忽略了运动员的全面发展，退役后在趋向竞争的商品社会里就难以有所作为了。这是现行体育管理体制的一个弊端。

三 广东体育人才外流的影响

随着改革开放的逐步深入，广东的经济繁荣，运动员的生活待遇不断提高，退役运动员得到比较妥善安排，特别是国家体委在1989年5月31日正式出台了《关于运动员受聘到国（境）外参赛的若干暂行规定》等政策性的文件之后，广东体育人才外流的现象明显减少，但其正面和反面的影响还是客观存在的。

（一）广东体育人才外流成为必然趋势

从体育事业发展的要求来看，实质上就是体育人才的竞争，体育人才的竞争，必然引起体育人才的流动。人才的流动、运动技术的提高，是体育比赛的魅力所在。此外，通过体育人才市场的竞争，促使运动员和教练员不断追求自我价值的提高。合理的体育人才流动是建设体育强省、体育强国的根本措施之一。而广东的华侨、侨眷众多，优秀体育项目不少，体育人才外流，成为必然趋势。时任国家体育主任伍绍祖在一次会议上曾说过："退役运动员出国，是很自然，很正常的事情。在某种意义上讲也是好事情，不要把这个问题看得那么狭隘，那么严重。但要防止人才不合理、不必要的外流。"

国际间、境内、境外的体育人才交流是时代发展的需要。从省外、国外引进一些体育人才，可以加快改变广东省的一些薄弱体育项目的落后面貌，而派一些运动员、教练员出国学习或援助，也是社会对体育的需求。体育人才的流动，是大势所趋，民心所向。

（二）广东体育人才外流的积极作用

首先，促进了世界体育运动的发展。体育运动技术的发展和提高是通过比赛和人才交流来实现的。例如，香港乒乓球队近年来在世界大赛中成绩显著，是跟王文华等原广东乒乓球队主力队员外流到香港乒乓球队担任教练员、队员分不开的。李静、高礼泽还代表香港乒乓队在 2004 年雅典奥运会上夺得男子双打亚军。在第 41 届世乒赛上，原广东省乒乓球队队员苏国熙、黄文冠代表加拿大队参战，从上届的男子团体第 27 名，晋升到该届的第 8 名。世界上乒坛形势的剧变，同我国包括广东省的运动员、教练员在境外的努力是分不开的。

其次，促进中国技、战术进一步提高。以乒乓球运动为例，当乒乓球运动形成"世界打中国"后，促使广东省、我国乒坛人士去研究、去创新，去发展技术，去改善管理，才能保持长盛不衰，屹立世界乒坛。

再次，让世界了解广东，了解中国，从而加强了同世界的联系。绝大部分在国外、境外的中国选手，也热爱祖国，表现良好，为所在国家和地区的体育运动的发展做出了贡献。以梁丽珍为例，她在旅居巴西期间，通过努力，促成健力宝足球队得以留学巴西，为中国足球运动的发展做出了贡献。她回国后，积极参加各种公益社会活动，如 2005 年在国内举办了"中国乒乓球 50 年长盛不衰巡回展览"等。

（三）广东体育人才外流的消极影响

首先，优秀体育人才外流，带走了技术战术，使各国各地区对广东省、我国名将高手的优劣长短了如指掌，并由这些体育明星亲手制定对策，教授技艺，逐步形成了世界各国合围中国的格局，广东省、我国传统强项的优势已明显减退。如广东省的乒乓球、羽毛球、足球、排球、跳水等传统强项一度低落，我国曾经在奥运乒乓球男子单打全军覆没，印度尼西亚苏迪曼杯羽毛球混合团体赛仅获第3名等，都与此不无关系。

其次，大量体育人才外流，造成了广东省、我国一些传统体育强项，一度出现"青黄不接"，体育"生态"失去平衡，甚至出现"断层"现象，其外在与内在的损失是难以估量的。

还有，自找门路出国出境执教或比赛，物质待遇常常高出国内几倍甚至十几倍，客观上对广东省、我国现役的教练员、运动员队伍起了动摇军心的作用，许多运动员训练心不在焉，朝思暮想出国，以至刚刚成才，小有名气，就提前退役，远走高飞。

四　广东体育人才外流的对策建议

体育人才外流，引起了各界人士，特别是体育界的不安，因为外流出去的，大多是广东省、我国强项中的尖子选手，所以"人才外流"亦有"金牌外流"之说。可惜的是，广东省、我国花了大量的钱财，耗损掉甚多的精力，培养出来的尖子却一流而去。这令人痛心，也发人深思：为什么留不住人才？如何才能留住人才？我们认为，当务之急是制订出切实可行的有关广东省体育人才外流的对策。为此，我们有如下的建议。

（一）加强运动员的思想教育工作

运动员是生活在社会之中，各种各样的社会生活现象和思潮，都不断地对运动员的思想产生影响。因此，运动员的思想教育工作尤为重要。

我们要坚持以习近平新时代中国特色社会主义核心价值观为指导，加强运动员的思想政治工作。要注意适应改革开放的新情况，针对运动员的思想实际，教育他们如何实现个人的社会价值，如何正确对待物质利益，帮助他们树立崇高的为国争光理想和坚定的社会主义信念。培养他们成为热爱祖国，热爱社会主义，有理想、有道德、有文化、有纪律的新一代运动员。

（二）加强对运动员交流工作的管理

中国乒乓球协会曾作出限制我国乒乓球选手外流的规定，国家体委也先后颁发了《关于运动员受聘到国（境）外参赛若干暂行规定》《全国体育运动员交流暂行规定》等政策性文件。在规定中提出了限制年龄、限制渠道和缴纳会费等条文是非常必要的。在转会费的比例上，我们建议因人而异，分开档次，对国家贡献大者，个人留成多些，以鼓励转会前多为省市和国家做贡献。受聘到国（境）外运动员所在单位和所属全国单项运动协会对受聘运动员应关心和爱护，对他们加强爱国主义和社会主义的教育，维护他们在受聘期间的合法权益。

（三）妥善处理省际、国际交流与合作问题

改革开放涉及人才、技术参与及省际、国际交流与合作问题。可根据需要与境外、国外的体育组织签订运动员、教练员和科研合作协议，制定运动员转会政策，使部分运动员能出去，又能回来代表广东省、中国参加重大国内比赛和国际比赛，使运动员能在国际交流中得到更多的高水平比赛锻炼机会，并获得应有的报酬，广东省及我国又能获得经济效益。对于公派援外教练和公费留学的退役运动员，按规定应当回来的也应该采取有效措施让他们回来。

（四）把优秀运动队列入我国培养特殊人才的教育体系

实行"体教融合"，以训练为主，兼顾文化教育，使育人和育才协调发展，将来离队时还可以进入体育学院或其他院校深造，使其中适合做体育工作的运动员，都能走上体育岗位，为发展体育事业多做贡献，形成良性循环。

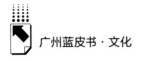

（五）创造良好的体育内部环境

诸如为运动员设立保险基金、退役基金和奖励基金，以适当减少运动员负伤、退役的后顾之忧，为鼓励在国内的运动员多创好成绩；成立优秀运动员退役后出国效力的服务机构，为欲出国求学或效力的运动员联系学校或俱乐部，并保障他们的权益。这个机构还可兼管现役运动员转会境外国外俱乐部的事宜。规定并执行现役运动员转会的条件，保证国家、运动队、运动员的利益不受损害等。

（六）优化体育人才流动配置机制

发挥市场体系人才资源配置中的基础性作用，逐步建立和完善体育人才大市场体系，提高对体育人才市场的宏观调控水平。完善体育人才交流制度，促进体育人才的合理、有序流动。推行和逐步健全人事代理制度，发挥体育人才中介机构在体育人才交流中的作用。

参考文献

关文明：《浅谈体育人才外流》，《体育论坛》1989 年第 6 期。

关文明：《体育人才外流的考察与反思》，《珠江体育报》1989 年 10 月 8 日第 28 期、10 月 18 日第 29 期、10 月 30 日第 30 期。

伍绍祖：《深化改革，发展体育，为实现四化、振兴中华服务》，1989 年全国体委主任会议上的报告。

魏振兰：《对运动队深化改革的思考》，《广东体育史料》1988 年第 5 期。

朱传高：《浅论体育人才流动》，《体育科学》1989 年第 1 期。

凌平、三直：《体育人才流动的困惑与选择》，《体育与科学》1988 年第 5 期。

王学臣：《从美国进口人才说起》，《中国人才报》1989 年 12 月 3 日。

戴炳炎：《关于我国体育人才外流的思考》，《上海体育学院学报》1992 年第 2 期。

愈继英等：《我国竞技体育人才流动和人才市场》，《上海体育学院学报》2004 年第 1 期。

《关于运动员受聘到国（境）外参赛的若干暂行规定》。

《全国体育运动员交流暂行规定》，1996。

《全国体育人才发展规划（2010～2020年）》。

《国务院关于加快发展体育产业促进体育消费的若干意见》（国发【2014】46号）。

Abstract

"Guangzhou Cultural Development Report (2021)", as one of the Guangzhou Blue Book series that are published nationally, is co – edited by Guangzhou University, Guangdong Provincial Regional Development Blue Book Research Association, Guangzhou Municipal Party Committee Propaganda Department, and Guangzhou Municipal Culture, Radio, Television and Tourism Bureau. This report is composed of six parts: general report, cultural undertaking, cultural industry, cultural development, cultural and tourism integration, and special research. This blue book brings together the latest research results of many cultural issues research experts, scholars and practitioners from scientific research institutions, universities and government departments in Guangzhou. It is an important reference material for the analysis and prediction of Guangzhou's cultural operation and related topics .

In 2020, Guangzhou coordinated the promotion of epidemic prevention and control and the development of urban culture, and actively eliminate the adverse effects of epidemic prevention and control on cultural services, cultural consumption, cultural tourism, and enterprise production and circulation. In additions, Guangzhou achieved great results in controlling the spread of Covid – 19 epidemic with cultural influences , stabilizing industrial development, activating the consumer market, and promoting the activation and utilization of intangible cultural heritage and urban civilization construction, and successfully completed the "13th Five – Year Plan" .

Looking forward to 2021, as cultural production, services and consumption gradually adapt to the normalized epidemic prevention and control, cultural tourism and consumption are expected to recover, and the "online + offline" international exchange model and exhibition model will become more mature. The proportion of new cultural business formats associated with digital and Internet in the industry will continue to increase. The application of digital technology and intelligent equipment in the public cultural service system will become more popular, and digital cultural products and services will become a new force to accelerate the spread of Guangzhou's culture. However, emerging issues such as the surge in complaints and safety risks brought about by the rapid development of new cultural business formats and models also require great attention, and it is urgent to strengthen the establishment of regulations and regulatory innovation in related fields.

Keywords: Cultural Development; new Business Format; Regulatory Innovation; Guangzhou

Contents

I   General Report

Abstract: In 2020, Guangzhou achieved new development results in
controlling the spread of Covid −19 epidemic with cultural influences , stabilizing
industrial development, activating the consumer market, and promoting the
activation and utilization of intangible cultural heritage and urban civilization
construction, and successfully completed the "13th Five −Year Plan" . In 2021,
as cultural production, services and consumption gradually adapt to the normalized
epidemic prevention and control, cultural tourism and consumption are expected
to recover, and the "online + offline" international exchange model and
exhibition model will become more mature. In terms of old problems including
the unbalanced development of public cultural service areas and weak cultural
influence and innovation, as well as new problems such as the rapid increase in
complaints and security risks caused by new business models and formats, it is
suggested that Guangzhou should give priority to supporting remote urban areas in
the next step, plan and construct high −quality public cultural facilities using local
cultural resources, strengthen the establishment of regulations and regulatory

innovations for new business models, in order to make up for shortcomings and strengthen the advantages of Urban cultural soft power construction.

Keywords: Cultural Development; New Business Format; Cultural Soft Power; Guangzhou

Ⅱ   Cultural Business

B. 2   Proposals for Guangzhou to Build a National Cultural Park of Coast Defense Sites in the Guangdong－Hong Kong－Macao Greater Bay Area

Research Group of Guangzhou Development Research

Institute, Guangzhou University / 022

Abstract: Relying on the existing resources of coastal defense relics in the Greater Bay Area to create the country's first national cultural park with the theme of coastal defense is highly compatible with the central government's current strategic intention to create a number of national cultural theme parks that represents Chinese culture. Such construction is of great significance for implementing the strategic planning of the Bay Area, boosting Guangzhou's cultural construction, and promoting the development of the Nansha region. On the basis of studying and drawing lessons from successful foreign cases, this paper analyzes the current situation of building a national cultural park of coast defense Sites in the Guangdong－Hong Kong－Macao Greater Bay Area from the perspectives of existing advantages and shortcomings, and proposes Four targeted countermeasures and suggestions, with the hope that the National Cultural Park of Coast defense sites will help the various cultural heritages of the Greater Bay Area to rejuvenate and revitalize, and finally realize the creative transformation and innovative development of traditional culture carried by coast defense.

Keywords: Guangzhou; Guangdong－Hong Kong－Macao Greater Bay Area; Coast defense Site; National Cultural Park

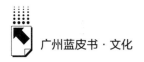
B.3　Analysis and Suggestions on the Status of the Development of
Sports Culture in Guangzhou in 2020

Research Group of Guangzhou Development Research Institute,

Guangzhou University / 036

Abstract：In 2020, the combination of sports and tourism in Guangzhou
played a new role that mass sports achieved new results, that competitive sports
achieved new breakthroughs, that the sports industry reached a new level, and that
sports events opened up a new horizon. However, there are still some
shortcomings in the development of sports culture in Guangzhou. Under such
context, this report proposes that the integration of sports and education should be
diversified to participate in coordinated development. In additions, this report
suggests to improve the planning and layout of sports venues, unite the three
systems of "government － enterprise － school", develop a sports industry service
complex, promote the joint development of the Guangdong － Hong Kong －
Macao Greater Bay Area, and more importantly, enrich sports cultural content and
perform new digitalize business model to make better use of the role of Guangzhou
sports culture in the construction international sports city, and to promote the
combination of "going out" and "bringing in" of Guangzhou sports culture.

Keywords：Guangzhou; Sports Culture; Integration of Sports and
Education; Digitalization

B.4　Suggestions on Strengthening the Inheritance of Cantonese
Among Young People in Guangzhou to Help the Cultural
Identity of the Guangdong-Hong Kong-Macao

Greater Bay Area　　　　　　　　　　　　　　*Du Hong* / 049

Abstract：Based on the language circulation and recent developments in
Guangdong, Hong Kong and Macao, this report proposes to strengthen the

cultural heritage of Cantonese, while constantly promoting Mandarin, in four aspects including children's education, mainstream publicity, market guidance, and theoretical research, in order to improve sense of cultural identity in the Guangdong – Hong Kong – Macao Greater Bay Area and to assist the smooth implementation of "One Country, Two Systems".

Keywords: Guangdong-Hong Kong-Macao Greater Bay Area; Cultural Identity; Cantonese Heritage; One Country Two Systems

B. 5 The historical Enlightenment of the Coastal Defense Sites in the Guangdong-Hong Kong-Macao Greater Bay Area to Guangdong *Gu Jianqing* / 059

Abstract: The Opium War, happened 180 years ago on the coat of Guangdong, was not only the first year of modern Chinese history, but also a key node for ancient China to move toward modern China. This report recommends creating related large-scale documentaries and films, applying for coast defense national heritage Park and national cultural park, and further applying for the construction of a coastal defense and maritime silk road national cultural park with global perspective and Chinese characteristics, to help people better understand changes happened in the end of the old era and struggles of the Chinese nation towards the great rejuvenation.

Keywords: Coast defense Relics in the Greater Bay Area; Coast Defense National Heritage Park; Guangdong

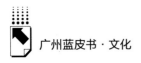
Ⅲ　Cultural Industry

B.6　Research on the Path of the High-quality Development of

　　　Guangzhou's Cultural Industry Under the Context of the

　　　Construction of the Humanistic Bay Area　　*Zhou Jianshan* / 066

Abstract: "Humanistic Bay Area" is a new form of Bay Area culture with Chinese characteristics and the characteristics of "One Country, Two Systems", with an essential requirement of putting people first and of edifying people with culture. Promoting the high-quality development of Guangzhou's cultural industry at the historical stage when socialism with Chinese characteristics enters a new era can lead the construction of the Humanistic Bay Area. This report proposes six ways to achieve high-quality development of Guangzhou's cultural industry: build a distinctive cultural brand; consolidate the public foundation of the cultural industry; cultivate new cultural formats; expand cultural consumption; build a cultural industry ecology; improve the environment for the development of cultural industries.

Keywords: Cultural Industry; High-quality Development; Humanistic Bay Area; Guangzhou

B.7　Investigation Report on the Development of the Game Industry

　　　in Guangzhou

Guangzhou Municipal Bureau of Statistics

Research Group of the Publicity Department of Guangzhou

Municipal Party Committee / 082

Abstract: At the beginning of 2020, the sudden Covid − 19 epidemic brought a huge impact on offline consumer industries including catering, retail, tourism, and cinema in Guangzhou, while the "home economy" such as the game industry ushered in growth during the epidemic and became the new engine of Guangzhou's economic development. On the basis of normalized epidemic prevention and control, the Guangzhou Municipal Government should actively conform to new entertainment concepts, new entertainment methods, and new entertainment habits, and accelerate the promotion of new development in the online game industry in order to promote Guangzhou's new economic growth and continuously fulfill the needs of the people for a better life.

Keywords: Guangzhou City; Game Industry; E-sports; Home Economy

B.8 Proposals for Guangzhou to Promote the Culture of Southern Medicine and Build a Hub for the Southern Medicine Industry

Research Group of Guangzhou Development Research

Institute, Guangzhou University / 101

Abstract: Inheriting and promoting the culture of traditional Chinese medicine can not only continuously improve the service capacity of traditional Chinese medicine, but also promote the development of the traditional Chinese medicine industry, while gradually building a competitive traditional Chinese medicine cultural industry system. Guangzhou should make full use of Guangzhou's long history of traditional Chinese medicine cultural heritage, complete traditional Chinese medicine service system, relatively large traditional Chinese medicine industry, strong dissemination radiation and resource allocation capabilities, establish a high and healthy place for the transmission of Lingnan Chinese medicine culture, build a hub for the Guangdong-Hong Kong-Macao Greater Bay Southern Medicine industry and promote the high-quality development of the Chinese medicine industry in Guangzhou's Chinese medicine industry.

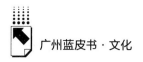
Keywords: Lingnan Traditional Chinese Medicine Culture Propaganda; Southern Medicine Industry Hub; Guangzhou

Ⅳ   Cultural Development

B.9   Analysis and Suggestions on the Status of Guangzhou's
Construction of a Culturally Strong City in 2020
Research Group of Guangzhou Development Research Institute,
Guangzhou University / 112

Abstract: This article summarizes and analyzes the development status and existing problems of Guangzhou's construction of a culturally strong city in 2020, and provide several suggestions on cultural developments from the perspectives of building Culturally strong bay area and city in Guangdong-Hong Kong-Macao and creating new splendor in the old city's culture.

Keywords: Guangzhou Culture; A Strong Cultural City; Cultural Development

B.10   Research and Suggestions on the Vitality of the Grassroots
Civilized Practice work in the new era
—*Taking the Active Exploration on the Integration Path of Civilized*
Practice of Yuexiu District of Guangzhou as an Example
Li Hong / 121

Abstract: Combining regional advantages and cultural heritage, Yuexiu District of Guangzhou City, in the overall planning of epidemic prevention and control and economic and social development, steadily promotes the construction of the new era civilization practice center in Yuexiu District, and actively explores to meet the needs of the grassroots and of the masses. In additions, Yuexiu District deeply analyzes the practical path that stimulates the vitality of civilized practice, refines the integrated guiding role of "party building + governance + media + creation + culture", cultivates good citizens' moral awareness and behavioral norms with characteristic carriers, enhances the sense of happiness, sense of gain and participation of the public, and condenses the strong positive energy that promotes the development of various undertakings at the grassroots level and radiates the new vitality of the old city.

Keywords: New Era Civilization Practice; Integration and Guidance; New Vitality of Old City

B. 11　Status and Suggestions on the Protection and Utilization of "Intangible Heritage" Water Village Culture in Nansha District, Guangzhou　　*Huang Xucheng, Gui Lin* / 134

Abstract: Nansha District of Guangzhou City has the development advantages of "three districts and one center" which contains the rich connotation of the characteristic culture of the Lingnan water town. It has the characteristics of the birthplace of marine culture, the source of water culture, the spreading place of Mazu culture, and the red cultural fortress. At the same time, it carries the inheritance and historical mission of innovating Lingnan culture. This article focuses on understanding the four major cultural contexts of Guangzhou Nansha and related measures for the protection and inheritance of intangible cultural heritage projects, analyzes the existing problems, puts forward corresponding countermeasures and suggestions on how to inherit and innovate the path of Lingnan water village culture, and provide help on research of the Maritime Silk Road for relevant departments and the creative inheritance and innovative development of Lingnan water towns.

Keywords: "Intangible Heritage"; Water Town Culture; Nansha

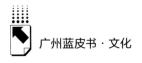

V   Culture and Tourism Integration

B.12   Research Report on the Impact of the Covid −19 Epidemic on
Guangzhou's Tourism Industry

Yan Ruina, Nie Lu, Xiang Meifang and Zhu Yingjun / 143

Abstract: The outbreak of the Covid −19 epidemic in 2020 has severely
affected the tourism industry in Guangzhou. After the epidemic was effectively
controlled, the tourism industry in Guangzhou quickly resumed work and
production, and the overall situation is improving. However, due to the
continuing epidemic abroad, group overseas travel is still forbidden, and travel
agencies are facing greater difficulties in operating.

Keywords: Guangzhou; Tourism; The fusion of Literature and Travel

B.13   Research on Polishing the Business Card of "Food in
Guangzhou" to Help Build an International Consumption
Center City   *Research Group of the Guangzhou Democratic
Progressive Municipal Committee* / 155

Abstract: "Food in Guangzhou" has always been the city's business card for
Guangzhou, but at present, Guangzhou's food brand recognition scene is relatively
low that there are few benchmarking enterprises, that the protection of time-
honored brands and authentic snacks is insufficient, and that the development of
the Cantonese cuisine industry lacks top-level planning and guidance. The
"*Guangdong-Hong Kong-Macao Greater Bay Area Development Plan Outline*" clearly
states that Guangzhou will build a world gastronomic capital together with Hong
Kong, Macao and Foshan city (Shunde), polish the city label of "Food in
Guangzhou", reveal the charm of Cantonese cuisine, and enhance the city image.

This report proposes to drive the transformation and upgrading of the service industry with food elements as the core, further enhance the integration of Guangzhou's modern service industry, and help Guangzhou build an international consumption center city and a world-class tourist destination.

Keywords: Cantonese Cuisine; Catering Industry; Urban Economy; Integration of Culture Business and Travel

B.14   Suggestions on the Activation and Utilization of Guangzhou's Cultural Landscape

—Take the Historical Celebrity Zhan Tianyou as an Example

Hu Wenzhong, Guan Wenming / 162

Abstract: It is the outstanding historical celebrities that can best represent the humanistic spirit of a region. At present, celebrity propaganda is often about a single landscape instead of people. This article takes the historical celebrity Zhan Tianyou in Guangzhou as an example, and puts forward suggestions for the activation and utilization of Guangzhou's cultural landscape that one should combine the propaganda with multiple related landscapes across the country, carrying out communication and raising corresponding content to enhance the effect of publicity. For related scattered attractions, the publicity should be carried out in a flexible manner. In addition to thematic special-line tours, videos of relevant thematic celebrities in multiple places and attractions should be produced and published, in order to obtain best publicity effect.

Keywords: Activation and Utilization; Human landscape; Zhan Tianyou

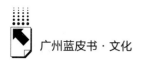
VI Special Research

Abstract: In order to carry out the "Four History" education in depth and understand the current situation of young people's cognition of modern Guangzhou's traditional revolution history, in 2020, the Guangzhou Youth Sports History Research Committee conducted a survey of traditional revolution cognition for middle school students in the city. This survey helped people realize the problems and deficiencies in the youth revolutionary traditional history education from the demand side and furthermore proposes methods and ideas for strengthening the traditional revolutionary education of young people from the supply side. In addition this article provides specific paths to strengthen the ideological guidance of young people in the new era, to raise the enthusiasm of young people to learn the traditional revolutionary culture actively and finally to realize the educational goal of educating people through history.

Keywords: Middle School Students; Revolutionary Traditional Culture; "Four History" Education

Abstract: During the construction process of Guangzhou Haizhu National

Wetland Park, innovative land acquisition policies, diversified ecological restoration, and the concept of "unbounded" and "smart" have been implemented throughout the construction process, exploring a path of benign interaction between urban ecology and urban development, and exerting representative ecological effect, Economic effects, cultural effects and social effects in the field of urban ecological civilization construction. In the future, Haizhu Wetland Park construction would continue to make efforts in the four aspects of urban planning, ecological quality, operational management and economic benefits, deepen the integration of Haizhu Wetland and urban development, and further promote the construction of Haizhu Wetland and the sustainable development of Guangzhou.

Keywords: Haizhu Wetland; Sustainable Development; Comprehensive Effect; Deep Integration

B.17 The Historical and Cultural Protection and Utilization
Experience of Suzhou and Nanjing, and Its
Enlightenment to Guangzhou   *Yu Shui, Ye Changjun* / 207

Abstract: This article analyzes the current situation of the protection and utilization of Guangzhou's historical culture, together with the experience and practices of Nanjing and Suzhou. On this basis, this article puts forward policy suggestions on deepening ideological understanding, strengthening system innovation, promoting cultural and tourism integration, and creating high-quality projects for the protection and utilization of Guangzhou's history and culture.

Keywords: Historical and Cultural Preservation and Utilization; Nanjing; Suzhou

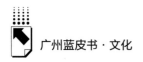
B . 18   Review and Reflection on the Phenomenon of Sports

Tanlents in Guangdong

Luo Can , Su Donghua and Guan Wenming / 218

Abstract: This report reviews the phenomenon of sports talents' outflow in Guangdong in 1970s and 1980s, analyzes its causes, positive and negative effects, points out that we should correctly treat the phenomenon of sports talents' outflow, and puts forward some countermeasures and suggestions to prevent unreasonable and unnecessary sports talents' outflow.

Keywords: Sports tanlents; Outflow; Guangdong

皮 书

智库报告的主要形式
同一主题智库报告的聚合

✤ 皮书定义 ✤

皮书是对中国与世界发展状况和热点问题进行年度监测，以专业的角度、专家的视野和实证研究方法，针对某一领域或区域现状与发展态势展开分析和预测，具备前沿性、原创性、实证性、连续性、时效性等特点的公开出版物，由一系列权威研究报告组成。

✤ 皮书作者 ✤

皮书系列报告作者以国内外一流研究机构、知名高校等重点智库的研究人员为主，多为相关领域一流专家学者，他们的观点代表了当下学界对中国与世界的现实和未来最高水平的解读与分析。截至 2021 年，皮书研创机构有近千家，报告作者累计超过 7 万人。

✤ 皮书荣誉 ✤

皮书系列已成为社会科学文献出版社的著名图书品牌和中国社会科学院的知名学术品牌。2016 年皮书系列正式列入"十三五"国家重点出版规划项目；2013~2021 年，重点皮书列入中国社会科学院承担的国家哲学社会科学创新工程项目。

中国皮书网

（网址：www.pishu.cn）

发布皮书研创资讯，传播皮书精彩内容
引领皮书出版潮流，打造皮书服务平台

栏目设置

◆ **关于皮书**

何谓皮书、皮书分类、皮书大事记、
皮书荣誉、皮书出版第一人、皮书编辑部

◆ **最新资讯**

通知公告、新闻动态、媒体聚焦、
网站专题、视频直播、下载专区

◆ **皮书研创**

皮书规范、皮书选题、皮书出版、
皮书研究、研创团队

◆ **皮书评奖评价**

指标体系、皮书评价、皮书评奖

◆ **皮书研究院理事会**

理事会章程、理事单位、个人理事、高级
研究员、理事会秘书处、入会指南

◆ **互动专区**

皮书说、社科数托邦、皮书微博、留言板

所获荣誉

◆ 2008 年、2011 年、2014 年，中国皮书
网均在全国新闻出版业网站荣誉评选中
获得"最具商业价值网站"称号；

◆ 2012 年，获得"出版业网站百强"称号。

网库合一

2014 年，中国皮书网与皮书数据库端口
合一，实现资源共享。

中国皮书网

权威报告·一手数据·特色资源

皮书数据库
ANNUAL REPORT(YEARBOOK)
DATABASE

分析解读当下中国发展变迁的高端智库平台

所获荣誉

- 2019年，入围国家新闻出版署数字出版精品遴选推荐计划项目
- 2016年，入选"'十三五'国家重点电子出版物出版规划骨干工程"
- 2015年，荣获"搜索中国正能量 点赞2015""创新中国科技创新奖"
- 2013年，荣获"中国出版政府奖·网络出版物奖"提名奖
- 连续多年荣获中国数字出版博览会"数字出版·优秀品牌"奖

成为会员

通过网址www.pishu.com.cn访问皮书数据库网站或下载皮书数据库APP，进行手机号码验证或邮箱验证即可成为皮书数据库会员。

会员福利

- 已注册用户购书后可免费获赠100元皮书数据库充值卡。刮开充值卡涂层获取充值密码，登录并进入"会员中心"—"在线充值"—"充值卡充值"，充值成功即可购买和查看数据库内容。
- 会员福利最终解释权归社会科学文献出版社所有。

数据库服务热线：400-008-6695
数据库服务QQ：2475522410
数据库服务邮箱：database@ssap.cn
图书销售热线：010-59367070/7028
图书服务QQ：1265056568
图书服务邮箱：duzhe@ssap.cn

社会科学文献出版社 皮书系列
SOCIAL SCIENCES ACADEMIC PRESS (CHINA)
卡号：244445162869
密码：

基本子库
SUB DATABASE

中国社会发展数据库（下设 12 个子库）

整合国内外中国社会发展研究成果，汇聚独家统计数据、深度分析报告，涉及社会、人口、政治、教育、法律等 12 个领域，为了解中国社会发展动态、跟踪社会核心热点、分析社会发展趋势提供一站式资源搜索和数据服务。

中国经济发展数据库（下设 12 个子库）

围绕国内外中国经济发展主题研究报告、学术资讯、基础数据等资料构建，内容涵盖宏观经济、农业经济、工业经济、产业经济等 12 个重点经济领域，为实时掌控经济运行态势、把握经济发展规律、洞察经济形势、进行经济决策提供参考和依据。

中国行业发展数据库（下设 17 个子库）

以中国国民经济行业分类为依据，覆盖金融业、旅游、医疗卫生、交通运输、能源矿产等 100 多个行业，跟踪分析国民经济相关行业市场运行状况和政策导向，汇集行业发展前沿资讯，为投资、从业及各种经济决策提供理论基础和实践指导。

中国区域发展数据库（下设 6 个子库）

对中国特定区域内的经济、社会、文化等领域现状与发展情况进行深度分析和预测，研究层级至县及县以下行政区，涉及省份、区域经济体、城市、农村等不同维度，为地方经济社会宏观态势研究、发展经验研究、案例分析提供数据服务。

中国文化传媒数据库（下设 18 个子库）

汇聚文化传媒领域专家观点、热点资讯，梳理国内外中国文化发展相关学术研究成果、一手统计数据，涵盖文化产业、新闻传播、电影娱乐、文学艺术、群众文化等 18 个重点研究领域。为文化传媒研究提供相关数据、研究报告和综合分析服务。

世界经济与国际关系数据库（下设 6 个子库）

立足"皮书系列"世界经济、国际关系相关学术资源，整合世界经济、国际政治、世界文化与科技、全球性问题、国际组织与国际法、区域研究 6 大领域研究成果，为世界经济与国际关系研究提供全方位数据分析，为决策和形势研判提供参考。

法律声明

　　"皮书系列"（含蓝皮书、绿皮书、黄皮书）之品牌由社会科学文献出版社最早使用并持续至今，现已被中国图书市场所熟知。"皮书系列"的相关商标已在中华人民共和国国家工商行政管理总局商标局注册，如LOGO（▧）、皮书、Pishu、经济蓝皮书、社会蓝皮书等。"皮书系列"图书的注册商标专用权及封面设计、版式设计的著作权均为社会科学文献出版社所有。未经社会科学文献出版社书面授权许可，任何使用与"皮书系列"图书注册商标、封面设计、版式设计相同或者近似的文字、图形或其组合的行为均系侵权行为。

　　经作者授权，本书的专有出版权及信息网络传播权等为社会科学文献出版社享有。未经社会科学文献出版社书面授权许可，任何就本书内容的复制、发行或以数字形式进行网络传播的行为均系侵权行为。

　　社会科学文献出版社将通过法律途径追究上述侵权行为的法律责任，维护自身合法权益。

　　欢迎社会各界人士对侵犯社会科学文献出版社上述权利的侵权行为进行举报。电话：010-59367121，电子邮箱：fawubu@ssap.cn。

社会科学文献出版社